論集 近世の奈良 東大寺

ザ・グレイトブッダ・シンポジウム論集第四号

東大寺

表紙カバー　杉本健吉 画伯

序

平成十七年十二月十日・十一日の両日にわたり、第四回「ザ・グレイト・ブッダ・シンポジウム」を開催いたしました。二日間でのべ二五〇余名という、過去最多の方々のご参加を得て、盛況のうちに終えることができました。

平成十七年は江戸時代に大仏・大仏殿の復興に生涯を捧げた公慶上人の三百年御遠忌にあたります。公慶上人の活動は、東大寺にとどまらず南都全体の発展にも寄与しており、今日の世界遺産奈良・東大寺もそれを基礎として築かれたということができます。しかし、公慶上人の存在は必ずしも広く知れ渡ってはおりません。また、江戸時代については、東大寺を含め寺院に関する研究は、それ以前の時代を対象とするものに比べると、ほとんど進められていない状況にあります。そこで、第四回シンポジウムは「近世の奈良・東大寺」をテーマにいたしました。初日に基調講演・記念講演と討論会を行い、公慶上人の事歴やその影響について概要を示していただき、二日目に「華厳思想」「美術史学・建築史学」「歴史学・考古学」の三部門に分かれて、江戸時代の東大寺・宗教都市奈良の諸相について専門的見地からのご報告を賜りました。

このシンポジウムの成果をもとに新たに書き下ろされた論文と討論の記録を本論集に収録しております。江戸時代の奈良、東大寺に関しては、今後より一層研究を深め、広げていかねばなりませんが、この論集はそのための礎の一つとなるものと思います。

平成十八年十二月九日

東大寺別当　森本公誠

目次

Ⅳ　東大寺国際シンポジウム

英文要旨作成／原まや

近世仏教の思想

末木文美士

一　近世という時代

近世の仏教は長い間「堕落仏教」の烙印を押され、研究の価値のないものとして放置されてきた。近世仏教堕落論の典型としてしばしば槍玉に挙げられる辻善之助は、『日本仏教史』近世篇の最後の節を「仏教の衰微と僧侶の堕落」で結び、さらに大著全体の結語の中で、江戸時代の仏教を次のように総括している。

> 江戸時代になつて、封建制度の立てられるに伴ひ、宗教界も亦その型に嵌り、更に幕府が耶蘇教禁制の手段として、仏教を利用し、檀家制度を定むるに及んで、仏教は全く形式化した。之と共に本末制度と階級制度とに依つて、仏教はいよいよ形式化した。寺院僧侶の格式は固定し、尊卑の階級は煩はしく、元来平民的に起つた各宗派も、甚しく階級観念に囚はれ、僧侶は益々貴族的になり、民心は仏教を離れ、排仏論は凄まじく起つた。仏教は殆ど麻痺状態に陥り、寺院僧侶は惰性に依つて、辛うじて社会上の地位を保つに過ぎなかつた。[1]

辻はまた、近世篇之三でも第八―十一節にかけて「仏教の形式化」を取り上げ、本末制度・寺院僧侶の階級格式・檀家制度と宗門改・新義異義の禁止の四点を論じている。しかし、第十二―十五節では「仏教の復興」を論じており、黄檗の開宗・諸宗の復古・高僧の輩出・寺院の造営を取り上げているので、単純に全面的に堕落とばかり見ているわけではない。

近世仏教の位置づけの難しさは、そもそも近世という時代に対する評価自体が必ずしも定まらないところに由来する面がある。近代になってから、近世はしばしば否定される対象と見られた。封建的な身分体制に基づいて人間性が抑圧され、農民たちが搾取され苦しんだ時代であり、非科学的な宗教や迷信が跋扈した暗い時代と考えられた。近代になってもなお持続する前近代の遺物と闘うことが、啓蒙主義以来の課題となった。

しかし他方で、近世と近代の断絶をあまりに大きく見すぎることへの批判から、近世の中に近代の萌芽を見ようとする見方も生まれた。とりわけ丸山真男[2]によって、荻生徂徠から本居宣長へという系譜が、近代的な「作為」の論理のさきがけとなるものとして注目されたことは、その後の近世思想史の基本的な方向を決定するだけの大きなインパクトを持っていた。丸山は、近代的な発想が単に欧米から持ち込まれただけのものではなく、日本に内在的にその出発点があったと見ることで、日本自体の思想的な流れの上に、戦後新たな合理的な近代的発想を根付かせる可能性を見出そうとしたのである。

近世を近代との断絶において前近代として否定的に捉えるか（断絶史観）、それとも近代に連続するものとして肯定的に捉えるか（連続史観）の二つの見方は相対立するように見えるが、いずれも近代との関係を基準として近世を見ている点では共通する。それに対して、近代化をすべてよしとする価値観が批判されるようになってから、そもそも近代との関係という視点では結局一面的にしか近世を捉えきれないのではないかという反省が生まれるようになってきた。そこで、近代化とは関係なく、近世独自のあり方を積極的に見直そうという立場（独自史観）が生まれることになった。

そのような方向で、もっとも極端な視点を示したのは渡辺京二で、近世は「住民の親和感と幸福感にみちたひとつの調和的な社会」であり、「近代が獲得した美点をほとんど欠きながら、それが喪った美点をことごとく備えていたひとつの文明」であるとして、そこに「〝近代〟を相対化する視点をはぐくむ」可能性を指摘する。[3] これは、近世と近代の間を断絶と捉える断絶史観のように見えるが、断絶史観のように近代以前を前近代として一まとめにして近代の視点から否定するのではなく、近世を中世とも断絶した独自の時代として積極的な意味を見出そうとするのである。

渡辺のような近世の評価は、近代批判という観点から近世を見ようとするため、近世を理想化、美化してしまっており、必ずしも公正な見方と言えない。それに対して、注目されるのは、桂島宣弘の「『他者』としての徳川日本」という視点である。桂島は、「民衆宗教の教祖たちの言説、あるいは所為は、近代以降の〈われわれ〉が、容易に解釈しえるものではないという思い[4]」から、「徳川日本の思想が、決して十九世紀以降の〈連続する一国思想史〉に回収されるような、十九世紀以降の〈われわれ国民〉（＝「自己」）の思想として存在しているものではなく、〈われわれ国民〉ならざるという意味での「他者」の思想として存在するものであること[5]」を主張する。

このことは、決して近代と切り離されて近世があるというわけではない。桂島も言うように、この視点は同時に「〈われわれ国民〉の来歴を徳川日本の諸思想に辿る[6]」作業と密接に関係しているのである。近世をどう捉えるかという視点は、近代をどう捉えるかという視点と深く関わることである。ごく単純に見ても、明治維新を生んだ原動力は、近世に生まれた水戸学や平田派国学などの尊皇攘夷思想であり、日本の近代が近世と切り離せないことは明白である。近代における近世思想の見直しは、すでに井上哲次郎の『日本陽明学派之哲学』（一九〇〇）、『日本古学派之哲学』（一九〇二）、『日本朱子学派之哲学』（一九〇五）の三部作などに見られるような大きな成果を残しており、そもそも儒教は明治になって再編されて強力な影響を発揮するのである。[7]

丸山真男らの戦後の近代主義的な近世観が、このような近代における近世の継承と相違するのは、欧米の社会科学の影響を強く受けて、合理主義や民主主義によって特徴づけられる欧米的な近代を受け入れる素地となるものを、近世に見出そうとしたところである。

このような近代化論の観点から近世の思想・宗教を見直そうというのは、中村元やロバート・ベラーらの論にも見られる。[8]彼らはマックス・ウェーバーの影響下に、宗教による世俗倫理の確立という点に近代性を見出し、それを近世の仏教や心学に求めた。

このような近代化論的な近世観が必ずしも間違っているわけではない。近世の思想にはかなり広範に近代的な合理性が具わっていることは確かであり、[9]その側面から近世の思想・宗教を評価することは十分に可能と思われる。しかし、日本の近代は普遍的な形態で実現したものではなく、その近代のあり方自体が問われなければならない。合理的な近代だけでなく、天皇制ナショナリズムに帰結するような近代の側面も考えられなければならない。そして、それと接合する近世の側面もより複雑な構造を持ったものとして見ることが必要である。

丸山は、近世の主流を朱子学と見、徂徠―宣長の流れをそれに対する異端と見て、そこに近代性を認めようとしたのであるが、今日の研究ではそのような図式は成り立たない。[10]そもそも朱子学は日本の社会の中では到底主流とは言えない。[11]そればかりか、近世を儒教の時代と見ることにも疑問が呈されている。とりわけ、尾藤正英によって提出された「国民宗教」論[12]は、従来の近世思想・宗教の見方に大きく挑戦するものであった。尾藤によれば、仏教・神道・民俗宗教などが補完しつつ一つの体系を構成しているのであり、そのような「国民宗教」の体系は近世に完成したというのである。尾藤の「国民宗教」論を受け継いだ黒住真は、近世の思想を神・仏・儒などの複合体制と見て、検討を加えている。[13]このように、今日近世を見るのに儒教の優越という観点はもはや通用せず、諸思想・諸宗教の複合と見るべきことはほぼ確かということができる。そのような中で、仏教も新たな視点で見直すことが必要とされる。

仏教を中心とした近世宗教に関しては、すでに制度論的な面からの研究が進められ、[14]また、近世体制の形成期におけるその役割についても、鈴木正三などの果たした役割[15]や、家康信仰の形成[16]などについて研究が進展している。世俗化論に関しては上述した。その他、葬式仏教や祖先崇拝の展開[17]や民衆宗教の展開[18]も仏教と関係する大きな課題となる。概して言えば、近世前期から中期にかけては、仏教はかなりのエネルギーをもって思想界をリードするだけの力を持っていたように思われる。しかし、後期になって復古神道や民衆宗教の進展に伴い、仏教の創造的なエネルギーが失われ、これらの動きに取って代わられたのではないか。そのような見通しのもとに、以下、近世仏教の展開を概観し、その中で、とりわけ鳳潭と普寂の場合を取り上げて、近世の仏教教学の持つ意味について考えてみたい。

二　近世思想史の中の仏教

㈠　中世から近世へ

近世初期の仏教は、中世末期からの連続と断絶という両面から見ることができる。中世末期には、一向一揆などの宗教勢力の伸張が見られ、宗教勢力が政治権力を握るような事態ともなった。そのような宗教への絶対帰依的な態度は、キリシタンにも共通する。キリスト教の伝来は外から来た偶発的なものであったが、その急速な広まりには内在的な受け入れの可能性が考えられなければならない。

その一つは一向一揆に見られるような宗教的高揚であった。また、その背景となる阿弥陀仏一仏への帰依という態度は、他方で中世神道に見られる最高神の探求などとともに、絶対神を求める思索を発展させ、キリスト教の神（デウス）を受容する基盤となったと考えられる[19]。

信長・秀吉・家康による近世の政治権力の確立は、このような宗教勢力を打倒し、世俗権力の優越を打ち立てるところにあった。それは、信長の比叡山焼き討ちから、秀吉・家康のキリスト教弾圧に至る過程で達せられるが、しかし、近世の政治権力が完全に宗教を制圧する上に成り立っていたかというと、そうではない。秀吉・家康は自らを神として祀らせることを求め、政治的な絶対権力者が死後に神となるという新しい神の形態が生まれることになった。このような志向はすでに信長にもあったといわれる。権力の維持に宗教的な裏付けが求められたのである。そこには、現世を支配する神としてのキリスト教的な神の影響が少なからずあったのではないかと思われる。さらに言えば、後の現人神としての天皇の宗教的権威の確立も、このような基盤があってはじめて成り立ったものではないかと考えることもできる。

このように、近世になったからといって、宗教が力を失ったわけではない。宗教的な権威なしに世俗の権力は維持されないのであり、宗教の力が弱まったとは簡単に言えない。宗教勢力を打破しても、それを再建することが必要であった。寺檀制度はキリスト教を禁圧するとともに、仏教寺院を行政の末端に組み込むことに成功したが、逆に言えば、仏教の力を借りなければ、キリシタンの禁制も民衆の掌握も不可能であったということである。近年注目されている、幕藩体制確立期における鈴木正三の思想の位置づけも、このような状況を前提にして理解されることである。正三が直接にどの程度の影響力を持ったかは確かでないが、仏教の立場から身分制に立脚した職業への専念を求める正三の職分仏行説のほうが、儒教的な論法よりも当時として受け入れやすいものであったであろう。

それでは、中世的な宗教観と近世的な宗教観とはどのような相違があるのであろうか。ここで、近世の宗教がしばしば世俗化論の観点から捉えられることを思い起こすのは、必ずしも不適切ではない。世俗的、あるいは現世的な領域を「顕」とするならば、宗教はその「顕」によって把握されきれない「冥」あるいは「幽」の領域として特徴づけることができる。中世的な世界は、「冥」「幽」が「顕」と表裏のセットになる形でその力を発揮してきた。王法・仏法相依は、単に世俗権力の範囲での両者の拮抗関係の問題ではなく、世俗の「顕」の力と世俗を超えた仏法の「冥」の力との緊張関係と見るべきである。

ところが、中世末期になるとその均衡が破れる。宗教勢力の伸張は「冥」の力による「顕」の領域の支配ともいえるが、それによって「顕」と「冥」の二元論が消失して一元化されると見ることができる。即ち、現世の背後にある「冥」のはたらきである宗教の力が現世の「顕」の世界に実現されることになり、「顕」の世界の一元論の中で、宗教と世俗権力の関係が問われることになる。そう見れば、宗教勢力の伸張が逆転して世俗権力が優越するようになったことも、一見正反対に転じたように見えながら、実は「顕」の世界の一元論の中での両者の上下関係の逆転と見られるので、理解しやすい。基本となる現世一元論的な世界観は継承されていることになるのである。したがって、宗教の力が消えたわけではない。たとえ世俗権力が宗教を支配するように見えながらも、宗教が傀儡化して意味を失うわけではなく、世俗権力を補うものとして重要な意味を持ち続けることになる。いわゆる宗教の世俗化も、このような構造の中で理解される。もっとも完全に一元化して、「冥」の世界が消えてしまうわけではない。近世末期になって再び平田派の神道などにおいて「冥（幽）」の世界が問題とされるのも、現世的な「顕」の世界の一元論への反動と見ることができる。

(二) 仏教の革新と教学の展開

荻生徂徠（一六六六―一七二八）や本居宣長（一七三〇―一八〇一）が近世の学問思想の代表として挙げられるのは、丸山が指摘するような「作為」の論理というだけでない。その基本は文献の実証的な読解によって古典を正しく読み、それを通して伝統の原点を明らかにしようという方法論であり[20]、それが当時の儒家や国学者たちに大きな影響を与えた。その出発点を作った徂徠は、自ら中国風に物茂卿と名乗り、言語としての中国語の習得の上に立ち、中国文化の理解の上に立った儒教解釈を主張した。

ところで当時、中国直輸入の文化といえば、長崎を通して入ってくる以外になかったが、その中で最大の規模でもたらされ、大きな影響を与えたのは、黄檗宗の伝来であった[21]。黄檗宗の祖隠元隆琦（一五九二―一六七三）は、一六五四年（承応三）に来日した。ちょうど明清交替期に当たり、実質的に明が滅びて清の支配が実現していた時期である。もっとも隠元のいた福建はまだ完全に清の支配下に入っていなかった。

隠元以前にもすでに長崎には在留の中国人のために興福寺・福済寺・崇福寺があり、中国僧が来日していた。その中でも隠元より少し前一六五一年に来日した道者超元（一六〇二―六二）には盤珪永琢や独庵玄光らが参禅しており、中国禅への期待が高まっていた。そのようなところで、有徳の禅者を招請する気運が高まり、隠元が来日することになった。隠元は来日後、興福寺・崇福寺に住したが、名声が高く、一六五五年摂津の普門寺に移り、遂に一六六一年、宇治に万福寺を建立して晋山した。こうして黄檗宗の伝統が定着することになったのである。

黄檗宗は中国の当時の動向を反映して、禅と念仏を並修し、また、教禅一致の立場で経典も重んじたので、実践のみならず、教学面にも新しい気運をもたらした。その最大のものが鉄眼道光（一六三〇―一六八二）による大蔵経開版の事業である[22]。鉄眼はもともと浄土真宗の僧であったが、後に木庵・隠元に参じた。大蔵経開版を思い立ち、日本各地を歩いて募財に努め、一六七八年には完成した初刷の大蔵経が後水尾法皇に進上された。この開版事業には隠元はじめ、鉄眼の兄弟子の鉄牛道機ら、黄檗宗の僧らが協力し、また、宗派を超えて大蔵経の寄進に尽力した了翁道覚らの活動もあり[23]、仏教界に新たな気運を興した。

大蔵経の開版は、仏典に対する本格的な文献研究の道を開いた。鳳潭は大蔵経に収録されていない仏典を調査して回り、『扶桑蔵外現存目録』を編纂し、また、浄土宗の忍澂（一六四五―一七一一）は鉄眼版の校訂が不十分であることから、高麗蔵との対校という文献学的な大事業を遂行した[24]。このような作業は、儒教での古文辞学派の研究や、国学の古典研究に比せられ、むしろそれらに先立つ本格的な研究であり、近世の学問の新動向をリードするものということができる。

このような学術動向は宗派を超えたものであるが、幕府による宗学奨励によって各宗派の教学も進展した。それぞれの宗派では、檀林・学寮などにおいて教学研究と教授のシステムが作られた。そこでの学問の特徴として、宗祖中心の文献考証や注釈的な研究が広く行なわれた。それに伴い、中世的な口伝法門などの形態による思想展開の時代が終末を迎えることになった。それらの研究の成果は、近代の宗学の原型となるものであるが、中には禅の無著道忠（一六五三―一七四四）のように、日本の範囲を超えて、優れた漢文読解に基づき、今日の中国語学研究の立場からも最先端の成果を挙げているものもいる[25]。

それと同時に、その天台宗における安楽騒動や浄土真宗西本願寺派における三業惑乱など、宗派内の正統性をめぐる論争が起こり、幕府の介入を招いた。とりわけ安楽騒動は、戒律と教学の両面に関わる大きな問題提起となるものであった。これは、比叡山安楽律院に拠る妙立慈山（一六三七―一六九〇）、霊空光謙（一六五二―一七三九）らが、従来の日本天台の伝統である梵網大乗戒だけでは不十分として、四分律による具足戒の授戒を主張したものである。近世は戒律弛緩による堕落時代と決め付けられるが、むしろそうした背景のもとに戒律復興が盛んに唱えられた時代であり、真言宗の浄厳（一六三九―一七〇二）、慈雲（一七一八―一八〇四）はじめ、各宗において盛んに戒律復興が唱えられた。そうした中で、安楽律は日本の宗祖の伝統を否定し、中国の伝統に接続しようという点できわめて注目される[26]。

彼らは中世の口伝法門の流れに立つ玄旨帰命壇を批判したが、これは中世的な本覚思想批判という意味を持ち、中世的なものを駆逐し、近世的な文献主義を徹底するという点でも注目されるものである。それ故、彼らの活動は同時に教学刷新という面を併せ持つことになった。しかも、この点でも彼らは日本天台の宗祖である最澄に戻るのではなく、中国宋初のいわゆる四明天台に戻ることを主張したところに特徴がある。ここでもまた、宗祖回帰を超えて、中国回帰を目指すことになる。その際注意されるのは、原始天台を目指すのではなく、四明天台を正統として、そこへの復帰を意図している点である。正統回帰を目指しつつ、それがいささか中途半端にならざるを得なかったところに限界がある。

このような動向に刺戟されながら、従来正統とされてきた教学に異を唱える批判的な研究が生まれるようになった。それが、鳳潭僧濬（一六五七―一七三八）や徳門普寂（一七〇七―一七八一）らである。以下、彼らの華厳研究を中心にもう少し検討を加えてみたい。

三　鳳潭・普寂の華厳研究とその意義

(一)　鳳潭・普寂の批判精神

鳳潭は、黄檗宗の鉄眼のもとに学び、後に南都で華厳の研鑽を積み、華厳を中心に多方面にわたる教学研究を行ない、伝統的な説を批判しながら、独自の立場を打ち立てた。その基本的な立場は、中国華厳の第三祖法蔵を正統とし、その後の第四、五祖とされる澄観・宗密を異端として退けた点にある。この点、『華厳五教章匡真鈔』

序には次のように述べられている。

隋の末に首祖燉煌帝心和上（＝杜順）、塵を破して五教止観を艸扨（＝草創）し、之を至相（＝智儼）に授く。至相儼尊者、唐の初に当って、『孔目』『捜玄』を造り、巨いに其の教を鼎沸し、之を伝えて賢首に瓶注す。賢首大師法蔵嗣いで、斯の章（＝『五教章』）と『探玄』を著し、其の宗を波騰し、当時に雷轟す。謂う可し、宗教具に厥《そ》の全を備うと。吁。静法の苑（＝慧苑）なる者あり、遽かに其の師説に叛き、枘鑿の合うこと能わざるに似たり。倘《も》し師在まさば、則ち鼓を鳴らして之を攻めんこと、可なり。清涼大統国師澄観に至り、賢首を追遵し、華厳疏数百万言を撰し、之を恢弘す。圭山定慧禅師宗密、承けて踵を継ぐ。嗟乎。（慧）苑の頗僻における、固より論ずるに足らず。夫れ（澄）観と（宗）密は、則ち幸いに大手を展げて宗弊を支うと雖も、元より後に踞して未だ大師に面稟せざるに由て、翻然として復た知解を荷沢に流せり。自ら霊蛇の珠を握ると謂うも、実には物を淪《しず》め命を殞《おと》す芳餌なり。

（大正七三・三〇一上）

ここで述べていることは、杜順―智儼―法蔵を正系と認め、それに対して、異端とされるのが、慧苑と澄観―宗密の系統である。慧苑はすでに早くから異端視されていたが、それに対して澄観―宗密を批判するのは鳳潭の大きな特徴である。さらには、長水子璿・晋水浄源などの宋代華厳も併せて批判の対象とされている。鳳潭の復古は法蔵に戻れということであり、その後の流れを全面的に否定することであった。

ではなぜ澄観―宗密の流れが批判されるのであろうか。「知解を荷沢に流せり」といっているように、その華厳解釈が荷沢宗の禅の影響を受けて、純粋な華厳から離れたということが指摘されている。鳳潭による具体的な澄観・宗密批判は多岐にわたり、とりわけ教判論に関しては詳細な議論が展開されている。『匡真鈔』序の範囲では、その具体的な面には立ち入っていないが、その五教判の基本は次のように述べられている。

小（乗教）は偏真に滞る。（大乗）始（教）は但だ凝然の真にして、随縁は之を許すこと莫し。（大乗）終（教）と頓（教）とは則ち熏変し泯絶して、妄を棄てて唯だ真なり。其れ円（教）は則ち本具にして理に帝網にして、妄に即して真なり。

（同、三〇一下）

この基本自体は必ずしも不適当とはいえないであろう。しかし、問題は澄観・宗密が一心を重視し、一心の展開によって現象世界を説明しようとするところにある。

若し円教に依れば、即ち性海円明法界縁起に約して無碍自在なり。一即一切、一切即一にして、主伴円融なり。故に十心を説きて以て無尽を顕す。離世間品及び第九地に説くが如し。又た唯一法界性起心亦た十徳を具す。性起品に説くが如し。此等は別教に拠りて言う。清涼・圭山、盛んに謂く、「総じて万有を統ぶるは、即ち是れ一心なり。理、事に随いて変じ、一多縁起して無辺なり。事、理を得て融じ、千差渉入して無碍なり」と。嗚呼、二師未だ曾て無明性悪法門を信知せず。故に心を能造と為し、生仏を事に属さしめ、永く無差の義を失えり。縦い円に似たりと言うも、義意は実に偏なり。相濫す可からず。

（『匡真鈔』巻七、大正七三・四八九下）

これによると、円教の立場は、二つある。即ち、「一即一切、一切即一」の「性海円明法界縁起」の立場と、「唯一法界性起心」が十徳を具しているという立場である。これは、『五教章』巻二（大正四五・四八四下）に出ている。それに対して、清涼（澄観）と圭山（宗密）の一心縁起の立場が批判の対象とされる。その際、注目されるのは、「二師未だ曾て無明性悪法門を信知せず」と、正統説を「無明性悪法門」と表現していることである。言うまでもなく、性悪説は天台系によって主張されたところであり、とりわけ四明天台で強調された。

　このように、鳳潭の華厳解釈は、澄観・宗密を批判して法蔵に還るといいながら、実はそこに四明天台の説が入り込んでいるところに特徴がある。鳳潭は安楽派の光謙について天台三大部を学んでおり、安楽派が拠りどころとする四明天台の影響を強く受け、天台的な発想を大きく取り入れることになった。確かに法蔵の一即一切説と四明の性悪説は、どちらも発生論を取らず、世界の構造を明らかにするという共通点を持っている。それに対して、澄観・宗密の一心論は、心を実体視してそこからの世界の発生を説く発生論的な立場と見ることができる。それを本来の華厳と異なるものとして批判するのである。

　鳳潭のこのような華厳解釈は、今度は普寂によって批判されることになる。普寂はもともと浄土真宗の出身であるが、浄土真宗になじまず、華厳をはじめとする教学を研究するとともに、浄土宗の立場から戒律復興に努めた。鳳潭の講義も聴いているが、後には鳳潭を批判するに至った。その鳳潭批判の要点を『華厳五教章衍秘鈔』に見ると、次のように言われている。

　四に、今宗の蘖説を除くとは、蘖説多しと雖も、略して其の二を出す。一は、賢首の門人に静法苑（＝慧苑）有り、師の示寂の後、遽《にわか》に師の宗に叛いて『刊定記』を製す。……二は、吾が邦の近世に一講主有り、広く学び洽《あまね》く聞き、且く法を荷うを懐と為して任持して勤む。蓋し緇門の豪傑なり。自ら華厳を宗として、斯の章を鈔釈す。将に涼・密已下の紕繆を糾し、儼・蔵二祖の正宗を千載の後に興復せんとす。其の志す所は最も善し。惜しいかな、其の言う所、諸を二祖に鑑みれば、其の異なること猶お水火の如く、其の遠きこと天淵の似如《ごと》し。然るに其の説、禅教を会秤し、顕密を綜緝し、百家を引きて修飾し、衆美を仮りて潤色す。

（『華厳五教章衍秘鈔』巻一、大正七三・六二六中―下）

ここで、第二に挙げられている「一講主」が鳳潭のことである。ここでは、鳳潭は慧苑と並ぶ異端として指弾されている。普寂は、華厳を復興しようという鳳潭の意図は善しとしながら、実際にはその説が智儼や法蔵と異なることを指摘し、鳳潭はその異端説を博引傍証によってうわべを飾っていると手厳しい。

　では、具体的にどこが問題なのであろうか。「其の蘖多しと雖も、其の本根を究むるに大略二に由る。何等をか二と為す。謂く、乗教の綱紀を乱すと、及与《およ》び性起の大理を領会せざるなり」（同、六二六下）と、二つの問題点を挙げる。第一点は教判に関する誤解であり、第二点は性起説に関する誤解である。第一点に関しては次のように言う。

　所謂乗教の綱紀を乱すとは、講主以為《おもえ》らく、「華厳は是れ別教一乗、法華は是れ同教一乗なり。同は是れ円教にして、全く軒軽なし。両箇の一乗、牛の二角の如し。此の二円教、是れ尊珍すべし、所餘の四教は皆な掃廢すべし」等云云。寂曰く、此の胸臆判斷、全く典拠なし。凡そ二祖の章疏の中、一処として法華を以て円教に配する判有ることなし。（同）

普寂は、鳳潭が華厳を別教一乗、法華を同教一乗として、ともに円教で価値の上で差がないとし、それ以外の教えを否定しているところを問題にして、そのような説は智儼・法蔵に見えないと批判している。これは、鳳潭が法華・天台を高く評価するところを衝いたものである。第二点に関しては次のように言う。

所謂性起の大理を領会せずとは、初めに先ず性起の大理を明し、後に其の非を指斥す。……初めに先ず性起の大理を明すとは、……十地は乃ち因法界にして、如来は乃ち果法界なり。因果は唯だ是れ一如来蔵心なり。是れ性起と為す。……後に其の非を指斥すとは、彼の製述の中に、一処として探玄の正旨を出さず、漫りに惑業苦即性起と言い、凡愚の遍計より起る所の三雑染を以て直に妙物と為し去らんと欲す。（同、六二七上—中）

普寂によれば、「性起」とは、悟りに向かっての因果に通ずるもので、その根底に如来蔵心がある。それ故、「凡愚の遍計より起る所の三雑染」の如きは性起には入らない。ところが、四明天台の影響を受けた鳳潭は、凡夫の遍計より起こる惑業苦をそのまま性起と認め、無明をそのまま悟りと同一視することになってしまう。普寂は始覚的な修行主義に立っており、このような煩悩即菩提的な立場を認めない。それ故、普寂の特徴とすべき点は、鳳潭と正反対で、修行論的な観点から小乗を含めた諸教を同教と位置づけ、高く評価するところにある。

且く一切の小乗・三乗等、即ち華厳同教なり。是れ乃ち凡夫・二乗、及び七地已前の菩薩をして、漸次に成熟し、華厳法界に趣入せしむる妙法甘露なり。当に知るべし、小乗・三乗等、機感に就いて判ずれば、則ち是れ小・始・終・頓にして、普賢の所知に約せば、則ち是れ同教一乗なり。（同、六二六下）

即ち、普賢の境地から見れば、小乗・始教・終教・頓教などの区別はないが、実際には衆生には普賢の境地に達していないのであるから、そこに至る段階が必要とされるというのである。ここから、小乗にもそれなりの評価を与えることになり、そこに普寂の独自性が認められることになる。このような小乗への注目は、安楽派による小乗四分律の採用や、富永仲基（一七一五—一七八一）の大乗非仏説論にも通うものがあり、[27] やがては近代の原始仏教評価に連なるものということができる。

(二) 仏教における批判的文献主義とその限界

普寂による鳳潭批判に見られるように、両者の立場はかなり異なっているが、しかし、いずれも中世のような口伝伝承に満足せず、自ら古典文献を批判的に読み込み、そこに独自の説を展開している。その点でまさしく時代の最先端の研究の方向を切り開くものであり、儒学において伊藤仁斎や荻生徂徠らが展開したのと同じ方向を取ったものである。それ故、彼らとの交流や影響があったとしてもおかしくない。この頃の仏教研究は儒学研究と同じレベルにあり、ある点ではむしろ儒学よりも先進的で、時代の新思潮を示すものであった。[28] 富永仲基の思想史的研究も、そのような動向の中で形成されたものといえる。

しかし、仏教はそのような先進的な学術的発展をしながらも、必ずしもそれが社会に広く浸透していくようにはならなかった。徂徠や仲基に影響があったとしても、それはごく一部に留まった。徂徠の古文辞学が時代を象徴する「事件」として、大きな衝撃を与えた[29]のと較べると、彼らの仕事はその膨大さにも関わらず、限られた範囲のことでしかなかった。結局、仏教界という閉ざされた世界の中での問題であり、それを超えた問題を提起できなかった。それはなぜであろうか。

何よりも彼らが専念した教学が、伝統的な枠組の中に閉ざされていて、政治や社会の問題に直接つながるものではなかった。もちろん、そこには仏教本来の救済のあり方に関わるところがあり、戒律問題など、きわめて実践的な真摯な取り組みとも関わるものであった。しかし、複雑な教学の重箱の隅をつつくような議論を媒介とするために、仏教界を越えた関心を引きにくかった。社会的に広く開かれた「事件」となりえたのは、隠元による新しい中国文化の請来くらいのものであった。もちろん、将軍綱吉による生類憐みの令の問題など、仏教と関係する大きな「事件」と言えるものではあるが、必ずしも思想・文化の発展をもたらすものとはいえなかった。

また、鳳潭・普寂らの復古主義が、必ずしも徹底的といえないところにも問題が残った。鳳潭は法蔵復帰を主張したが、華厳の枠内のことであり、普寂の小乗評価にしても、必ずしも十分に徹底的なものではなかった。それを徹底すれば仲基のように仏教界そのものの外に立ち、排仏論のように受け取られかねないことを覚悟しなければならなかった。教団仏教を背景とする限り、宗祖を批判することはタブーであり、批判的精神を発揮しようとしてもその限界があった。しかも、仏教界全体としては保守的な気運が強く、改革や批判の活動は必ずしも十分に継承され、定着することができず、かえって厳しい批判にさらされなければならなかった。

もちろん江戸の中期以後に至っても、慈雲飲光（一七一八—一八〇四）のように、戒律復興をもとに釈尊時代に帰れという正法運動を興し、[30]乏しい資料に基づいて梵語研究に手を染めるような僧もいたのであるから、決して単純に仏教の堕落時代と断定することはできない。しかし、仏教界が次第に社会的な影響力を失っていったのは事実と考えられる。

とりわけ宣長によって国学が単なる「学」でなく、日本独自の「道」を求める主体的な探求となり、それが平田篤胤によって継承されて復古神道として体系化されるに至った。その流れは豪農層にまで浸透するようになり、従来の仏教の地盤に食い込み、尊皇攘夷のナショナリズム的な言動によって、仏教排撃の力を蓄えていった。それが明治維新期の神仏分離から廃仏毀釈の運動に結びつくことになる。それに対して、民衆のエネルギーは仏教の中に吸収されきれず、新しい宗教を形成することになった。

以上、近世における仏教の位置づけを、とりわけ学術面を中心に検討してみた。その結果、仏教堕落論という常識に反して、仏教にはかなり積極的に時代をリードするだけのエネルギーと実績があったことがわかった。しかしにもかかわらず、その活動が仏教教団の枠を超え出ることができず、思想的にも護教論的な制限を持つことになった。それが結果として、仏教の成果が十分な広がりを持たず、やがて排仏論的な動向に押され、とりわけ新興の復古神道などによって排撃されることになったものと思われる。

（すえき ふみひこ・東京大学教授）

註

（1）辻善之助『日本仏教史』近世篇之四（岩波書店、一九五五）四九三―四九四頁。
（2）丸山真男『日本政治思想史研究』（東京大学出版会、一九五二）。
（3）渡辺京二『日本近世の起源』（弓立社、二〇〇四）一七頁。
（4）桂島宣弘『思想史の十九世紀』（ぺりかん社、一九九九）四頁。
（5）同、二頁。
（6）同。
（7）黒住真「徳川儒教と明治におけるその再編」（『近世日本社会と儒教』、ぺりかん社、二〇〇三）。
（8）中村元『日本宗教の近代性』（春秋社、一九六四）、芹川博通『日本の近代化と宗教倫理』（多賀出版、一九九七）、ロバート・ベラー『徳川時代の宗教』（池田昭訳、岩波文庫、一九九六）など。
（9）例えば、源了圓『徳川合理思想の系譜』（中央公論社、一九七二）。
（10）丸山の近世思想史に関する総体的な評価として、黒住真「日本思想とその研究」（『複数性の日本思想』、ぺりかん社、二〇〇六）が適切である。
（11）渡辺浩『近世日本社会と宋学』（東京大学出版会、一九八五）。
（12）尾藤正英『江戸時代とはなにか』（岩波書店、一九九二）。
（13）黒住真「近世日本思想史における仏教の位置」（前掲『近世日本社会と儒教』）。
（14）圭室文雄『日本仏教史・近世』（吉川弘文館、一九八七）、高埜利彦『近世日本の国家権力と宗教』（東京大学出版会、一九八九）など。
（15）ヘルマン・オームス『徳川イデオロギー』（ぺりかん社、一九九〇）、大桑斉『日本近世の思想と仏教』（法藏館、一九八九）など。
（16）曽根原理『徳川家康神格化への道』（吉川弘文館、一九九六）。
（17）圭室諦成『葬式仏教』（大法輪閣、一九六三）。
（18）村上重良『近代民衆宗教史の研究』（法藏館、一九五八）、安丸良夫『日本の近代化と民衆思想』（青木書店、一九七四）など。
（19）大桑斉『戦国期宗教思想と蓮如』（法藏館、二〇〇六）。
（20）吉川幸次郎『仁斎・徂徠・宣長』（岩波書店、一九七五）。
（21）黄檗宗については、木村得玄『黄檗宗の歴史・人物・文化』（春秋社、二〇〇五）。なお、黄檗宗からは、茶人売茶翁や漢詩人大潮元皓も出ている。末木文美士・堀川貴司『江戸漢詩選・僧門』（岩波書店、一九九六）参照。
（22）最近各地の鉄眼版の調査が進められている。例えば、内山純子・渡辺麻里子編著『了翁寄進鉄眼版一切経目録：曜光山月山寺』（曜光山月山寺、二〇〇一）。
（23）渡辺麻里子「『了翁祖休禅師行業記』について」（『アジアの文化と思想』一四、二〇〇五）など。
（24）その成果は法然院に現存する。仏教大学仏教文化研究所編『獅子谷法然院所蔵麗蔵対校黄檗版大蔵経並新続入蔵経目録』（仏教大学仏教文化研究所、一九八九）。
（25）飯田利行『学聖無著道忠禅師』（禅文化研究所、一九八六）。
（26）近年、安楽律院の資料の調査研究が進められている。小此木輝之『安楽律院資料集』第一―三（文化書院、二〇〇一―六）
（27）普寂は大乗非仏説論を批判して大乗仏説を主張するが、その説は必ずしも頑迷な反対論ではなく、仲基に通ずる合理性があるといわれる。西村玲「可知と不可知の隘路」（『南都仏教』八二、二〇〇二）。
（28）鳳潭・普寂の思想史的な位置づけに関しては、神田喜一郎の論文が優れている。神田「江戸時代の学僧たち」（『藝林談叢』、法藏館、一九八一）、「鳳潭・闇斎・徂徠」「鳳潭余話」（『墨林閒話』、岩波書店、一九七七）。
（29）子安宣邦『「事件」としての徂徠学』（ちくま学芸文庫、二〇〇〇）。
（30）沈仁慈『慈雲の正法思想』（山喜房仏書林、二〇〇三）。

僧《そう》濬《しゅん》鳳《ほう》潭《たん》に於ける中国華厳思想史理解と華厳教学上の諸見解

—東大寺伝統華厳教学と『東アジア仏教学』との立場から論ず—

小島岱山

一　僧濬鳳潭に於ける中国華厳思想史理解

(一)　僧濬鳳潭の中国華厳思想史理解概要

僧濬鳳潭（以下、鳳潭。一六五七～一七三八）の中国華厳思想史観の大概を知るために、鳳潭撰『華厳五教章匡真鈔』「自序」の訓読文を最初に掲げておこう。博覧強記の人物の文章であるので、また、概要がわかればよいということで、使用のテキストの校定も行っておらず、思わぬ読み間違いもあるであろう。ご指摘、ご教示を乞う。訓読文中、丸カッコ内は、筆者の註。

華厳一乗教分記輔宗匡真鈔自序

夫れ法界円宗は、性海玄奥なれば、童子、友を百城に詢ぬるも、波瀾、浩瀚として、必ず抒《く》み乾し難し。隋の末に首祖の燉煌の帝心和上は、塵を破して『五教止観』を艸剏《そうそう》し、之《これ》を至相に授く。至相の儼尊者は、唐の初に当りて、『孔目』、『捜玄』を造り、巨《おお》いに其《そ》の教を鼎沸し、之《これ》を伝えて、賢首に瓶注《へいちゅう》す。賢首大師法蔵は嗣《つ》いで、斯《こ》の『章』と『探玄』とを著して、其《そ》の宗を波騰し、当時に雷轟す。謂《いっ》つ可し、宗・教、具《つぶさ》に厥《そ》の全きことを備う、と。吁《あゝ》、静法の苑という者有《あ》りて、遽《にわか》に其の師説に叛き、枘《ぜい》と鑿《さく》との合すること能わざるに似たり。倘《も》し師、在《いま》さば則ち鼓を鳴らして之《これ》を攻めんこと可なり。清涼の大統国師澄観に至りて、賢首に追遵し、『華厳』の『疏』、数百万言を撰して、之《これ》を恢弘《かいこう》す。圭山の定慧禅師宗密は承《う》けて踵《あと》を継ぐ。嗟乎《あゝ》、苑の頗僻に於《お》けるや、固《もと》より論ずるに足らずして、夫《そ》の観と密とは則ち幸いに、大手を展べて宗弊《しゅうへい》を支うと雖も、元より後《のち》に踞して未だ大師に面稟《めんりん》せざるに由りて、翻然として復た知の解《げ》を荷沢に流《たぐい》せり。自《みずか》ら、霊蛇の珠を握れりと謂《おも》へり。実に物を淪《ほろ》ぼし、命を殞《いん》するの芳餌《じ》なり。二公の遊ぶ所を推すに、猶ほ、乱を以て乱を平げんと欲するがごときの惑なり。姑《しば》らく弊を救うが若きも滋《ますま》す其の弊を繁し彌《いよい》よ玄脈を失す。蓋《けだ》し自《みずか》ら弊にして他の弊を救わんと欲する者は則《とき》ち火を将って火を救わんに随って、熾《さか》んに随って燎《もゆ》ること有りて之を能く止《とど》むること莫きが如し。而して人に知る者無き、亦哀《かな》しからず哉《や》。弊源一たび竇《うが》って（穴を通す）自《よ》り、渾渾灝灝《こうこう》（水が果てしなく広いさま）として浸して江河の澎湃《ほうはい》たるが如く、天下に氾濫す。勢い将に能《よ》く之《これ》を遏《とど》む可き者無《な》からんとす。是《ここ》に於いて猗《あ》歟、大師の獅紘《しげん》（紘は、いと）、殆《ほとん》ど絶えたり。遂に荊渓、四明をして漸頓互いに指し、既已《すで》に牴牾（くいちがう）することの甚《はなは》だからしむるは何ぞや。

宋に迨及《およ》びて、石壁、長水、晋水、溷淆《こんこう》（みだれる）し相い襲いて、已墜の紛緒を紊し、巧に真を濫す。世に、莠（実《み》のならないもの）の、似て而も其の苗を乱すを悪《にく》み、紫の、其の朱を奪うを恐るること有り。若し莠《しゅう》を認めて苗と想ひ、紫を誤りて朱と謂うに至らば、誰か之《これ》が為《ため》に歎息せざること莫からん邪《か》。是《ここ》を以て臭を千載の下に遺《のこ》し、菑《わざわ》ひ為すこと烈し。特に此《これ》のみならざるなり。彼の台学の山外の徒をして、覚えず、惑わされて邪蹊に陥《おち》いらしむ。三諦三千は蛣蟯《きっきょう》（くそむし）性悪なりの談、冰炭の相い投ぜざるが如きことを致すは亦、僨《くつが》えさざるや。彼の他家の学士、尚お為に移される。況んや己《おのれ》の宗をや。爾《そ》れより自《よ》り以降、其れ説に駕して箋釈を此の章に加ふる者有《あ》りと雖も、率《おおむ》ね宗教の大綱に於いては則ち樊然《はんぜん》（みだれるさま）として殽乱《こうらん》（まじりみだれる、ごっちゃになる）す。徒らに凉・密の遺《のこ》せし涎を吮《すす》って未だ嗛志《きょうし》（満足した心）有《あ》らず。是れに繇《よ》って之れを覈《み》るに、『発暉』、『発衡』、之《こ》れ永く振わず。『易簡』、之れ未だ久しく親しむ可からず。『義苑』の太《はなは》だ宏に非ずして頗る衆と同ぜず。『折薪』の任重くして焚せられ苟も燕説《えんせつ》（こじつけ）の笑を招く。『復古』は敻然《けいぜん》（はるかに遠いさま）として一喙《カイ》（くちばし）を伸ばして而も堂《さか》んに以て止《とど》まる可きか。集めて大成するも而も啓迪《けいてき》（教え導く）する所、希《まれ》なり。爾《しか》り竊《ひそ》かに衆説の摭布《せきふ》（ひろい、ならべる）の労を較《くら》ぶるに、諒《あきら》かに夥《おびただ》しからざるに匪《あら》ず。然るに正統に達する者は晨星《しんせい》（ものの少ないこと）にも如かざれば、則ち咸《ことご》とく未だ遺憾有ることを免《まぬ》がれず。抑《そもそ》も亦た取ること無し。吾嘗《われかつ》て台嶠を睥睨するに、頼《さいわ》いに中興崛起《くっき》（ひときわ群をぬくさま）すること有りて、率土（全土）、戴仰して水の壑《たに》に赴くが如し。因りて山外を回視するに、商飈《しょうひょう》（秋風、大風）の秋蘀《たく》（おちば）を損するが如し。固已《もとよ》り噍類《しょうるい》（物を食って生きているもの）無し。

独り今の宗に於いて未だ支那に、或は能く之《こ》れを正すことを聞かず。豈《あ》に命に非ざるか。噫余《ああわれ》なるや顧りみるに身を閻浮の日域に託して、儼・蔵の両祖に距《へだ》たること已に千百年間なるに、凉・密と二水の患を歴て、玄化凋零し、萎薾《いじ》（しおれ、つかれる）すること亦た已に極まれり。知らず、其の幾《いくば》くか而も能く異途を電掃（すばやくはらう）し、之《こ》れを援《たす》くるに道を以てせん者あるかを。若し台衡（天台山の智者と衡山の慧思）の侮を外に扞《ふせ》ぎ、戸庭に溺たるを内に拯《すく》わんと欲するに至りては、復た大いに難からざるなりや。往往に手を戟《ほこ》にして来たりて詆訾《ていし》（そしる、けなす）する者《もの》有り。恍惚茫昧《ぼうまい》（ぼうっとしてはっきりしない）なるに当っては、駭《おどろ》いて走らざれば則ち必ず窺《うかが》い（こっそり見る）て竊かに笑うこと有り。僅《わず》かに、偃伏《えんぶく》（ふしかくれる）して之《こ》れを盲《うべな》う者有るも、耄《ろう》（おいぼれる）して轍《てつ》を革《あらた》むるに忍びざるに嗇《しぶ》り、竟《つい》に休《や》むるに至らず。宜《むべ》なるかな予《よ》が之《これ》を黜《しりぞ》くこと仇讎《きゅうしゅう》の如く、之《これ》を距《へだ》てること瘴《しょう》（熱病）の如し。蠱毒《こどく》（毒薬で人の知らぬうちに害をおよぼすこと。多くの虫を一つの器の中で飼って共食いさせ、生き残った虫を用いてまじないで人に害を与えること）の如くなる者は已むことを得ざるなり。

邇《ちかご》ろ数歳、東武に在りて、叨《みだり》に華厳を大聖道場に開演し、兼ねて『探玄』を講ず。是《こ》れより先《さき》に毎常《つね》に談じて此の『章』に及ぶこと、凡そ数十余遍なり。恨む所の者は、大義、妙《たえ》ならざるに非ざるに而かるに解する者、寝疎《しんそ》（しだいにまばらとなる）にして刃《やいば》を余地に游ぶことを睹《み》ず。其れ果して誰を益すると為して、能く此《こ》れに与《あず》からん。予《われ》、一《ひと》たび目を寓する毎《ごと》に衷《まこと》に浩慨（「慷慨」のまちがいでは？）するに勝えざるのみ。

宝永丁亥（一七〇七年）の夏、匍匐（はらばいになって進む、力をつくす）して踪《あと》（あと、事跡）を京兆に旋《めぐ》り、因《よ》りて鄙見《ひけん》を挹《く》（しりぞける）んで、諸記の是《ぜ》なる者を糅採《じゅうさい》（まぜ、とる）し、其の非なる者を訂《ただ》し、其の未だ逮《およ》ばざる所を佐《たす》く。其れ猶《なお》、塗《みち》の齟齬する者、補うに以て之《これ》を覧《かわら》する（非難する）がごとし。綽然《しゃくぜん》（ゆったりとしてこせつかない）として融じて一家の大旨を晣《あき》らかにす。釐《あらためただ》して一十巻と為し、名づけて輔宗匡真と曰う。蓋《けだ》し乃ち孜孜《しし》（おこたらずつとめるさま）として志を鋭《するど》くして務めて榘矱《きかく》（のり、法度）を循蹈（規律を守る）し、邪説を辨折して、祖教の本意を失せずして、而も精当に帰するに在り。惓然《けんぜん》（ねんごろなさま）として之《これ》を思ひ惕然《てきぜん》（おそれつつしむさま）として顧み、夫《か》の、大禹の、山を鑿《ほ》り海に漸《ひた》り、神用を顕出するが如《ごと》くならざることを懼《おそ》るる而已《のみ》ならんや。或《あるひと》が徴す(明らかにする、とりたてる)、邪を摧き、執を盪《とう》(あらいすすぐ、あらいきよめる）して、宗教を輔佐すれば、則ち敢えて命を聞く。唯だ一真乗の法のみ妄を遣り真を研《みが》くも遂《つい》に其の真を益損すること無し。寧《むし》ろ之《これ》を匡すことを為さんや。曰く、夫れ画を善くする者は大要、其の匡郭《きょうかく》（ここは「下書き」を指す）を模して、苟も像を写し真に逼るに於いてのときは則ち骨と形と称《かな》い、神、之《これ》を気に循《したが》い、精采（いきいきしていること、美しいいろどり）、発泄して將《まさ》に生動せんとするが若《ごと》し。子也《しや》、曾て之《これ》を聞かざるや。小は偏真に滞り、始は但だ凝然の真にして、随縁は之《これ》を許すこと莫《な》きなり。終・頓は則ち熏変し泯絶して、妄を棄てて唯だ真のみなり。其れ円は則ち本具（本来具有していること。もともとそなわっているもの）にして、理に帝網にして妄に即して真なり。此《こ》の五観は燦然として著《あらわ》れん。緊《ああ》、昔人一《ひと》たび眩《くらま》して自《よ》りの後は、綱格已《すで》に頽《たお》る。固《まこと》に大を用《もちい》るに拙《つたな》し。余《われ》は故に僶俛《ビンベン》（しばらくのあいだ、はげみつとめる）して驅《かり》たてて袪逐《きょちく》（おいはらう）し、専ら彼を治するときは則ち玄猷《げんゆう》（奥ぶかいはかりごと、奥ぶかい道）、一変して興《おこ》る可《べ》し。烏《いず》くんぞ匡扶《きょうぶ》（ただし、たすける）することを莫からんか。世に言えること有り。天柱（天をささえているという神話上の柱）已に折る（天を支える柱が折れ、地をつなぐ綱がきれる。紛乱の甚しいことをいう）。石を錬《ね》って天を補わん(昔、女媧氏が五色の石を錬って、天の足りない所を補ったという伝説）、と。今の時に当たっては、我を捨てて、其の誰ぞや脱し、其の、予《われ》が任を屏《もり》たてて衍《エン》（はびこる、のびひろがる、ひろげる）と為し、且《か》つ勛《クン》（いさお、てがら）に侈《おご》ると謂はざれば、則ち幸いたり。之《これ》が序と為す。

鳳潭は、杜順、智儼、法蔵と続く華厳思想の流れを正統とし、静法寺慧苑《えおん》、澄観、宗密と続く華厳思想の流れは異端であるとして斥けた。鳳潭が慧苑、澄観、宗密の三人を排除した、とりわけ澄観と宗密の二人を強く排除した根本の理由は、澄観、宗密らの華厳思想が理事無礙の華厳思想になっていたからである。すなわち、鳳潭は智儼や法蔵らの華厳思想は事事無礙の華厳思想と理解していた。事事無礙が華厳の正統なる本来の思想であると鳳潭は見做《な》した。事事無礙が一《いち》なる事《じ》を根本とし事《じ》を重んずる天台の根本思想と合致し、相応しているからである。

（二）東大寺伝統華厳教学の立場からの反論

法蔵には、後三教一乗という思想があり、理事無礙を説く、或いは理事無礙で説かれている終教も頓教も華厳一乗円教のうちと受け取る考え方もあり、法蔵は理事無礙を全く排斥してはおらず、澄観、宗密を排毀するのは誤りであると鳳潭を批判。

（三）『東アジア仏教学』の立場からの反論

鳳潭の中国華厳思想史理解も東大寺伝統華厳教学に拠る中国華厳思想史理解も『東アジア仏教学』の立場からはすべて否定せざるを得ない。『東アジア仏教学』から見ると、中国華厳思想の流れには二つの大きな流れがあった。一つは、五台山系仏教文化圏に於ける五台山系華厳思想の流れ。これは初祖は霊弁、第二祖は解脱、第三祖は五台山系華厳思想の大成者の李通玄という『華厳経』に生きた人々の流れであり、実践性と衆生性（大地性、民衆性）に優《すぐ》れていた。二つには、終南山系仏教文化圏に於ける終南山系華厳思想の流れ。これは初祖は智儼、第二祖は華厳教学の大成者の法蔵、第三祖は終南山系華厳思想の大成者の慧苑という華厳教学と華厳思想とに生きた人々の流れであり、理論性と貴族性に優れていた。

五台山系華厳思想の流れは、空思想、無の思想、般若の空智慧を根本とし『八十華厳』の経文で言えば「一念普観無量劫。無去無来亦無住（一念に普く観ずる無量劫。去《ゆ》くことも無く来《く》ることも無く亦た住《とど》まることも無し）」に代表されるように、構造的には「一（＝一念）即一切（＝普観無量劫）即無（＝無去無来亦無住）」の華厳思想の流れである。そして、この「一即一切即無」こそ、『華厳経』の真実の思想、本来の在り方、核心、精髄、本源を示す思想（構造）と知られる。『華厳経』を素直に、正直に読めば、『華厳経』とは「一即一切即無」を表し示す経典であると御理解いただけよう。

ところが、『華厳経』の本来の思想（構造）を示す「一即一切即無」から「無」を捨象してしまったのが、「無」を取り除いてしまったのが、終南山系華厳の智儼と法蔵であり、この二人は「一即一切」が華厳の思想であると、『華厳経』の心であると詐誕《さたん》を為した。何故に智儼と法蔵の二人は、このような、『華厳経』の心を踏み躙《にじ》る詐謀を労したかというと、偏《ひとえ》に教相判釈のためであった。華厳宗の独立のためであった。華厳教学を成り立たしめんがためであった。すなわち、当時、勃興していた禅宗を「無」を宗とする頓の教と判じて五教判を成立せしめんとした以上、根本的な意味に於いて華厳の世界から、或いは『華厳経』の世界から「無」を捨象、排除せざるを得なかったわけである。以来、現代の華厳学者に至るまで、筆者以外、全員が「一即一切」を以て華厳（経）の思想構造の代表と受け取ってしまっている。大きな誤りであるのに。なお、間もなく、この点については、華厳学研究所より、もっと詳細に述べた『八十巻華厳経の根本思想構造』（この中では田村芳朗博士の華厳思想理解と華厳の本覚思想理解との批判も行っている）という本を出版の予定である。

　東大寺が千二百五十年間も華厳の大成者として崇め奉ってきた法蔵こそ、『華厳経』の心、毘盧遮那仏の心、大仏の心を踏み躙《にじ》ってきた極悪の人物であったのであり、その結果が如何なることになったか、それを知れば、法蔵の悪業のほどをさらに強く確認できよう。どういうことかと言えば、『華厳経』に最初に本格的な理解を示した人物は、天台の智顗であった。天台思想というのは「一色一香即中道」、「一念三千」、「十界互具（構造的には、一界即九界）」等とあるように「一」を根本とする学派であり、天台の智顗が『華厳経』に見出した思想世界とは「一即一切」であった。すなわち、「一即一切」とは『華厳経』の天台的解釈と同一のものでもあったのであり、したがって、東大寺が法蔵の華厳思想を取り入れたということは、東大寺が比叡山延暦寺に取り込まれることを、南都仏教が平安仏教の軍門に降ることを意味していた。さらには、「一即一切即無」であるならば、すべての仏教思想を包摂できるのに、無を捨象してしまったということは、鎌倉仏教にも東大寺が、南都仏教が太刀打ちできないようにさせてしまったということになる。東大寺が昔日の輝きを再度取り戻すためには、「一即一切即無」の『華厳経』そのものに帰らなければならないのであり、後世、行基菩薩が五台山文殊と称されることになった、その心、すなわち、「一即一切即無」の五台山系華厳思想を、さらに具体的に言えば、李通玄の華厳思想を採用し、尊崇し、根本とし、流布しなければならないことが知られよう。ちなみに、三論の吉蔵は『華厳経』の根本は「無」の思想だと言っており、智顗と吉蔵との『華厳経』理解を合わせれば、李通玄の「一即一切即無」になるではないか。「一即一切即無」が、この意味からしても『華厳経』の正統なる根本思想構造だと証明されよう。

　そして、五台山系華厳思想を李通玄が構築した一真法界の思想でまとめあげ、また、終南山系華厳思想を四（種）法界としてまとめあげ、しかも一真法界を根本とし、その上に四（種）法界を載《の》せるかたちで二つの流れを総合・統一したのが澄観である。中国華厳思想の真の大成者は澄観ということになる。法蔵は中国華厳教学の大成者にすぎない。しかしながら、澄観が中国華厳思想の大成者とはいえ、すなわち、「一即一切即無」と「一即一切」とを一つにまとめあげたとはいえ、つまりは「一即一切即無」に基づく華厳思想を構築したとはいえ、その澄観の「無」は、空如来蔵としての「無」であって、李通玄の「無」、すなわち、空智慧ではない。

　「一即一切」は、事事無礙を、「一即一切即無」は理事無礙を表すと考えてよい。より厳密に述べれば、この理事無礙とは、事事無礙が空智慧の理に、空《くう》なる理に、無なる理に支えられているという、そういう理事無礙である。この意味での理事無礙こそ、『華厳経』の根本の思想、根源の哲学であった。また、「一即一切即無」は、すなわち理事無礙は実践の思想を示すものでもあり、李通玄は「一即一切即無」を根拠として「一念縁起無生」という思想を構築し、これが『臨済録』や『大慧宗杲禅師語録』三十巻の根本思想となっている。

以上より、鳳潭の中国華厳思想史理解も、東大寺伝統華厳教学に拠る中国華厳思想史理解も『東アジア仏教学』の立場から、すべてことごとく根底より否定されたことが御理解いただけよう。

二　華厳教学上の諸見解
―東大寺伝統華厳教学のエッセンス―

東大寺伝統華厳教学を体現している行照師の当面の敵は鳳潭であった。東大寺の伝統華厳教学を集大成している書である、行照師の『華厳五教章穎川録』九巻の全巻で行照師は鳳潭の学説を批判、否定している。全部で百五十を超える箇処で華厳教学上の鳳潭の見解を誤りとして指摘している。本拙論に於いては、その全部《すべて》に触れるわけにはいかないので、主要な事柄をいくつか取り挙げて論ずることにしたい。はじめに、行照師が「是れは鳳潭一代誤り数々ある中での至極なるもの」と述べているテーマを取り挙げてみよう。

㈠　華厳の観法と天台の観法

『華厳五教章穎川録』巻五、第七十八席（八十六丁オモテ～八十七丁ウラ）に、

是故依二此普法一等、一時前後説とは、円融門に行布門を妨げざるの義を顕す。前後一時説とは、行布門に円融門を具するの義を顕す。此の世間印法等の喩《たとえ》甚だ分かり易し。爾《しか》るに『匡真鈔』四三十丁左に、華厳の観法と天台の観法と混雑して、華厳も天台と同じく陰妄の心を観ずることとする。鳳潭では華厳の観法もやはり凡夫妄心を観じて其《そ》れを不思議の法とならしむるの観法とする。是れは鳳潭一代誤り数々ある中での至極なるもの。此の文に依二此普法一とある。此普法とは縁起無盡の法、華厳では所観の境界は一多相即重々無盡の諸法を観ずるものにして、唯心を観ずるには非ず。又、唯心と云うも華厳の唯心は本来自性清浄心のことで、無明妄染の垢のない清浄心なり。そこで鳳潭では其の清浄心は観ずるに及ばぬ。無盡法界の諸法を、衆生が一多相即の縁起の大道理に迷いて隔歴の執深し、其の衆生隔歴の執を脱却せしめんが為に、無盡の諸法を観ずる。唯心清浄なれば観ずるに及ばぬ。一切諸法と云えば、天台で云えば本来、十界互具なり。其の十界互具の処は観ずるに及ばぬ。其の十界互具と知らずに迷って居《い》る其の本《もと》は是れ凡夫の妄心故に、其の迷いの本たる陰妄《おんもう》の心を観じて、是れ不思議の法なりと観ぜしむるが天台の観。そこで法花の経本では、三乗五乗の麁法をして、即ち一乗の妙法と開会《かいえ》することを説く。或いは三悪修羅の妄悪の法をして直ちに秘妙不思議と開会するが法花の開麁顕妙の法門。その開麁顕妙の則に乗じて、天台の智者大師は十界の諸法、麁なりと思う凡情を開《かい》して、不可思議の妙法と知らしめん為に、初心の行者、入理の門戸無き故に、そこで、今日の凡夫卒爾《そつじ》汎汎たる陰妄の心を観じて、此の心たわけにするな、本来十界互具の妙法なりと観ぜしむるが、開麁顕妙の観心なり。そこで法花に付いて云えば開権顕実なり。行に付けば汝等所行是れ菩薩道、法は毘尼即摩訶衍、人は客作の賤人長者の子なり。観は妄

心、即ち是れ不思議の妙法なりと。此れが天台の開麁顕妙に則を取る摩訶止観の観法なり。其《そ》れを鳳潭の、華厳の観法も、無盡法界の理を観ずるに及ばぬ、自性清浄心を観ずるに及ばぬ、そこで凡夫の妄心を押えて此れ無盡法界を観ずることじゃと混じて解したるは、大きに誤り故に、華厳は自性清浄心を観じて、此の心が法界を盡くし、未来際を盡くし縁起無盡の法なりと、一心已《すで》に爾《し》かなれば、万法盡く法界縁起ならざるはなしと観ずるが華厳の法界観なり。此の義心得置く可し。

とあり、また同じく『華厳五教穎川録』巻一、第九席（七十一丁オモテ〜七十一丁ウラ）に、

縁起門の修入は目前にありふれた山河大地依正色心の一切諸法に向かって観道修入するの義を教えるなり。性起門ではその諸法縁起の末には向かわず、直《ただ》ちに性起の本に付《つ》いて修入するもの（なり）。縁起門の修入は目前にありふれた山河大地依正色心の一切諸法に向かって観道修入するの義を教えるなり。性起門ではその諸法縁起の末には向かはぬ。縁起の諸法に向かって修入観法しても悟道に遅い。之《こ》れに依り、己《おのれ》が一心内に向かい生仏未分の本源、何ものぞ、ただ是れ本来自性清浄心なり。其《そ》の一心が自《みずか》らの方寸の胸のうちにひそまりかたついて居《い》るものに非ず。含法界の性起故に、法界海が即生仏未分の本源一真法界なり。此れに依りて己が心内に向かうと云っても天台に談ずる如きの六識妄心に向かって観ずる様《よう》なとろい教え方ではない。妄心を観じて何かせん。その妄とならぬ生仏未分の本源一真法界を知らずしては、云何んぞ悟道の場に至らん。依《よ》って己《おのれ》の心内に向かうと云っても、我が胸内計《ばか》りのことにあらず、含法界、皆己《みなおのれ》の心の内、性起都見の法なり。そこが彼の禅宗の直指人心と華厳の性起の円と同ずる義辺ある故に、南北の禅、弘まる時こそ幸い。その南北の禅に同じて性起の円を伝え、性起の修入を旨とし玉《たま》うが清涼大師の華厳の弘通なり。（中間省略）。此《か》くの如く今宗にありて（は）、性起縁起の二種の円あり。杜順至相では何れとも其の義明らかに見えねども、賢首では縁起の円を専らに明かし、自ら縁起門の修入に依る。清涼・圭峯に至りては教禅融会の善巧より、性起の円を盛んにして直ちに性起門に修入する義を伝え、此れが華厳一宗の近道じゃと明かす処なり。此くの如く賢首清涼の其の修入に至りては且らく其の差別ある所（あり）。爾《しか》るに鳳潭師は此の旨を知らざるもの故に、『匡真鈔』にありては、清涼・圭峯を大きに難じ、華厳の円教を伝えずに、華厳を終教の分斉とし、禅法の頓教と合して伝えるもの、僅《わず》かに終頓の二教の分斉故に、大きに賢首の無盡円教の義に乖《そむ》くと云って判じてあり。此れは此の宗に縁起性起の二門差別（あれば）自《おの》ずから修入に二種あることを知らざる故に、清涼・圭峯の祖師までも賢首に乖くと云いて破されたれ。（丸カッコ内、筆者補足、以下同じ。なお〔　〕内は筆者の註）

とある。改めて筆者が論ずる必要もないくらいに明解に述べられているが、まとめの論をなさないわけにはいかない。鳳潭は、凡夫の妄心、陰妄《おんもう》の心、陰妄の一念、六識の陰心を無盡法界と観ずるのが華厳の観法と見做したが、これは明らかに、開麁顕妙の天台の、開麁顕妙の『摩訶止観』の観法であって、華厳の観法ではない。華厳の観法とは、性起修入の性起観であり、一心が、自性清浄心が、生仏未分の本源が、法界を盡くし、未来際を盡くして縁起無盡の法な

りと、法界縁起ならざるはなしと、一真法界そのものなりと観ずることとされる。しかしながら、この性起修入の性起観は、澄観・宗密の教禅融会の観法であり、法蔵の縁起修入の縁起観とは異なっており、観法に関しては、東大寺伝統華厳教学は澄観・宗密の立場に立ったことがわかる。この事実はまた、法蔵の華厳教学に於ける実践性の欠如、あるいは希薄なることを示すものであろう。智儼にも智儼独自の観法が存在しないという。終南山系華厳思想の流れは、『東アジア仏教学』から論ずれば、誠に実践の意識に乏《とぼ》しい華厳思想の流れと言わざるを得ない。当面の敵、禅との教相判釈を中心とした事柄に、すなわち、理論的対決にのみ終南山系の華厳学徒たちは明け暮れしていたということであろう。

(二)　縁起と性起

前項が、鳳潭の誤りの至極なるものであるならば、この項は、鳳潭の誤りの本質、根本なるものと称せよう。華厳の教学の中に、縁起と性起という二つの立場があることを認めなかったがために、鳳潭が数々の誤りを犯すことになったというわけである。

さて、この縁起と性起とについては東大寺伝統華厳教学が最も重視した、いわば、東大寺伝統華厳教学の基本的立場を示すものであり、すなわち、東大寺伝統華厳教学の、伝統華厳教学たるゆえんを示すものであり、『華厳五教章穎川録』も力をこめて詳しく論じ、しかもその中で鳳潭批判を行っているので、大変に長くなるが原文を掲げないわけにはいかない。『華厳五教章穎川録』巻一、第九席（六十八丁ウラ～七十六丁オモテ）に、

一宗の要義なる故に弁ずるものにして、総じて今宗の円教と云うに、教に約しては同別二教に分かる。義に付きては性起縁起に分かる。其の性起の円を重《おも》に伝える祖師あり。縁起の円を重《おも》に伝える祖師あり。（中間省略）。此くの如く今宗にありて、性起縁起の二種の円あり。杜順至相では何れとも其の義明らかに見えねども、賢首では縁起の円を専らに明かし、自《みずか》ら縁起門の修入に依る。清涼圭峯に至りては教禅融会の善巧より性起の円を盛んにして直《じき》に性起門に修入する義を伝え、此れが華厳一宗の近道じゃと明かす処なり。此くの如く賢首清涼の其の修入に至りては且らく其の差別ある所（あり）。爾《しか》るに鳳潭師は此の旨《むね》を知らざるもの故に、『匡真鈔』にありて清涼圭峯を大きに難じ、華厳の円教を伝えずに華厳を終教の分斉とし、禅法の頓教と合して伝えるもの（とす）。僅《わず》かに終頓二教の分斉故に、大きに賢首の無盡円教の義に乖《そむ》くと云いて判じてあり。此《こ》れは此の宗に縁起性起の二門の差別（ありて）自《おの》ずから修入に二種あることを知らざる故に、清涼圭峯の祖師までも賢首に乖《そむ》くと云いて破されたれ。（中間省略）。

先ず性起縁起の中、縁起とは、釈名と出体《しゅったい》とに分《わ》かる。総じて縁起の二字、釈名（門）に凡《およ》そ三種あり。釈名に三種ある故に、縁起と云うも、名のみ聞いては其の義定めがたい。其の差別を弁ぜん為に、先づ釈名より差別を弁ずる。（中間省略）。三には、今『章』（の）中（の巻）に、縁起因門六義法を明せり。其の縁起を『通路記』の（巻）二十四に釈して、縁は是れ能の起、即ち是れ因に目《なづ》くる。起は是れ所の起、当体是れ果なり。縁集所起の果を縁起と名づく、と釈せり。此の『通路記』の釈は、『冠註』では、中（巻）の二に引いてあり。其の意《こころ》は中巻

に明かす因門の六義は是れ能生の因にして、此れを今は縁という。中巻の初に明かす三性同異義とある、あの三性は現行の果なり。その果を所起とする（なり）。爾《しか》れば、一切法に通じて諸法は因縁相聚《あいあつまり》て現行の果報を起こすものということを縁起という。爾れば縁起とは因縁所生法と云うも、又は種子生現行の法と云うも同じ意にして、何れ（にせよ）因縁によりて起こる諸法と云うことを之《こ》れを縁起と云う。具さに云えば、縁起の諸法ということなり。

そこで、此の諸法は六道の流転の山河大地依正色心も又は三乗及び仏果の徳までが皆因縁によりて生ずるものと云うときは縁起ならざるはなし。此れを惣じて縁起の諸法と云う。その因縁とは体に約すれば空有なり。用《ゆう》に約すれば力無力なり。空有と力無力と相《あい》よりて一切諸法を生ずると談ずるが今宗の所談にして、（中間省略）、『五教章』の中巻に明かす。（中間省略）。

次に、出体門。此の縁起の体は何ものぞと云うに、此れについては通別の二門あり。通じて云えば、終頓円の後三教に通ずる縁起門（なり）。別して云えば、第五円教に局《かぎ》る縁起門（なり）。

其《そ》の終頓円の後三教通じて弁ずる縁起門と云うは、即ち如来蔵縁起と談ずる処（なり）。自《おの》ずから此れは後三教に通じ、其の如来蔵縁起と云うは一相の縁起なれど、後三教通じて云うときは一相、無盡の差別を云わずに、惣じて如来蔵縁起と云う。（中間省略）。其《そ》の如来蔵より諸法が縁起する（というの）が通門の縁起にして、其の如来蔵一心自体には自《おの》ずから華厳所説の性起の円の義までも含んであるもの故に、そこで彼《か》の経論の説が終教に局らず、後三教に通ずると云う。かくの如く見込むが賢首の意《こころ》（なり）。『探玄』巻十六で『起信論』を引いて、（又）、『義記』では、下本に（あるが）、其の論に、不空真如には大智慧光明の義、遍照法界の義ありと説く。此の説（には）即ち華厳の性起の義を含めるものと見玉《みたま》ひて『起信論』を引いて証拠とし玉ふ。この説が、（すなわち）奇なる哉《かな》、奇なる哉、一切衆生に如来の智慧徳相を具すると云う（の）が、此《こ》れが性起門の義にして、衆生の方《ほう》は願も起さず、修行もせず、自《おの》ずから本来、如来の智慧徳相を具す等《とう》と談ずる処《ところ》が、即ち『起信』の不空真如の義を説き玉ふ処に同ずると見玉ふが賢首の意なり。此れで以て鳳潭の『幻虎録』には、片言も『起信』には円教の義は見えぬと云はるれど、斯《こ》の様に賢首が『起信』の不空真如を『探玄』に引いて性起の円教の義と明《あか》し玉ひてあれば、後三教通説の『起信』なること明らかなり。依って『起信』等には性起の円教まで含むと伝える所なり。爾《しか》るに鳳潭師では無盡法界などの詞《ことば》がなければ円教の説とは云はれぬと（言う）。なるほど無盡無盡と説く処をさがしては、『起信論』を千年万年見ても円教の義ありとは見えぬなり。『起信』の序にありて、真心寥廓等と説く、あの真心は『起信』の立義分に説く所の衆生心のことなり。其の真心、衆生心と云うものは開いて心真如門、心生滅門となる。依って生仏迷悟染浄未分の根元をば是れを衆生心と説き玉ひたるもので、其の生仏未分の本源を談ずるなれば、必ず是れ円教の所談でなければならぬ。終教已下にありては未だ生仏未分は談ぜぬ。是《これ》を以て一切諸法と縁起する一心の自体性、其の義自《おの》ずから終頓円の後三教に通ずる故に、終教も一心縁起、円教も如来蔵縁起、一相も無盡も分かたず。ただ一般に唯心縁起なりと談ずるが後三教に通ずる縁起なり。是れを今宗(では)通門(の)縁起と云う。

後に別門の縁起とは、後三教の中で終頓の二は是れ一相縁起にして、真如唯心より三細六麁と次第に縁起する相なることを談ずるなり。別教一乗の上では其の縁起の諸法、互いに相即相入主伴具足して無盡の縁起なりと談ずる所が別教不共の談にして、今章中巻(にて)広く十玄縁起を以て明かす処、是れなり。爾《しか》るに鳳潭師は其の一を以て其の二を知らず。如来蔵縁起は是れ終教の縁起、法界縁起は円教の縁起と談じて、終教、円教の差別門の一を知って、終頓円通門の縁起を賢首談じ玉ふことを知らざるものなり。そこで其の通門の義を知らざれば別門の義とても亦、誤る所なり。なぜなれば別門では法界縁起の円教と云う、其の法界縁起の自体は一心法界と談ずるが故に、其の一心の自体無きときは法界縁起も縁起なし。其の自体は即ち終頓円の後三教に通じて体に於いては差別を云うべからず。其の縁起し顕われた諸法の上でこそ一相縁起、無盡縁起と終円二教の差別が分かるる所なり。依って此の通別二門の縁起あることを知らずしては大きに宗義について取り誤る所あり。

とある。法蔵の『探玄記』や『起信論義記』に『起信論』の不空真如を性起の円教の義と定義されていることを根拠に、如来蔵より諸法が縁起することを通門の縁起と理解して、如来蔵一心自体には自《おの》ずから華厳所説の性起の円までも含んであるもの故に、後三教に華厳の説は通ずるとしている。これが東大寺伝統華厳教学の立場であり、鳳潭は、このところに気づかなかったのだという。しかしながら東大寺伝統華厳教学にも問題はある。それは、性起と縁起とを同一視して、よいのかということである。性起というのは法の起こり方、縁起というのは、その起こった法の在り方を言うのが、そもそもの定義、概念ではないのか。法の起こってくる場所は何処かとなれば、心、性、仏性、如来蔵、不空真如としか、終南山系華厳としては結局は考えようがなかろう(五台山系華厳では万法、万有は空、ないしは無と相即すると説いている)。そして、円教としての法の起こってくる原点なのだから、不空真如、すなわち如来蔵も円教の中に入れないわけにはいかない。しかしながら、起こった法、つまりは縁起法界(本来は法界縁起ではなく、縁起法界であり、こちらのほうが華厳の立場を正確に表現している。筆者注)は、事々無礙の一即一切であって、如来蔵より縁起した法(=如来蔵縁起の法)とは異なると理解するのが順当なところではなかろうか。縁起については鳳潭の説にも一理あるように筆者には思われるが、もっとも、正直のところ、どちらとも判断しかねる微妙な問題ということになろうが。以下の引用文をも参照のこと。

次に性起についてであるが、こちらについては、東大寺伝統華厳教学に対して鳳潭は異義を唱えていない。東大寺伝統華厳教学が法蔵の学説をそのまま採用しているからである。縁起に関しては、前述した如く、法蔵の性起の定義から類推して縁起の定義を東大寺伝統華厳教学が為《な》しているので、問題が起こったわけである。性起については、鳳潭への非難の文言はないが、参考までに、東大寺伝統華厳教学に於ける性起の理解を示しておこう。『華厳五教章穎川録』巻一、第十席(八十四丁ウラ)~第十一席(八十九丁オモテ)に、

今、円教一乗にありての性と云うは、是《こ》れ果性なるが故に、久遠無量劫の昔より盡未来際の末までに、三世九世十世、出纏の

如来蔵の果性（なれば）、相い替《かわ》らざるを是《こ》れを性と云う。起とは徳用顕現の義で、果性の処に備ってある徳用が、其のまま盡《ことご》とく顕われたるを起と云う。依って、此《こ》の起は縁起門の起とは異っている。因縁相い集って、一切万法の現行するを起と云うのが縁起門の起なり。今、性起の起は因縁に依らず、果性の処に備った徳用が其のまま盡く顕われたることにして、一心法界の果性、過恒沙の万徳の作用を具する。其のまま盡く顕われたるが奇なるが故に、今日、六道の衆生で云えば、法界を該羅して即ち是れ毘盧遮那出纏の果性なりと眺め、今日、見聞覚知のある人は本来、如来蔵なるが故に、見聞覚知する（こと）が、即ち果性果徳の作用の顕われたる相たるなり。今日、六根六識の作す所、修行力に依らざる霊知不昧の心の作す所、（その）故に是れが本来なる果性の用《はた》らきたる所なり。此の性起の義を初めて説くところが、（中間省略）普賢行品にして、此れが普賢因人の徳用を明かす処。其の因人に対して性起品にありて、其の果性を説き顕すもの、即ち宝王如来の性起の相、性海果分不可説の処をば普賢の大機に対して顕したるが性起品なり。此の宗にありて性海果分、縁起因分と云うものと、性起、縁起と云うものと、能く相似《あいに》たるもので（はあるが）、全く同ずるとも云い難い。性海果分と性起とは同なるものとは云いながら、其の性海果分と云うときは、不可説なるもので（あって）、未だ説くに渡らぬ処を云うなり。其《そ》の果分不可説なるものを、普賢大機に対して説き顕したる（の）が性起故に、性起は可説門に下るなり。（しかしながら）たとい可説門に下しても、性起の果性は狭《せま》きものには非ず。法界に及ぼしてある性起にして、生仏互摂の性起なり。生仏互摂とは、衆生は仏界に摂せられて而も本来仏なりと顕《あらわ》る（るもの）。又、仏は衆生界に摂せられて衆生の心地赤肉団上に結果趺坐し玉うものなり。是れを生仏互摂と云う。そのときは法界海皆《みな》是れ性起出纏の果性なりと顕るる所なり。『探玄』十六巻に、問答して、此の性起は唯《ただ》仏果に拠《よ》らば何が故ぞ下の文に菩薩自《みずか》ら身中に性起の菩提有ることを知る、と説くや。（中間省略）。夫れのみならず。一切衆生の心中にも性起菩提ありと云う説相なり。仏果に局《かぎ》るならば菩薩や衆生の心中には性起なかるべし、と。夫れに答えて、三乗教の所談ならば、衆生の心中にあるものはただ是れ因性にして果用の相はなし。如来蔵性が衆生の厭欣の心を生ずるの因となるもの（なり）。そこで仏性論では此の如来蔵のことを応得因と説く。今、円教一乗は毘盧舎那の果海の性（なれば）、あらゆる衆生界を該羅して、衆生身内心中に亦其《またそ》の果性が顕現する（と考える）。其の顕現したるが性起の起の字の意（なり）。若し爾《しか》らずんば、性のみにして起の義なし。性起品に説く処は如来蔵の果性（が）、衆生に顕現する所の性起なりと、一切衆生に通ずる義を論じてあり。又、其《そ》の次の問答に性起と云うは、一切衆生の正報に局らず、一切依正色心の万法に通ずるとあれば、山河大地、草木国土、森羅万象、悉く是れ毘盧舎那法身なり。性起は、局れば唯仏果と云いながら、通ずれば依正色心の万法に通ずるものなり、と。性起の体の通局を明してあり。

さらに続いて、性起を相と体との立場から解釈しており、縁起との関係も論じているので、引き続き引用してみよう。この続いての引用文のところにも、前述した理由により、鳳潭への批判の文は存在しない。
昨日の余弁に（引き続き論ずるのであるが）、性起の名、之《これ》を解すに『探玄記』十六巻の処々の釈意に依るに、略して二義あり。一には、性起の相に約して解す。二には、性起の自体に約して解す。その性起の相状に約して解するとは、能起所起相対して解する。何《いず》れ性起の起の字より解すれば、自《おの》ずから能起所起が分《わか》らねばならぬ。普賢因人は是れ能起の縁なり。毘盧舎那果海は是れ所起の果なり。曰く普賢能起の縁によりて毘盧舎那の果性を得るが故に、性起の果性をば、ただ果性と云わずに性起と云う、と。此のときは性起は能起の辺《へん》に属さず。顕れた所起の上を取って性起と云う。『探玄』十六には、又此《またこ》の十門皆《みな》縁に約して性を顕す。性は縁に従《したが》って現るるが故に性起と名づく等、と。性起は能起の縁に従って顕現するとはいえど、其《そ》の縁と云うものは、縁起の縁とは同じからず。縁起の縁は因縁和合の縁なり。今、性起が為の縁と云うは、普賢能起の縁なり。其の縁に依って毘盧遮那の果性（が）顕現する、其の毘盧遮那の果性のことを性起と云う。爾《しか》れば普賢の能起に対して毘盧舎那（という）所起の果性を性起と云う。此《こ》のときの起は顕現の義なり。果性の性体なきものに非ず。毘盧舎那顕現の果性、其《そ》の果体の顕現は普賢能起の縁ありと云うこと（であっ）て、果性に起の字を付（け）た（る）は、此の意なりと云う（の）が、正《まさ》しく性起顕現の相より能起所起に約して解したる義なり。（以上は）是《こ》れ一《いち》（なり）。

二には、性起の自体に約して解するに二義あり。一には、性起の起は不起の義なり。其の時はあらゆる現前の諸法の縁起の諸法を奪って性に帰するの義を示して性起と云う。縁起門のときは無盡法界の諸法が現前せり。其の顕れた（る）諸法の体性（を）押ゆれば、是れ一一《いちいち》無自性にして一法として自性の定まれる性体なし。此《か》くの如く諸法は無自性なり。其の無自性に結帰して見れば、終日、因縁和合によりて縁起の万法と顕れても、其の体《たい》、一一《いちいち》無自性故に、本来不起なり。爾《しか》れば顕《あらわ》れた縁起の諸法（は）無自性（なるが）故に、顕れながら其《そ》の体（は）不起の果性なり。爾《しか》れば縁起の諸法を押して一一《いちいち》無自性にして起即不起なりと云うは、本来、不起の果性より云う処（なり）。縁起と（して）起《おこ》りた（る）起は是れ性起に非ず。無自性の諸法となれ起《お》こして即ち不起なる（が）故に、不起の起と云うことを性起と云う。『探玄』十巻（では）、起は縁を攬ると雖も、縁縁必ず無性なり。無性の理（が）縁の処に顕《あらわ》るる、是の故に顕に就いて、但《た》だ性起と名づくるのみ、と、と。一切万法（は）無自性（なれば）、起り起れども、無自性故に、其の起った所の体（は）無自性なりと示さんが為に、是れを性起と云う。経に無住の本《もと》より一切の法を立つると説く等の如し。同じく（『探玄』巻）十六には、是くの如きの因縁、既に自性無し。無自性の理を本《もと》と為して用《ゆう》を起すが故に性起と名づくる、と、と。是れ明らかに縁起の無自性の理のことを性起と名づくると云う。『法界記』（には）、問う、若し是《かく》の如くならば、果は即ち是《こ》れ因なり。因は即ち是れ果なり。云何《いか》んぞ乃ち、因能《いんよ》く果を生ずと言うや、と。因即ち果なるが故に、その果が即ち因となる（の）で、因が果を生じ、因果一際と答えて、其の次の問答にて、若し是《かく》の如くならば、ただ是れ性起のみなり。云何んぞ縁起門あることを得るやと問うて、其の義を答えてあり。此れ等《ら》の文の意で云えば、縁起の相を奪って不起に性に結帰すれば、法界海は悉く是れ毘盧舎那の果性なりと眺《のぞ》むるが是れ性起なり。此の『法界記』等の意では、正《まさ》しく其の自体に帰して性起なり。若し帰せざれば縁起の万法（は）、差別なれど、其の体（は）無自性の故に、其の無自性の理より奪って云えば、必ず無自性なり。所謂、縁起究《きわ》まりて性起と常に談ずる所も亦、此の義辺なり。（以上を）是《こ》れ（二の）一《いち》（とする）。

二には、性は不可説に名づく。起は説に名づく。其のときは不可説なる果海をば此《かく》の如きのものと説きた（り）と云う（の）が性起の義なり。毘盧舎那の全体、（すなわち）出纏の果性は性海果分不可説不可説なれど、夫れを普賢因人に対して、説くにくだした（の）が性起なり。この起をば誤って縁起の混ずることなかれ。縁起の起は因縁和合生の起なるが故に、法の生ずることを起と云う。今、性起の起は説相に一分下《くだ》した処で云う。『探玄』十六（巻には）、果海の自体不可説なり。性体是れ不可説（なり）。若し説けば即ち起と名づく。今、機縁に就いて起を説く。其の起には余の起《き》無し。還って性を以て起とす。そこで性起と名づけて縁起とは名づけず。是れ果分不可説をば斯の様なものと説き卸《おろ》したところで起と云う。説けども説けども性体不可説の法の外《ほか》なし。そこで性起と云う。『探玄』十六（巻に紙数十枚ほど）までの間が性起の名も、性起の義も追々、盡くし論じてあり。そこで性起の義を具さに談ぜんとするときは、『探玄』十六（巻の紙数）十枚程の間を委《くわ》しく研究せねばならぬ。『孔目章』四（巻）も亦《また》、性体不可説を性と云い、説くに下した（る処）で起と云う、と。其の釈義（は）相似たり。『華厳』本経六十巻、品数は三十四品、其の中（の）多く（は）縁起門を説き玉ふ故に、一経の貫く所は、ただ此れ縁起門の義にして、第三十二（の）宝王如来性起品のみが独り性起の義を説く。其《そ》の後、また縁起門の義を明かし、善財童子の入法界の相を具に説き玉へり。爾《しか》れば一部六十巻、貫く所は縁起門なれば、第三十二品にありて性起の義を出すは云何と云うに、性起とて別のものに非ず。縁起（が）究まれば性起に至るの義なる故に、因果縁起を宗として説く華厳なれど、其の究まる処に性起（の）果海（の）あることを説（き）た（る）は第三十二品なり。今、此の『五教章』三巻も其の華厳本経の実義を開顕し玉うもの故（に）、明かす所（は）やはり『華厳経』と同じく縁起門を表すとして性起の相は別に云はず。けれども縁起門の義を弁ぜんと思へば性起門に待対せず（ん）ば縁起の縁起たることを知らず。ただ縁起のみでは始教の法門も縁起を説き、終教も縁起を説き、三乗教の縁起と同じことになる故に、今、縁起性起、果海その盡無盡法界相即相依の縁起故に其の縁起門（が）究まれば性起門なり。性起縁起の二門は向対せずしては却って円教の縁起の義が明らかになりがたい（の）で、依って前来、性起縁起の義を傍論ながら弁ずる所なり。

とある。次に、この性起、縁起に関連して、修入に二種あることを知らざるが故に、鳳潭の如き誤解のかたまりの華厳教学が出来てしまったと東大寺伝統華厳教学にあっては主張されているので、この点について次に同じく原文を引用して確かめてみよう。

(三)　縁起の修入と性起の修入

この問題は、無視できなくなった禅（宗）の勃興と大きく関係している。五教判にて禅（宗）を頓教として智儼、法蔵らは分類、判釈し、一応の決着をつけたものの、禅（宗）の勢力の爆発的な拡大進展により、澄観に至って、五教判は動かせないものの、華厳思想の根幹の縁起と性起の問題に修行の面から大きな強い影響が現れたというわけである。そして鳳潭は、澄観の性起（の）修入という存在に理解が全くないと非難されている。『華厳五教章穎川録』巻一、第九席（七十丁オモテ～七十二丁ウラ）に、

此《か》くの如く五教差別は縁起の浅深勝劣に依って分《わか》つもの故に、性起門には浅深差別は談じがたい故に、開宗立教なりがたし。性起門では含法界性起都顕と云って、法界海が盡く出纏の果仏なりと談ずる故に、其の平等法界の出纏（の）果仏の境界に於いては何ぞ五教（の）浅深の差別を分《わか》たん（や）。之《これ》に依って杜順、至相の二師では粗《ほぼ》五教差別の義も示せども、未だ其の縁起の浅深差別を具さに（は）示さず。故に華厳一乗が弘まり兼る。独り賢首に至って此の一乗を海内に明かに弘め伝えるものは、是れ縁起浅深五教の差別（にして）、其の甚深差別の縁起は独り華厳一乗教にありと、大きに華厳一乗の法門を立し、一切衆生の生死流転の根元は、此の縁起甚深を知らざるに依る。自他隔歴の迷情が生死流転の根元なり。其の生死の元たる自他隔歴の情を脱却せんが為に、事事無礙法界相入無礙の道理を明かし、実に無盡縁起の理を明らむれば、自《おの》ずから自他隔歴の迷情を離るるの道理なり。爾《しか》れば縁起の法門は生死の根本を絶たんが為なり。其の義を示さずしては華厳一宗の弘通がならず。そこで賢首は華厳一乗の宗を建立するもの故に、殊に縁起の円教を表《おもて》として弘通し玉ふた（る）もの（なり）。本経の表《おもて》が縁起を宗とする故に、其の経の如く経意を顕して縁起の円に付いて一乗の義を建立し玉ふものなり。爾《しか》るに次の清涼大師に至りては賢首は飽くまで縁起の円教を成し終るが故に、清涼は八十巻の『華厳』を釈し、その『華厳大疏鈔』にありて（は）経の如く縁起門は明かに明かせども、自身の修入はと云えば性起門で修入し玉ふが清涼なり。そこで賢首と（比べて）一往見れば宗義を異にするようにも見ゆる処あり。此れは清涼のときは南宗の禅、北宗の禅、此の南北の禅が盛んに行はるるとき故に、そこで清涼では教禅和合融会の義より、外には南北の禅を伝え、内には華厳の性起門を本として伝へ玉ふものなり。『探玄』十六（巻）に、性起門の修入を明し玉へるの其の深秘を探って性起の上で直ちに修入すべきの義を伝へ玉ひた（る）もの（なり）。縁起門の上は広く縁起の諸法故に、その諸法縁起の末には向かず、直ちに性起の本に付いて修入するもの（なり）。縁起門の修入は目前にありふれた山河大地依正色心の一切諸法に向かって観道修入するの義を教へるなり。性起門（の修入）では、その諸法縁起の末には向かわず、直《ただ》ちに性起の本に付いて修入するもの（なり）。縁起門の修入は目前にありふれた山河大地依正色心の一切諸法に向かって観道修入するの義を教へるなり。性起門（の修入）では、その諸法縁起の末には向はぬ。縁起の諸法に向かって修入観法しても悟道に（は）遅い。之《これ》に依り、己《おのれ》が一心内に向かい生仏未分の本源、何ものぞ、ただ是れ本来

自性清浄心なり。其の一心が自《みずか》らの方寸の胸のうちにひそまり、かたついて居《い》るものに非ず。含法界の性起故に、法界海が即ち生仏未分の本源一真法界なり。此れに依り己《おのれ》が心内に向かうと云えども天台に談ずる（が）如きの六識妄心に向かって観ずる様なとろい教え方ではない。妄心を観じて何かせん。その妄とならぬ生仏未分の本源一真法界を知らずしては云何《いかん》ぞ悟道の場に至らん。依って己《おのれ》が心内に向うと云っても、我《わが》胸の内計《ばか》りのことにあらず。含法界皆《みな》己が心内（の）性起都見の法なり。そこが彼の禅宗の直指人心と華厳の性起の円と同ずる義辺ある故に、南北の禅弘《ひろ》まる時こそ幸い、その南北の禅に同じて性起の円を伝へ、性起の修入を旨《むね》とし玉ふが清涼大師の華厳の弘通なり。清涼大師には心要一巻を著し、順宗皇帝に奉るものも世に清涼『心要』とて人能く知る処（にして）、専ら教禅合（して）明してあるもの（なり）。此れが華厳（の）性起の修入を忘れざらしめんが為に、清涼（は）座右に常に『心要』を置き玉ふと伝へる所（なり）。

此くの如く今宗にありて、性起縁起の二種の円あり。杜順、至相では何《いず》れとも其の義明らかに見へねども、賢首では縁起の円を専らに明かし、自《おの》ずから縁起門の修入に依る。清涼、圭峰に至りては教禅融会の善巧より性起の円を盛んにして直に性起門に修する義を伝へ、此れが華厳一宗の近道じゃと明かす処（なり）。此くの如く賢首清涼の其の修入に至りては且らく其の差別ある所（あり）。

爾《しか》るに鳳潭師は此の旨を知らざるもの故に、『匡真鈔』にありて清涼、圭峯を大きに難じ、華厳の円教を伝へずに華厳を終教（の）分斉とし、禅法の頓教と合して伝へるもの（であり）、僅《わず》かに終頓二教の分斉故に、大きに賢首の無盡円教の義に乖《そむ》くと云って判じてあり。此れは此の宗に縁起性起の二門差別（あって）、自《おの》ずから修入に（も）二種あることを知らざるが故に、清涼、圭峯の祖師までも賢首に乖くと云って破されたれ。

とある。東大寺伝統華厳教学の主張は明解であるが、では五教判で華厳を円教、禅を頓教と判ずる根拠が、すなわち、わざわざ区別する理由は何処にあるのかということになってしまう。この点が東大寺伝統華厳教学の欠点と言えよう。それはともかく、注目すべきは華厳教学史上、縁起、性起の問題、とりわけ性起の問題が大きくクローズアップされてきたのは禅宗との対決と、その包摂のためであったという点である。華厳と禅との通路は性起思想にあったのであり、例えば、高峰了州氏の理智行の立場からの研究や吉津宜英氏の本来成仏の立場からの研究は、誠に僭越ながら、やや的のはずれた、二次的、副次的な、枝葉、瑣末な華厳と禅との交流、通路の研究ということになろう。ついでながら、筆者の『東アジア仏教学』の立場から述べておこう。『東アジア仏教学』にあっては、華厳思想の根本構造を「一即一切即無」と捉えている。このうち、「一即一切」に相当するところが縁起であり、さらには「一即一切」は万法と置き換えられるが、その万法がそのままで無、すなわち「万法（＝一即一切）即無」のところが（五台山系華厳の）性起ということになる。また、禅思想の根本は、無念、無心、つまりは一念不生であるが、この一念不生は構造的には「一即無」である。この「一即無」を『八十華厳』の原文の思想構造、すなわち「一即一切即無」の思想を使って無限の世界に拡大、発展させたのが李通玄であり、「一念縁起（縁起とは一切法の在り方を述べたものであって、ここは、一切の存在の意）無生（無生とは、不生と同じ意）」という言葉がそれに当たる。「一即無」が、「一即一切即無」となっていることが知られよう。無念、無心、一念不生の世界が無限の世界に拡大、発展していることが、確認できよう。ここそが禅と華厳との通路の出発点であり、華厳禅の思想的研究を行うのであれば、ここから始めなければならない。この李通玄の「一念（＝一）縁起（＝即一切）無生（＝即無）」という思想は、『臨済録』や『大慧普覚禅師語録』に採用され、臨済禅、公案禅の根本の思想構造となっている。ところで、『八十華厳』の「入法界品」の第二十四番目の善知識・師子頻申比丘尼は「心に分別無くして普く諸法を知り、一身端坐して法界に充満し」と述べている。正《まさ》しくこの経文は「一即一切即無」による禅の実践そのものを語っているではないか。無字の公案の思想的解答そのものではないか。もともと『八十華厳』それ自体が華厳の思想も禅の思想も包含しているのであり、法蔵が五教判などを建立して華厳と禅とを区別、峻別したことは全くの誤りの行為であったのだ。『華厳経』の心に反する学説であったと知られよう。『華厳経』の裏切り者、智儼、法蔵。前述した疑問も、すなわち、「わざわざ区別する理由は何処にあるのか」という疑問も、どういう解答となるのか論ずるまでもなかろう。元来、華厳と禅との間に通路など存在してはいなかったのだ。一体のものであったのだ。

㈣　同教と別教

筆者に与えられた紙数に余裕がなくなってきたので、鳳潭批判を中心に、この項以下は要点を述べている文章のみを引用する。『華厳五教章穎川録』巻一、第十六席（百二十二丁ウラ～百二十三丁オモテ）に、

> 十巻の『匡真鈔』其の失、挙げて数う可からず。併《しか》し其の大なるに至りては略して二つ。一には同別一乗の誤り。（中間省略）。
>
> 初に同別二教の誤りと云うは、同別二教は海印定中の炳現なるもの故に、此の二教に於いて優劣浅深なし。華厳を別教なり。『法花』は同教なり。三乗を取り入る故に同教と云う。三乗を別に振り離す故に別教と云う。華厳の別教は廃立の如し。法花の同教は開会なり、と。華厳法花、其の法に於いて優劣はない。天台でいふ廃権立実が華厳の別教に当たり、華厳でいふ同教が法花の開会に当たると云うように、同教別教両一乗優劣浅深なしと見る（の）が鳳潭の解し方なり。これは前来、同別の義を委しく弁ずるゆ故に、其の不可なることは別に弁を待たざるなり。何《いず》れ同別二教は、円教中に両一乗とは云ひながら、勝劣の相《すがた》がなければならぬ。三乗に同ずる故に劣とし、三乗に異《こと》にする故に勝《すぐ》れりと、其の名目の上に於いて（すら）も勝劣が分かる。況んや其の義に於いてをや。それ下の別教同教の下《もと》に至り知るべきことなり。

とある。なお、筆者はまもなく華厳学研究所より『華厳五教章穎川録解読・五台山系華厳に拠る批判的簡註――東大寺伝統華厳教学の集大成――』全九巻（第一巻より順次出版）を発行の予定なので、同教、別教については、詳しくは、これらの拙書を参照いただけるものならば、幸いである。

㈤　性具（真妄相対）と性起（真妄倶絶）

『華厳五教章穎川録』巻一、第十六席（百二十二丁ウラ〜百二十三丁ウラ）に、

十巻の『匡真鈔』其の失、挙げて数う可からず。併《しか》し其の大なるに至りては略して二つ。（中間省略）。二には、性起性悪の誤り。（中間省略）。又、天台に於いては性悪と云う。華厳では性起と云う。夫れを混じて全く同（じ）と見る（の）が鳳潭の意なり。天台の性具性悪と云うは、一一《いちいち》の諸法に一一《いちいち》三千の諸法を具する故に、善の理も具《ぐ》せば悪の理も具《そな》はる。理に三千を具する辺を性具と云う。其の性具と云う中に悪を具する辺を性悪と云い、天台の性悪と云うは、性《しょう》の悪《わる》い仏と云うに非ず。性に悪理を具する（の意である）。事悪を具するに非ず。性の悪を具すると云う（の）が性悪なり。仏（に）は修悪は無けれども性悪は具《そなわ》って御座る。三千円具の故に。其の性具性悪と云うものと、華厳の性起とは大いに差別あるものなり。天台では十界互具と云う故に、諸法縁起の道理は論ぜぬ。又、華厳では亦、十界互摂と云うが故に、性具の徳を貴ばず。此れは具と変との差別が華天法門の替《かわ》り〔違《ちが》うところの意か〕（なり）。又、天台の性具は相対の法界なり。華厳の性起は絶対の法界なり。一法界なれど、諸法差別相対して法界理具を立つる故に、之《これ》を相対の法界と云う。華厳に於いては法々相対して法界を成するに非ず。性起とは云へど、性具とは云はぬなり。又、天台（の性具）は真妄相対の義門なり。華厳（の性起）は真妄ともに絶する義門なり。天台の性具は自爾《じに》の性なり。華厳の性起は縁起の性なり。又、天台の性具は十界の色心、各々の性に約し、華厳の性起は一心変現の性に約する。

とある。性起、性具に関する、このような明解な文をかつて筆者は見たことがない。東大寺伝統華厳教学の透徹、洗錬、高度なることを、この点に関しては感ずる。

㈥　華厳の本覚と天台の本覚

『華厳五教章穎川録』巻四、第六十四席（九十四丁オモテ〜九十四丁ウラ）に、

華天の本覚の名目に差別あることを心得べし。天台の本覚と云うときは、十界互具の中の仏界をば本覚と云う。其の仏界に余の九界を具してある（ことを）、本覚に性悪を具すると云う。又、華厳にありて本覚と云うは、終教の所談では、一切衆生の在纏の心性に因性の如来蔵ありて、生死を厭はしめ涅槃を楽《ねが》はしむる其の因となるものを、是れを本覚と云う。本覚の如来蔵あるが故に、生死を厭ひ涅槃を楽《ねが》う。（終教の所談という）其れでは、厭忻等《とう》を起す因となる如来蔵性故に本覚と云う。又、円教一乗では性起門の処（で）は、ただ本覚断にして始覚断にはあずからず。旧来成仏し畢り旧来発心し畢る。衆生本来出纏の果仏なり。雲晴れて後の光りと思うは始覚断の法（であり）、元より空に有明《ありあけ》の月と云う（の）が本覚の果仏なり。彼の禅家の一念不生即ち是れ仏（なる）の義に相同するものなり。又、縁起門の円教で云へば、普賢（なる）因人は始覚の無盡無盡の智慧を以て、性海果分に向へば、終《つ》いに其の無盡の本覚を知る。始覚より本覚に向かって本覚を知る。従因向果の相が縁起門（の本

覚）なり。本覚の義が知れて来たると云う（の）が縁起門（の本覚）なり。是《か》くの如く天台と華厳の終教、性起門、縁起門の本覚、其れぞれ差別あることを心得べし。爾《しか》るに『匡真』では其の簡択《けんじゃく》なく混じて談ずる所多し。

とある。縁起門の本覚とは無盡無限無礙の智慧を知ることの意である。鳳潭は華厳に於ける三種の本覚を混じて理解し、現代の、本覚を論ずる人々や天台学者たちは華厳の本覚を厭忻等を起す如来蔵性と受け取っているのみである。

以上、六項目にわたって引用文を中心に観《み》てきたが縁起観の究まったものが性起観だとあったように、東大寺伝統華厳教学は根本的には禅を重視の、性起修入の澄観の華厳教学に、実際のところは乗っていると言える。したがって、ここに掲げた引用文からも知られる通り、性起修入の説明に禅の思想が同等視、同一視されたかたちで必ずと言ってよいほどに使われている。東大寺の今後にとって、これは芳《かんば》しいことではない。禅思想を包摂するかたちでの理解、説明、叙述とすべきである。さらに言えば、「一即一切即無」の『華厳経』そのものに帰るならば、禅ばかりでなく、天台をはじめ、他のあらゆる仏教思想を包摂し、取り込むことができる。華厳の世紀の再来は、実に、この点にかかっている。

（紙数の都合で、註は省略）

（こじま　たいざん・華厳学研究所長）

東大寺の近世仏教彫刻
―大仏開眼以後―

長谷洋一

はじめに

永禄十年（一五六七）の戦禍を受けた大仏は、江戸時代に勧進上人龍松院公慶により復興がすすめられ、元禄五年（一六九二）三月八日には盛大な開眼供養を迎える。その後も公慶はなお大仏殿再建を目指して奔走するが、宝永二年（一七〇五）に江戸で五十八歳の生涯を終える。公慶没後の東大寺復興は、公慶の遺志を継ぐ公盛以下、歴代勧進職に託された。宝永六年には大仏殿が再建、落慶法要を営まれる。以後中門二天像、大仏両脇侍像、大仏光背、四天王像が順次造顕されるに至る。今日、我々が大仏殿内でうかがう諸仏像や荘厳の多くが公盛以後の歴代勧進職による不断の努力の結実であることを思えば、このたびのシンポジウムでも、公慶と同様に以後の歴代勧進職が東大寺復興に捧げた功績も顕彰すべきものであると考える。

これらの造顕に関しては、堀池春峰氏によって歴史的経緯が明らかにされ、また両脇侍像の重要文化財指定に先立つ調査報告が田邉三郎助氏によってなされるなど、既に幾つかの論考が認められる[1]。本稿でも両氏の研究成果に多くを負いながら、近世彫刻史研究のうえから公慶以後の造顕活動について検討してみることにしたい。

一　大仏開眼以後の復興

まずは、大仏開眼後の造像経緯の概要について両氏の研究成果に負いながらみていくことにしたい。

公慶　大仏開眼後、公慶は勧進活動を継続する一方で幕府との折衝を行い、元禄十四年（一七〇一）には大仏殿再建が創建当初の規模を縮小しつつも「公儀御普請」とされ、宝永五年に完成、翌三月に落慶法要がなされた。この間の東大寺の造像活動は、元禄十一年八月の念仏堂大破に伴う地蔵菩薩像の修復等の諸堂整備と、公儀への配慮で建造された東照宮の整備に向けられる。元禄十四年に明正天皇旧殿を東南院内に移築して東照宮とし、椿井民部法橋性慶による東照権現像が安置される。また東南院にも宝山湛海から寄進された東照宮本地仏の薬師如来像と左京朝慶による聖宝像が新造安置された。

東照権現像（図1）は像高二三・九センチ（約八寸）の小像ながら『大仏殿再興発願以来諸興隆略記』（『諸興隆略記』[2]）に「四月十七日彫刻始、同十月十七日造畢」とあり、六カ月もの日数が費やされた[3]。椿井性慶は、室町時代に南都で活躍した椿井仏師の末裔で、寛文年間に大坂堺筋油町へ移住している[4]。椿井仏師の起用は、永禄の兵火で損傷した大仏頭部の再興を椿井仏師と関係すると思しき仏師式部が行ったことに遡り、椿井性慶も元禄六年の正倉院開封に立会うなどの機縁に拠るものであろう[5]。聖宝像を制作した左京朝慶については不明であるが、元禄十二年正月に二月堂御正躰を制作している[6]。

図1　東照権現坐像（手向山八幡宮所蔵　奈良国立博物館写真提供）

図2　公慶上人坐像

公盛　公慶が宝永二年（一七〇五）江戸で亡くなり、勧進職は公盛が継職した。翌年正月「土像」（塑像）の嘉祥大師・香象大師像が制作され新造屋に安置されるが、両像の制作は「公慶去歳作事始之、相続テ営之」[7]とあり、公慶からの継続事業であった。このうち香象大師―華厳宗第三祖賢首大師―像に該当する像が八幡殿に現存している。修理報告[8]によれば胎内の空洞は極めて少ないとされ、元禄二年の塑造聖武天皇像の作者が安井門跡の坊官である帥法印堯海である[9]ことからみて、嘉祥大師・香象大師像は専業仏師以外の者による制作と考えられる。

公慶一周忌を迎え、五月には公慶上人像（図2）が即念看廊と法橋性慶によって制作され、七月には公慶堂に安置された。『公慶上人年譜』宝永三年五月五日条には、「又弟子即念久しく上人に親炙する故に、手みずから頭面を模刻し、二人の功成る」とあり、即念が公慶の弟子であったこと、頭部は即念に、躰部は椿井性慶が制作したとされる。

宝永六年、大仏殿落慶法要の最中である三月二十六日には、中門作事の釿始が行われ、中門再建が開始される。五月には公慶の遺願であった大仏光背再建の発願もなされた。大仏殿再建後の復興は、東大寺独力で行わなければならず、公慶以後の歴代勧進職の辛苦のほどがしのばれる。

高さ八丈三尺、幅七丈八尺に及ぶ大仏光背の再建は、正徳元年（一七一一）五月に幕府から造立勧進の許可がおり、翌年には大坂・江戸から光背化仏八体の造像費等の寄進をみた。[10] これを受けて即念と仏工が光背再建の見積りや仕様に資するために京都・方広寺大仏へ下見に行っている。即念に同行した仏師は史料にはみえないが、即念との関係を重視すれば椿井性慶らであると思われる。

以上のように大仏光背再建の目処が立つ一方で、正徳四年九月に中門が上棟、同六年（享保元年）には江戸常光菴柳可より脇侍一躰分三千両の手形を受領する。東大寺は中門二天像、大仏光背、脇侍像造立の機運が一時に高まったのである。結果的に享保二年（一七一七）六月十六日に中門二天像の御衣木加持が行われ、中門二天像の制作が先行したが、その事情は明らかではない。

中門二天像の造像経緯については先の堀池氏の論考に詳しい。享保二年四月十六日に仏師山本左京を得度して順慶とし、翌日大仏師職に補任し、六月十六日に御衣木加持が行われる。山本順慶の大仏師職補任は堀池氏が指摘したように、東大寺一山の要望を託されたものであり、中門二天像のみならず、以後の両脇侍像、四天王像の造立も意図されていたと思われる。

山本順慶の採用が何に拠るのかは明らかではない。『知恩院日鑑』享保五年三月二十二条には、知恩院僧を介して東大寺龍松院への年賀を京都寺町下御前町の順慶宅に託した記事がみえる。「下御前」を「下御霊」の誤写とみれば、山本順慶は貞享二年『京羽二重』所収の「寺町竹や町上ル町　左京」の末裔にあたる。想像をたくましくすれば、この左京は聖宝像を制作した左京朝慶かもしれない。

図3　大仏光背（背面）

中門二天像は翌年十一月に完成し、あくる享保四年正月六日に開眼供養が営まれた。享保九年（一七二四）五月に公盛は亡くなるが、公盛在職中の業績として『諸興隆略記』には、二天像造立のほか、中断された大仏光背（図3）について以下の記事を認めることができる。

一、同後光再造出来之分
化仏十六躰長八尺より五尺迄
　光之真台座共
蓮肉八葉両面差渡し弐丈五尺
光リ大小三拾七本　長三間より弐間迄
光煙弐拾三間　惣廻り出来
菊座本草玉縁等　惣廻り出来

散リ雲三拾枚
右後光道具出来之分也

これによれば光背を構成する各部材の調製はほぼ終了し、現存の光背と比較すれば、立上げ、組立を残す段階であったことが判明する。

公俊 公盛没後、公俊が大勧進職となった。公俊は享保十一年（一七二六）四月に『南都大仏後光勧進帳』を印行、大仏光背造立の勧進を再開する。既に光背各部材は完成しており、その後の所作は板材を上下に積み上げて箱状とする光背基板部、「後光篗組」と土台部の構築を残すだけであった。ところが、脇侍一躰分三千両を寄進した常光菴柳可の督促があり、同年九月十六日に脇侍像の御衣木加持を行うに至る。着座したのは山本順慶と椿井性慶の後嗣である賢慶を筆頭とする一門であった。これまで東大寺復興に尽くしてきた両仏師が一堂に会することになる。しかし造像の進展は捗捗しくなく、享保十三年五月二十日に公俊が亡くなるまでの約二年間で、長さ五間二尺角の「後光土台木」四本の新調と、両脇侍像の頭部を制作完成するに留まった。

このほか同年には行基菩薩像が制作された。『諸興隆略記』や像底木札墨書銘によれば、この像は公慶が一度制作を開始したが中断され、改めて即念と賢慶が竹林寺行基菩薩像を模刻したものであるという。ここでも即念と椿井仏師の関係が確認できる。

庸訓 次いで庸訓が勧進職に就く。享保十六年十一月には如意輪観音像（図4）の木作りを完成させる。『諸興隆略記』には、

一、同十一月大仏脇士観音之木地出来之事
両尊之御首先達テ出来之内、観音之御身一躰当春より仏工相語、
於同内造刻、此節木地出来候也、

とあって躰部が実質十カ月前後で制作されたことを記している。さらに同二十年九月には光背、台座も完成するが、これも「去ル戊年御身出来此座光之木地当春より造刻之処、此度出来候也[11]」と記され、九カ月に満たずして完成しており、事業の遅延が単に巨像の制作日数だけではないように思われる。

公祥 『諸興隆略記』は庸訓の事績で終わるため、公祥の事績については堀池氏等の諸先学の論考に従ってみていく。

寛保元年（一七四一）七月に庸訓が亡くなり、勧進職は公祥に引き継がれる。公祥は延享元年（一七四四）六月頃に光背「後光篗組」

図4　如意輪観音坐像

の造立に着手する。完成時期は史料からみえないが、暫時完成したものと考えられる。

寛延四年（一七五一）には、虚空蔵菩薩像（図５）の木作りが完成し、翌年（宝暦二年）には完成の目処が立ったとみえ、椿井尹慶・八田了慶に法橋位が叙位される。制作担当者は山本順慶に代わって中門二天像造立の時「助伴」[12]であった八田主膳と椿井賢慶の後継である尹慶と、それぞれ世代を交代させている。その後、両脇侍像へ納入品納置や箔押しなどの仕上げを終える。両脇侍像白毫中の納入品の最下限年期が宝暦五年（一七五五）三月を示す[13]ことからこの時期に二体の脇侍像が完成に至ったものと思われ、大仏殿落慶法要から四十六年の歳月を経て、公慶の遺志はひとまず実現されたといえる。その後も寛政十一年（一七九九）三月に大仏殿四天王像のうち広目天像の御衣木加持が行われたが、広目天像、多聞天像（図６）については木作りを終え、堂内に起立しているものの、持国天像、

図５　虚空蔵菩薩坐像

増長天像は頭部制作だけに留まり、明治三年の勧進職廃止を迎えるに至った。

以上、先学の成果に導かれながら、大仏開眼以降の諸像造顕の経緯の概略についてみてきた。次章ではこの経緯を踏まえて近世彫刻史からみた東大寺諸像の復興の特徴を指摘したい。

二　東大寺復興と近世造像界

大仏開眼以降の諸像造顕に関与したのは、山本順慶一門、椿井性慶とその後継であった。椿井仏師は近世初頭より東大寺に出入りし、山本順慶も朝慶の後嗣とみれば、大仏復興の頃から東大寺に出入りしていた仏師である。彼等は半世紀にも及ぶ東大寺の造像を一手に引き受けたことになる。もちろん彼等が大坂、京都で著名な仏師であり、相応の技量を有していたことは彼等の事績が東大寺のみならず各地で幾つか認められる[14]ことから肯首できるが、東大寺側からみれば、度重なる巨像の造顕やその間の公慶上人像や行基菩薩像等の制作や修復をも

図６　多聞天像

彼等に委ねていた。いわば近世東大寺の復興は、山本順慶、椿井性慶の両一門とその後継が独占した形で進行したといえる。

既に造像需要が低迷していた十八世紀の彫刻界にあって、複数の巨像制作が期待できる東大寺の復興は京都・大坂の仏師にとって魅力的な造像の機会であり、東大寺もそこに乗じた形で復興事業を行うことができたはずである。にも拘らず、東大寺一山が全山復興の要望を託し、山本順慶に一任した事情は、一見不可解にも思える。

制作時期が近しい高野山大門金剛力士像（宝永二年（一七〇五）開眼）の制作経緯[15]と比較すれば、その違いはより明確である。高野山大門金剛力士像の造立をめぐっては京都仏師田中康意、七条左京康伝、大坂仏師康敬の三者による競望の末、田中康意、北川運長が担当することになった。仏師選定の際に重要な役割を果たしたのは各仏師が発給した「注文」（仕様書）であった。「注文」を介在させることで造形細部にわたる仕様の明文化、造像料の積算など、仏師、依頼者双方の様々な意向を反映することが可能である。「注文」の登場は遅くとも十七世紀後半には確立していたが[16]、現状では東大寺諸像にかかる「注文」は見出しえなかった。「尤不容易之儀、抽速疾円成之精誠」[17]との東大寺側の意向が強く作用していたことは否めないが、「注文」を介して制作した像高一丈六尺の高野山大門金剛力士像の制作費が銀二十八貫七〇〇匁であるのに対し、像高一丈三尺の東大寺中門二天像が「銀五十貫匁余」（『大仏再建記』）とほぼ倍額を示し、東大寺の山本順慶一門、近世椿井仏師への一任はいっそう不審に思われる。

いま中門二天像の造立に先立つ山本順慶の大仏師職補任について、堀池氏が以後の諸像造立も含み込んだものであるとされた点は示唆に富む。つまり山本順慶や後の椿井性慶に対して、中世以来の「職」と造像の関係――「職」を持つ者が造像のプライオリティをもつ――がこの時期にあってなお存続しているとみるべきであろう[18]。「東大寺大仏師職」を有する山本順慶、椿井性慶の一門とその後継が近世東大寺諸像の造立を支えたものといえ、それまで東大寺と懇意であった仏師の関係が中門二天像、如意輪観音像の造立にあって、初めて顕在化したものとみられる。このことは彼らを大仏師職に補任した東大寺側の姿勢が、復興にあたっては「注文」等による入札など、近世的、当世風の姿勢ではなく、あくまで鎌倉復興を範とした伝統を重視した姿勢をそこにみてとることができよう。既に「職」の概念が形骸化した時期にあって、「職」を保持した東大寺の復興は当代にあって稀有な存在といえる。

伝統を尊重した姿勢は各像の造形でも認められる。既に田邉氏が指摘されるように、両脇侍像は法量などを若干縮小しながらも八角裳懸座の形状や結跏趺坐する坐勢などは鎌倉再建像に倣ったものであり、また最も遅れて着工した四天王像のうち広目天像、多聞天像も正しく「大仏殿四天王様」に従っている。さらに中門二天像のうち多聞天像は、平安時代に「鞍馬寺毘沙門天影向之所」[19]とされ、今回の再建にあたっても裾長の金叉甲と海老篭手を纏った東寺兜跋毘沙門天像をもとにした像容で制作されており、近世の復興諸像もまた可能な限り旧軌に沿った形で再建されていたことが確認できる。

次いで非専業造像者である即念看廊の存在にも注目したい。即念は僧籍にあり公慶の弟子であった以外経歴等は知られないが、公慶上人像、行基菩薩像の制作や大仏光背の下検分に関与している。前二者はいずれも椿井仏師との共同制作である。また大仏光背再建の参考に即念が仏師を引率して京都方広寺大仏を下検分した点は、永享十二年（一四四〇）四月に京都・雲居寺大仏の制作に資するため天章周文が椿井仏師を率いて東大寺大仏殿脇侍像を見分したこと[20]を彷彿とさせる。加えて彫技に長けた僧侶と専業仏師との共同制作は、室町末期、海龍王寺比丘明琳房仙算、東大寺大法師実清と宿院仏師との関係を想起させ、即念と椿井仏師の存在は、室町時代の造像界に立ち返ったような感すら抱かせる。彫技に長けた僧侶と仏師とが造像に携わる形態は概ね十七世紀後半までに消滅する[21]が、十八世紀前半の東大寺にあってこの形態を留めていることは、例外的なことといえ、ここにも中世的な色彩を残すものと思われる。

　さて、中門二天像完成後の復興過程を振り返ると、大仏光背（各部材調製）―如意輪観音像の制作―大仏光背（組立）―虚空蔵菩薩像の制作という変則的な過程をたどっている。これは光背再建途上で、脇侍像の造像料三千両を寄進した江戸常光菴柳可の督促が大きく影響しているが、両脇侍像の製作工程をもう少し詳しくみれば、公俊の代で御衣木加持、両脇侍の頭部を制作し、庸訓の代で、如意輪観音像の躰部と台座光背の制作、公祥の代で虚空蔵菩薩像の躰部と台座光背の制作が行われ、その後両像への納入品納置と仕上げを行って完成に至っている。つまり脇侍像は一躰ずつ個別に制作されるのではなく、両像の頭部のみを先行して制作し、その後躰部を制作して木作りを完成させ、仕上げ等を行う手順であったことが確認できる。

　造像途中で明治維新を迎え未完成像となった大仏殿四天王像をみると、増長天、持国天の各像は頭部の木作りを終えた段階であるのに対して、広目天像は頭躰を整えて持物も備えた形で木作りを終えており、多聞天像については、頭躰はもとより持物も完備し、白土下地に金泥、彩色が施されている。各四天王像での保存状況から四天王像の制作過程を復元すると、まず四天王像全ての頭部が先行して造られ、その後広目天像と多聞天像の躰部の木作りがなされ、次いで多聞天像の彩色等の仕上げを行ったものと復元でき、ここでも群像の頭部だけが先行して制作され、その後躰部制作に着手した過程が推測される。この推測は享保二年（一七一七）の興福寺焼亡後、再建途上に中断した南大門金剛力士像の頭部一対が残ることからも補強され、近世群像における制作工程の一端をうかがうことができる。

　この制作工程が、江戸時代特有のものであるかどうかの検証は必要であるが、上述したように近世の東大寺復興が中世的伝統を尊重した姿勢でもって行われていたとするならば、鎌倉期、観音像を定覚・快慶が、虚空蔵菩薩像を康慶・運慶と分かれて制作された大仏両脇侍像が「各作二半身一、後合二一躰一」（『続東大寺要録』）とした工程と絡んで、非常に興味深い制作工程といえよう。

おわりに

　先学に導かれながら公慶以後の東大寺復興についてみてきた。近世東大寺の復興は、造営の規模等からみて名実ともに近世彫刻史上、記念碑的造像事業として位置づけることができる。しかし改めて造像経緯や作品を振り返るならば、そこには鎌倉期の復興事業を範とし、近世社会にあって極めて中世的伝統を重んじた東大寺側の積極的な復興姿勢をみることができた。

伝統を重んじ、できる限り旧軌にならう姿勢には、大仏殿再建以後、折からの緊縮ムード漂う世相のなか幕府からの支援もなく、庶民の喜捨のみで復興を果たそうとする東大寺の強い意志を看取することができる。大仏建立の詔にみえる「一紙の草、一把の土」の精神に基づいた復興ともいえよう。そうした結縁の結実が今日の大仏殿の荘厳を成し遂げたとみてよい。大仏殿で大仏を拝し、大仏を取り囲む光背や巨大な脇侍像、四天王像を目にする時、その背後に、並々ならぬ労苦を捧げた公慶以下、歴代勧進職の存在も長く記憶に留めるべきであろうと思われる。

（はせ よういち・関西大学教授）

註

（1） 堀池春峰「徳川時代・大仏殿諸仏像の像顕」（『大和文化研究』第一四巻第一一号・第一五巻第一号）一九六九年十一月・一九七〇年一月（『南都仏教史の研究 上』所収 一九八〇年九月 法藏館）、平岡定海「江戸時代における東大寺大仏殿の再興について—勧修寺蔵「大仏殿再建発願以来諸興隆略記」を中心として」（『南都仏教』二四）一九七〇年四月（『日本寺院史の研究 中世・近世編』所収 一九八八年十一月 吉川弘文館）、田邉三郎助「江戸時代再興の東大寺大仏脇侍像について」（『佛教藝術』一三二）一九八〇年七月など。

（2） 勧修寺蔵『大仏殿再興発願以来諸興隆略記』。なお、同書は前掲註（1）平岡氏論考に公刊されており、本稿でもこれを利用した。

（3） 東照権現像の図像には秘匿性が高く、幕府側との使用許諾にも時間を要したものと思われる。

（4） 「仏師解説」『特別展 仏を刻む—近世の祈りと造形—』一九九七年四月 堺市博物館。

（5） 近世初頭の東大寺と椿井仏師の関係については以下の論考が詳しい。松山鐵夫「東大寺大仏の永禄再興について」（『美術史七九』）一九七〇年十月、山本勉「宗貞と宗印—近世初頭の奈良仏師に関するおぼえがき」（『ミュージアム』四〇七）一九八五年二月。

（6） 『特別展 東大寺公慶上人—江戸時代の大仏復興と奈良—』二〇〇五年十二月 奈良国立博物館。

（7） 『諸興隆略記』宝永三年正月五日条。

（8） （財）美術院「東大寺諸尊像修理解説」「二十一 賢首大師坐像」（東大寺教学部編『東大寺諸尊像の修理』一九九四年九月）。

（9） 「公慶上人坐像」（『奈良六大寺大観』第一一巻 東大寺三）一九七二年二月ほか。

（10） 大坂・江戸では勧化所が中心となって勧進活動が進められたが、椿井仏師の採用を大坂の観点からみれば、以下の事項を指摘することができる。延享二年（一七四五）に兵庫須磨寺の諸像修復が大坂仏師である椿井民部（賢慶か）と宮嶋龍慶によって行われた。その際、須磨寺では資金調達のために居開帳を行うことになり、開帳を告知する張り札が京都、大阪の各所に張られるが、その世話人として宮崎龍慶の名をあげている。（『当山歴代』一九八九年三月 校倉書房）東大寺でも大坂での勧進活動が盛んであったが、そこに椿井仏師も関与していたと推測できるのではないだろうか。

（11） 『諸興隆略記』「同（享保二十年）九月大仏脇士観音之後光台座出来之事」

（12） 「助伴」の意味は今明らかでない。東大寺法師実清作の享禄四年（一五三一）奈良・西念寺十一面観音像、翌年奈良・東田区薬師如来像に「助作源四郎」の銘記がみえる（『宿院仏師—戦国時代の奈良仏師—』一九九八年三月 奈良県教育委員会）が、それとの関係も不明である。同類の用語として「中間見舞助人」（岐阜・瑞林寺弥勒仏坐像修理銘・元禄十一年）、「加勢」（和歌山・金剛峯寺四天王像修理銘・天保十五年）などがある。いずれも小仏師、あるいは小仏師の下位に該当した形で書かれ、工房内での位置付けが推測できる。

（13） 前掲註（1）田邉氏論考。

（14） 前掲註（4）。なお八田主膳（了慶）は、三重・熊野市光福寺韋駄天像の銘記から天和三年（一六八三）生まれと知られ、中門二天像御衣木加持の折は三十四歳であったことがわかる。福原僚子氏のご教示によれば、明和七年高知・予岳寺薬師如来像修復には京都高倉四条下に居住し「東大寺大仏師八田定慶」、また安永二年高知・西法寺地蔵菩薩半跏像では、同住所と「東大寺大仏師八田主膳／定慶」を銘記している。

（15） 長田寛康・長谷洋一「江戸時代の仏像と仏師の研究—高野山大門金剛

力士像と関連文書を中心として―」（『大阪経済大学教養部紀要』一八）二〇〇〇年十二月。

(16) 管見によれば、七条仏師康乗が福井藩主松平光通像の制作に際して延宝五年（一六七七）に発給した「大安院様御後影仕様目録」（『平成一八年夏季特別展　越前松平家と大安禅寺』二〇〇六年七月　福井市立郷土博物館）や翌年に康祐が京都・石清水八幡宮岩本坊へ提出した護国寺薬師三尊像及び十二神将軍の修復、新造に係る「御註文」が最も古い。

(17) 前掲註(1)堀池氏論考。

(18) 中世造像界における「職」については、根立研介「東寺大仏師職考」（『佛教藝術』二一一）一九九三年十一月、同「東寺大仏師職考補遺―鎌倉から室町時代初頭にかけての動向を中心に―」（『佛教藝術』二二二）一九九五年九月（共に『日本中世の仏師と社会―運慶と慶派・七条仏師を中心に―』所収　二〇〇六年五月　塙書房）に詳しい。

(19) 大江親通『南都七大寺巡礼私記』東大寺南中門の項。

(20) 『蔭涼軒日録』永享十二年四月二十三日条。

(21) この点については紙数を要するが、ひとまず寛文四年（一六六四）の京都・方広寺大仏造立での玄信の関与を目安としたい。

大仏殿建地割図の分類
―東大寺大仏殿内板図の評価をめぐって―

黒田龍二

はじめに

東大寺の大仏殿内部、東の壁に巨大な板図が掛かっている。板図のすぐ下には売店があって近寄れないが、建物の図面らしいことはぼんやりわかる。堂内は暗く、図自体も黒ずんでいて、実質的に図柄はほとんどみえない。右端には大仏殿という文字が読め、額縁には元禄元年計画図と書いてある。額縁は板図より新しいから、そこに書かれた文字もそれだけでは信用するに足りない。だが、現大仏殿の再建経過のなかで、元禄元年（一六八八）には盛大な釿始が行われており、板図はその折に作られた大仏殿の図面だろうと考えられてきた。

平成十四年に、筆者は朝山信郎氏が撮影した板図の赤外線写真をみることができ、また実際に近くに寄って調査する機会が与えられた。近くで観察すると図は克明に描かれた指図つまり建築設計図であることがわかった。そこで図の要所を実測し、赤外線写真と合わせて、全体図を描き起こした（図5）。図は正面十一間の大仏殿を二〇分の一の縮尺で描いた図面で、今まで知られていない大仏殿の巨大な設計図であった。そこでこの図の性格を見きわめるために、この図自体の分析と合わせて、他の大仏殿指図と比較検討した。その結果、元禄元年頃に作成されたと考えるのが妥当であることがわかり、数値的な比較検討の結果とともに「東大寺大仏殿内建地割板図について」[1]と題して公表した。

大仏殿は、東大寺、方広寺二つの大仏殿が知られている。東大寺は、奈良時代の創建、鎌倉再建、江戸再建の三棟の大仏殿があり、江戸再建に際しては正面七間で実現した現存大仏殿および正面十一間の計画案がある。方広寺は、文禄創建、慶長再建の二棟がある。これら五棟六種の大仏殿に対して、今知られている大仏殿建地割図はすべて江戸時代のもので、江戸再建東大寺、慶長再建方広寺のものに限られるが、それぞれに対して何種類かの図面があるし、どちらの図面か決定できないものもある。ここでは図面の分類を行い、図面の性格を推定し、あらためて大仏殿内板図の位置づけと評価を行いたい。以下で検討するのは桁行十一間で、建地割図すなわち立面あるいは断面を描いた図面である。

一　大仏殿の形式

指図を分類する前に、まず五棟六種の大仏殿を整理しておく。規模は、現存大仏殿以外はすべて正面十一間である。

東大寺大仏殿

①創建　天平勝宝四年（七五二）開眼
　　治承四年（一一八〇）焼失

②鎌倉再建　建久六年（一一九五）落慶
　　永禄十年（一五六七）焼失

③江戸再建（十一間）　十七世紀後期　当初計画案

④江戸再建（七間）　宝永六年（一七〇九）落慶供養、現存

方広寺大仏殿

⑤創建　文禄二年（一五九三）上棟
　　慶長七年（一六〇二）焼失

⑥再建　慶長十六年（一六一一）立柱
　　寛政十年（一七九八）焼失

以上の大仏殿の形式、特徴を整理すると次のようになる。

（イ）屋根はすべて二重である。

（ロ）様式は①が和様である以外はすべて大仏様である。

（ハ）側柱の高さは①③④⑥が裳階の高さ、②⑤が上層の軒までの立登せ柱である。

表1　大仏殿一覧

寺院	時期	様式	側柱	その他	復元案
東大寺	①創建	和様	裳階	下層中央七間切上げ	福山敏男、関野貞[2]
	②鎌倉再建	大仏様	立登せ		大岡実、池浩三[3]
	③江戸再建	大仏様	裳階	下層中央唐破風	
	④江戸再建	大仏様	裳階	下層中央唐破風	
方広寺	⑤創建	大仏様	立登せ	下層中央切上げ	内藤昌[4]、中村利則
	⑥再建	大仏様	裳階	下層中央唐破風	内藤昌、中村利則

二　方広寺大仏殿指図の分類

方広寺大仏殿は、内藤昌[5]、中村利則により創建再建二つの形態が復元されている。それによれば、筆者が見ることのできた方広寺大仏殿の指図はすべて再建大仏殿のものである。創建大仏殿は、前項の表に記したごとく、側柱《がわばしら》（最も外側の柱）が上層軒まで達し、正面中央の切上げ屋根が唐破風になっていない。ここで取り上げる図面では側柱はすべて下層の軒までの高さの裳階の柱であり、正面中央には唐破風造の屋根を飾っている。創建方広寺大仏殿は、鎌倉再建東大寺大仏殿を参考にしたとされるが、再建方広寺大仏殿は下層を裳階とし、正面中央に唐破風を設けるという形態を創案した。江戸再建東大寺大仏殿は、再建方広寺大仏殿の強い影響を受けているので、順序として方広寺大仏殿の指図から見てゆく。その前に再建大仏殿の概要をみておく。

方広寺再建大仏殿については『匠明』[6]『愚子見記』[7]に桁行梁行の総長、柱間寸法などが記されている。

　桁行四五間二尺　梁行二七間五尺（一間は六尺五寸）
　正面中央間二丈九尺五寸　次二丈八尺五寸　次二丈七尺五寸
　　次二丈六尺五寸　次二丈五尺五寸　次二丈四尺五寸
　側面中央間二丈七尺五寸　次二丈六尺五寸　次二丈五尺五寸
　　次二丈四尺五寸
　棟までの高さ　一六丈
　棟の長さ　二一間

　再建大仏殿の屋根形態は寄棟造であるが、この記事から上層屋根の形態は、振隅《ふれすみ》[8]であったことが分かる。真隅《ますみ》であれば棟の長さは桁行と梁行の差、一七間三尺五寸になるはずだが、それが二一間となっていて四間半も棟が長い。従って、側面の屋根勾配が正面よりも急となる。

　大仏殿の中央は大仏を安置するため、柱を省略しなければならない。それは平面図によると中央の方三間である。

　以下、同様に平面の規模、屋根の形状、柱を省略する部分の規模について比較検討していく。

㈠　方広寺大仏殿指図

方広寺A

表題　洛陽大仏殿（諸堂図のうち）
図面の種類　桁行断面・梁行断面を一枚におさめる。
所蔵　東京国立博物館
掲載書　『古図に見る日本の建築』[9]、『日本建築史図集』[10]

『古図に見る日本の建築』解説によると、この図は「諸堂図」と呼ばれる図面集成の中の一図である。一紙が縦三二・八cm、横四四・八cmの紙を継いだもので、制作年代は、薬師寺東塔図の記事から元禄六年（一六九三）とされる。図面の近くに「洛陽大仏殿、二百分壱ノ雛形、但組物内ニテ少高シ、慶長十五庚戌年六月廿一日釿始」と記されている。

　規模は、

　　桁行四拾五間弐尺七寸、梁行弐拾七間六尺三寸

と書込みがあり、『匠明』の値と若干異なる。

　屋根は振隅ではなく、野小屋も作らない。振隅でない点も『匠明』と異なる。

図１　方広寺Ａ　洛陽大仏殿
（東京国立博物館蔵　Image: TNM Image Archives）

中央で柱を省略するための大虹梁は桁行の端から六本目の柱筋にあり、梁行断面で中央三間にかかるから、中央の方三間には柱を立てない。

方広寺Ｂ

表題　大仏殿四拾分壱、大仏殿四拾分壱妻（図省略）
図面の種類　桁行断面図、梁行断面図
所蔵　東京都立中央図書館　木子文庫（木００２-１-０２）

大仏殿を縮尺四〇分の一で描く大きな図面で桁行断面図（図２）は縦一三九・五cm、横二八一cmである。表題からは方広寺か東大寺かを決められない。中央間に「中ノ間弐丈九尺五寸但脇ノ間ハ次第ニ壱尺ヲトリ、桁行合弐拾九丈四尺五寸、但六尺五寸間四拾五間ニ尺、梁行合拾八丈五寸、但六尺五寸間弐拾七間五尺」と記載があり、これは先にあげた『匠明』『愚子見記』の柱間寸法と同じである。従って、この図は方広寺大仏殿と考えられる。

　棟の長さは、棟の端が側面の側柱から四本目の柱位置であるから中央五間分、二一間五尺となり、これも『匠明』『愚子見記』の二一間とおよそ一致する。したがって、屋根は振隅になっているのだが、この図では内部の架構は振隅には作らず、棟だけを柱間半間分伸ばして振隅屋根をつくっている。野小屋は側面屋根には作るが、梁行断面図をみると正面背面屋根には作らない。その結果、側面中央の長い化粧垂木は棟近くにある梁行の梁にあたり、内部の形状は小さな入母屋造風になる筈である。

　大虹梁は、側面の側柱から六本目の柱筋にある。梁行断面図では示されていないが、桁行断面図に表れた大虹梁の高さから、中央の梁行三間に架かることが分かる。だから中央の方三間の柱が省略されていることになる。

　この図面は『匠明』『愚子見記』の記述と矛盾しないことから、それらと同程度の信頼性をもつと考えられる。一見複雑な屋根の納まりも、現実の大仏殿の納まりを示している可能性がある。

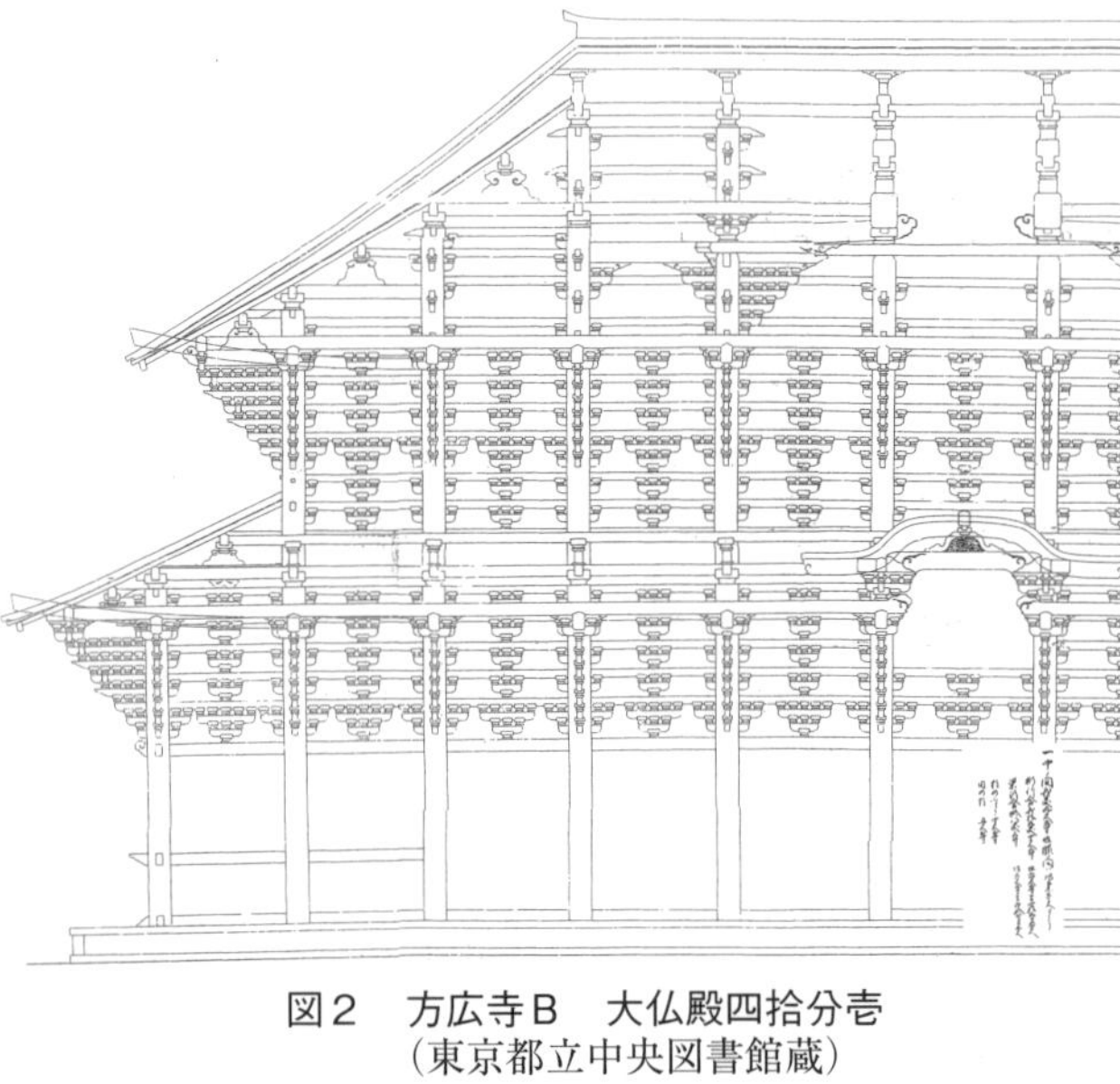

図２　方広寺Ｂ　大仏殿四拾分壱
（東京都立中央図書館蔵）

方広寺Ｃ-１

表題　大仏殿
図面の種類　桁行立断面図、梁行立断面図
所蔵　中井正知氏
掲載書　『大工頭中井家建築指図集』[11]『愚子見記の研究』[12]

寺院名の書込みはないらしい。幅三五・七cm、長さ五五六・四cmの巻物に他の建物の図面とともに収められている。図柄はＣ-１、

C-2、C-3（立断面図）は同じである。「西正面之図」、「北妻ヨリ見ル図」との書込みから、この大仏殿は西向きに建っていて、方広寺であることが分かる。縮尺は「弐百分一之図」とある。規模は、

桁行四拾七間壱尺二分三厘余、但三十丈七尺

梁行弐拾九間四尺五寸六分九厘余、但拾九丈三尺

とある。この但し書きは、一間を六尺五寸として換算して、桁行は三〇六尺五寸二分三厘、一九三尺六分九厘となるのをまるめたものであろう。

屋根は真隅に納まり、しかも野小屋を作る。

大虹梁は側面側柱から五本目の柱筋にある。その高さから梁行は中央の三間である。つまり、A、Bよりも桁行二間分広い中央の桁行五間梁行三間の柱が省略されていることになる。極めて大胆な架構といえ、A、Bの構造に比べて脆弱で現実感がない。

方広寺C-2（省略）

表題　大仏殿

図3　方広寺C-1　大仏殿
（中井正知氏蔵・京都市歴史資料館寄託）

図4　方広寺C-3　洛陽方広寺大仏殿（『日本建築史要』所載　飛鳥園）

所蔵　東京国立博物館
図面種等　桁行立断面図、梁行立断面図
方広寺C-1とほぼ同じ。

方広寺C-3

表題　洛陽方広寺大仏殿
図面種等　桁行立断面図、梁行立断面図（省略）、その他
所蔵　不明
掲載書　天沼俊一『日本建築史要』⑬

京都府の阪谷技師が所有者から借りて天沼に見せたものを、天沼が自著『日本建築史要』に載せたものである。天沼はこの図を大仏殿内の板図（東大寺A）と同じと書いているが⑭、この二者には直接的な関係はない。今全体像が分からないので、天沼の記述によって記す。はじめに「洛陽方広寺、大仏殿二百分壱之図」と題名があり、終わりの方に小さく平面図（C-3（平面図））と組物詳細図と扉の図があり、最後に「寛政六年閏十一月中旬、西村七三郎」とあるという。この図は問題が多いのでやや詳しく記す。天沼は、平面図と斗栱詳細図の上方に書かれた次の寸法を掲載している。

一桁行四拾七間壱尺二分三厘、但シ三拾丈七尺
一梁行二拾九間四尺五寸六分九厘、但シ十九丈三尺
大仏殿桁行四拾五間二尺、梁行二拾七間三尺（以下略）

ここでの問題は、三行目に「大仏殿」の規模があるのに対して、最初の二行は何か、という点である。はじめの二行は方広寺C-1の寸法と同じであり、三行目は『匠明』『愚子見記』の寸法とほぼ同じである。立断面図の図柄は方広寺C-1と同じであることから、はじめの二行と立断面図が対応していることが分かる。平面図と立断面図を見比べると、この二つは基本的な点で異なる。立断面図が大仏殿中央の桁行五間梁行三間に柱を立てないのに対して、平面図で柱を立てない部分は中央の方三間である。だから、平面図はむしろ柱を立てない部分が中央の方三間である『匠明』『愚子見記』、方広寺AあるいはBに対応している。天沼は平面図と断面図の齟齬に気付いていて、平面図は誤りで断面図が正しいと推定しているが、以上の検討からここでは二つの大仏殿資料が収められていると考えられる。

二　指図の分類

基本的な規模に関しては二種類あり、中央の柱の省略と関連している。

イ群　方広寺A、B、C-3（平面図、以下では考察の対象としない）
A、桁行四五間二尺七寸、梁行二七間六尺三寸、
B、桁行四五間二尺、梁行二七間五尺
C-3（平面図）、桁行四五間二尺、梁行二七間三尺
中央方三間で柱省略。

ロ群　方広寺C-1、C-2、C-3（立断面図）
桁行四七間一尺二分三厘、梁行二九間四尺五寸六分九厘
中央桁行五間梁行三間で柱省略

『匠明』『愚子見記』では、桁行四五間二尺、梁行二七間五尺で、中央方三間で柱が省略される。この点は重視してよく、現実の再建大仏殿はこの規模であったと見てよい。イ群はこの数値に近似するもので、柱の省略も同じである。これに対してロ群は一回り規模が

大きく、中央の桁行五間の柱を省略する。このことから、イ群ロ群は建物としては別物と考えたほうがよい。

イ群の図について

方広寺AとBは、図面内容が異なるし、数値も異なっている。これらあるいはこれらの祖本は、制作方法が異なり、大仏殿を実測したことも考えられる。

共通する点は、どちらも内部の架構を見せる建物である点である。屋根に関してはAが真隅、Bが振隅となっているが、Bでも内部の架構から振隅になっているわけではなく、側面側に野小屋を作るだけで、振隅屋根を作る。このような大構造物の内部架構を化粧として見せ、しかも振隅で作るのは大変な作業であるから、内部架構を真隅で作るのは妥当な工法である。下から見上げた場合、棟の両端が入母屋風になっているのは見えないと思われるし、注意して見ないと振隅であることも分からないだろう。

ロ群の図について

イ群より一回り大きいロ群の性格はどういうものであろうか。

まずこの三本は図柄がほとんど同じであり、数値も一致している。相互の親近性が強く、祖本はひとつであることを示している。

内容については、中央桁行五間の柱を抜くのはかなり大胆で、現実的ではない。その反面、寸法が厘単位まで記してあり、設計段階の図にしても、実測図としても細か過ぎ、虚構性の高い図面であるといえる。

そのような図面が作られる契機は、大仏殿が焼失し、再建が図られている時期であろう。それは慶長再建以前の時期と、寛政十年（一七九八）以後の時期ということになる。これを見分ける決め手とまではいえないが、唐破風の形態は現東大寺大仏殿に近いし、蟇股の形態も新しく感じられ、寛政十年以降に制作されたものと思われる。その際、天沼が記した方広寺C-3の寛政六年（一七九四）という年号が問題となるが、方広寺C-3はイ群、ロ群ふたつの資料が合わさったものであり、この年号は平面図に付随したものと考えておく。

三　東大寺大仏殿指図

東大寺A

表題　大仏殿

所蔵　東大寺

図面の種類　桁行立断面図・梁行立断面図を一枚に収める。

掲載書　石田・黒田「東大寺大仏殿内建地割板図について[15]」

冒頭で紹介したもので、現在大仏殿内にある巨大な板図である。縮尺二〇分の一で、正面図、部分的断面図、屋根の側面図を一つの図に合わせて描いたものである。寸法は、

桁行　四拾参間四尺三寸　梁行　弐拾五間三尺九寸

と書かれていて、これは東大寺大仏殿の規模であり、東大寺大仏殿であることは疑いないが、その性格については他の図面との関係から考えなければならない。

屋根は振隅に作られている。

内部の状況は描かれていない。

東大寺B

表題　なし

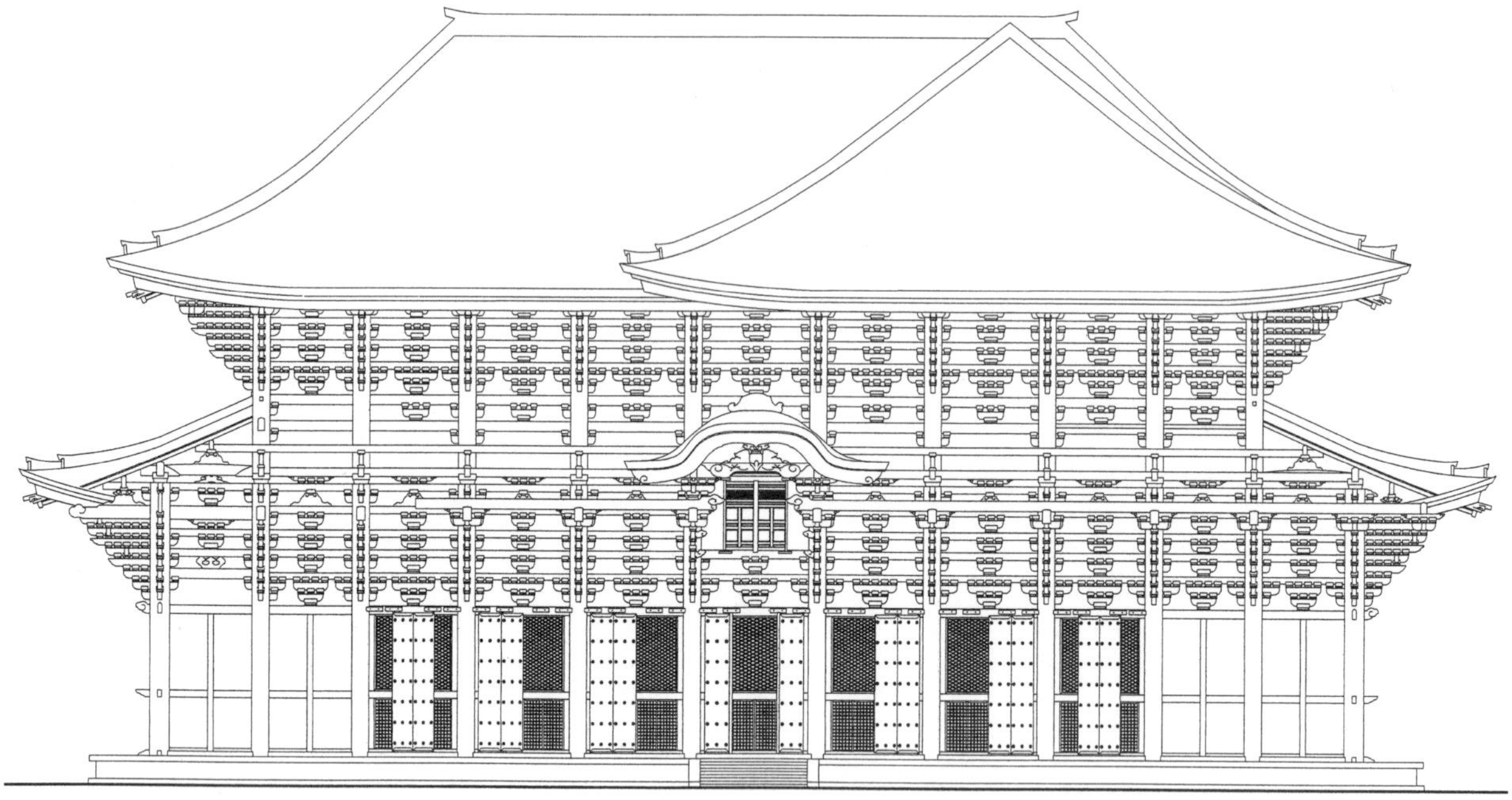

図５　東大寺Ａ　　東大寺大仏殿内板図（描起し図、作成：石田理恵）

図面の種類　桁行断面図・梁行断面図を一枚に収める。

所蔵　東京都立中央図書館　木子文庫（木００１-２-11）

縮尺約百分の一の桁行断面図で、縦五八・五㎝、横一一六㎝である。外部は大仏様であるが内部は天井を張り、天井裏は和小屋とする。桁行が十一間である以外は、七間に縮小された現大仏殿に近い考え方の構造である。

屋根は振隅である。

中央方三間の柱を省略する。

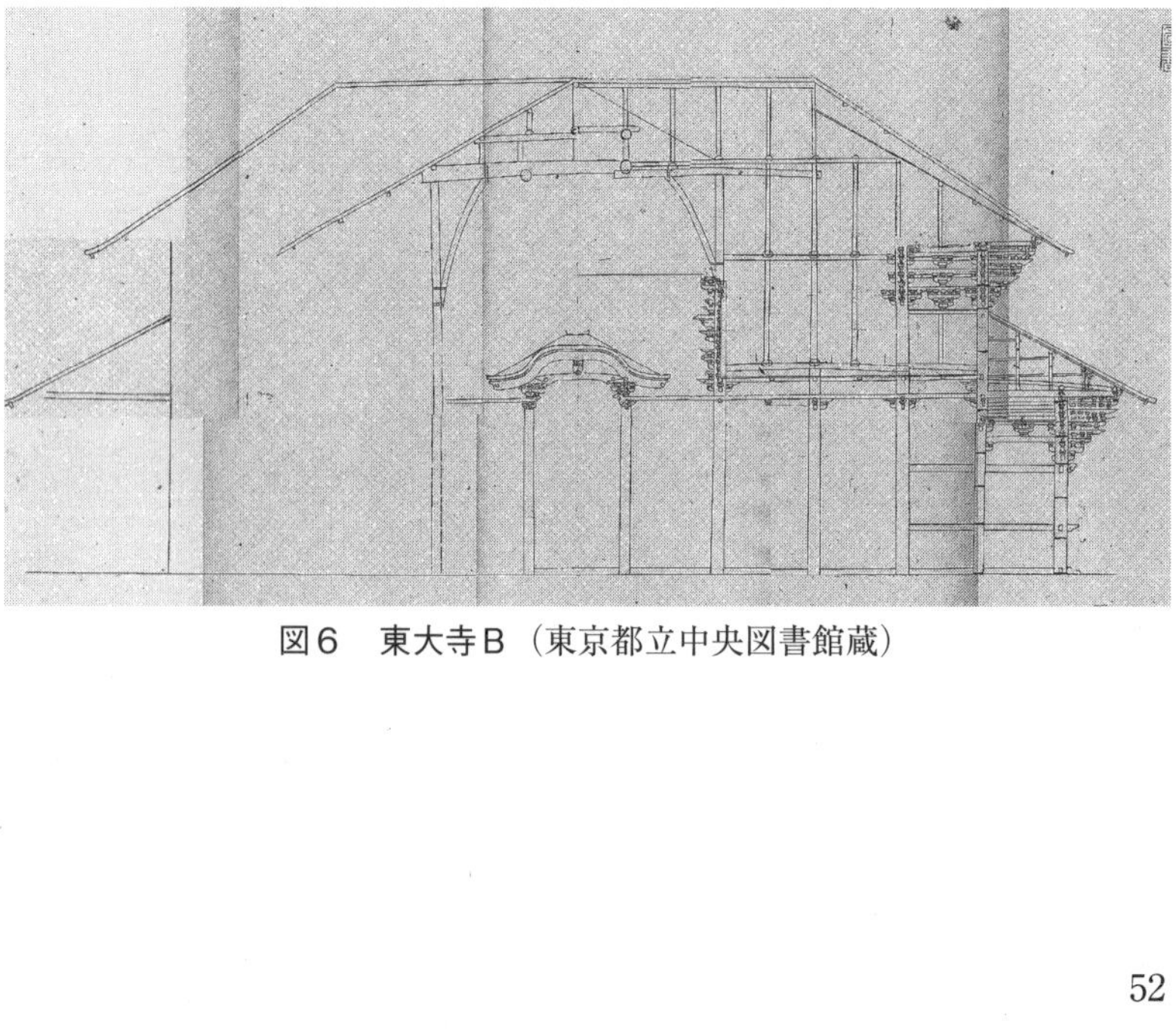

図６　東大寺Ｂ（東京都立中央図書館蔵）

四　その他の大仏殿指図

前項まで、表題、全体の規模などにより方広寺大仏殿の図と東大寺大仏殿の図を区分してきたが、平岡氏蔵の大仏殿図については確証がなく、その他という分類項目を立てることにする。

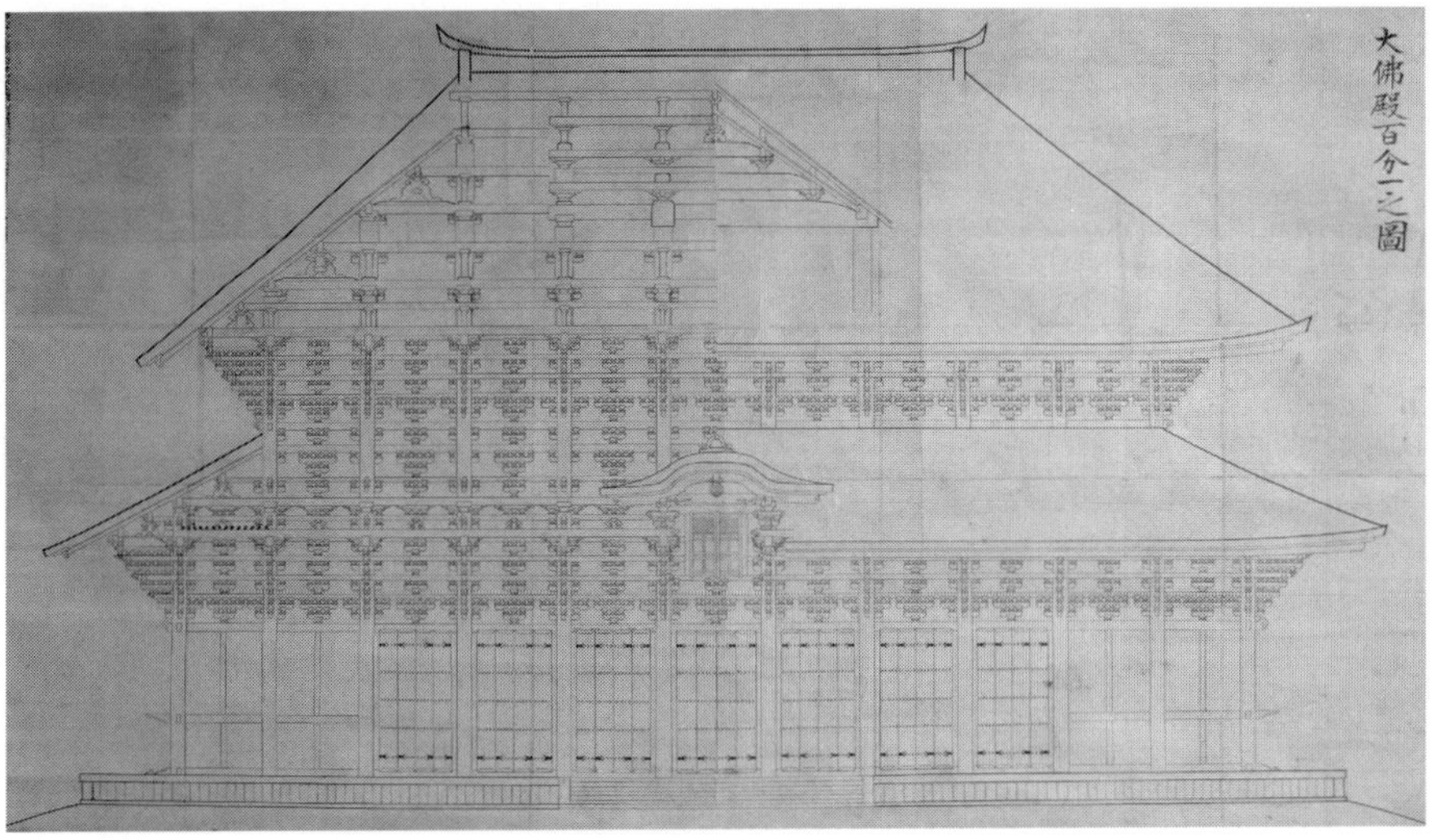

図7　大仏殿百分一之図（平岡氏蔵）

平岡氏蔵大仏殿百分一之図

表題　大仏殿百分一之図

図面の種類　桁行断立面図・梁行断面図を一枚に収める。

所蔵　平岡定海氏

掲載書　平岡定海『日本寺院史の研究　古代・中世編』(16)、『国宝東大寺金堂（大仏殿）修理工事報告書』(17)

平岡氏が著書の中で「方広寺大仏殿設計図」として紹介したものである。修理工事報告書は、この図は東大寺大仏殿内板図（東大寺A）を文化九年（一八一二）に複製したものとして掲載したが、板図の調査結果からこの図も板図とは直接的な関係がないことが判明した。

今回、実物を拝見することができたので概要を記す。現在は、大仏殿図（図7）と文書とを上下にして軸装されている。大仏殿図は「大仏殿百分一之図」と表題があり、大きさは縦六五・九㎝、横一一七・〇㎝である。文書は内題「大仏殿百分一之図／但木道具寸法此図百倍也」（／は改行）、末尾に「于時文化九申年春二月／表具破損ニ付再表之／主平岡完左衛門橘正厚」とある。文書の本文は建物の寸法などを書いたもので、桁行四五間二尺七寸、梁行二七間六尺三寸とあり、これは方広寺のものであり、門の記述などからも全体として文書は方広寺に関するものである。奥書は本文と同筆とみられるから、上の大仏殿図の表具が傷んだので文化九年に表具し直し、下の文書を作成したと考えられる。従って、図面の制作年代は文化九年以前ということになる。ちなみに文書に記された大仏殿寸法は方広寺A洛陽大仏殿に記された寸法と一致するから、なんらかの関係がある。もし図柄も同一であればこれを方広寺大仏殿と断定できるが、図柄自体が異なること、文書と大仏殿図が一具のものではないことは、平岡氏蔵本が方広寺ではない可能性もあることを示している。

上層側面の屋根においては、下の化粧垂木の勾配より上の瓦葺の面の勾配が強い。化粧垂木の延長線が野棟木に当たる位置は、端から三本目と四本目の中間になるが、瓦棟の先端は三本目の位置にある。方広寺の諸例から類推すると化粧屋根裏は真隅であり、野屋根は振隅に作られていると考えて大過ないだろう。梁行断面の一部が描かれており、正面と背面側の屋根にも野小屋が作られていると考えられる。

屋根全体に野小屋が作られるから、化粧棟木とは別に野棟木が入る。方広寺Aは屋根を振隅とせず、野小屋も作らないから、この図はどちらかというと方広寺Bに近い。しかし方広寺Bでは正面側に野小屋を作らなかったために生じた納まりの悪さが、この図では解消されている。

まとめ

(一) 図面の性格

再建方広寺の図を通覧すると内部は上層まで梁組を見せており、『匠明』『愚子見記』の記述から屋根は振隅に作られていたと考えられる。この形態をよく反映した図が方広寺Bである。この図は『匠明』『愚子見記』の寸法記載とよく合致し、縮尺も四〇分の一と大きく、それだけに図面の仕上がりも上質である。『匠明』『愚子見記』が現実の方広寺大仏殿を反映したものとするなら、方広寺Bが現実の方広寺に最も近い図面といえる。

そのような仮定のもとで考えると、方広寺Aは振隅の表現をしておらず、縮尺も二〇〇分の一となり、やや信頼性に欠ける図ということになる。内部から見上げただけでは屋根の構造はほとんど分からないと思われ、この図ないしこの図の原本は、現地で見たものを想像を交えながら描いた図ではないだろうか。

方広寺C-1、C-2、C-3（立断面図）はほとんど同じ図である。寸法、構造の両方で現実味が薄い図であり、再建方広寺が焼失した寛政十年（一七九八）以後に作成されたと思われる。

確実な東大寺の図は二点あるが、その性格は異なる。東大寺Aの板図は、おそらく元禄元年に作られたもので、方広寺に倣った大仏殿の理想的な計画図といえよう。その後、大仏殿の完成まで資金難を原因とする模索が続き、東大寺Bはそのような経過案のひとつであろう。桁行は当初計画通り十一間であるが、内部は架構をみせる方広寺にならったものではなく、天井を張り、その上は巨大な屋根を支えるだけの単純な和小屋を組む。この考え方が桁行七間に縮小されて、現大仏殿となった。

平岡氏蔵の図は、方広寺なのか、東大寺の計画図なのか分からない。しかし、東大寺は方広寺を手本として計画されたのであるから、東大寺の計画図と方広寺の図を見分けるのは困難な面がある。

ここで棟の高さを考える。『匠明』『愚子見記』では棟の高さは一六丈とある。図面の実測で、方広寺Aは桁行総長を二九四・五尺としたとき棟高一七二・四尺、方広寺Bでは同じく棟高一五九・七尺、平岡氏蔵図は同じく棟高一九二・六尺となっている。方広寺Aの値にそれほど信が置けないことは先に述べた通りである。方広寺Bの値が正確なのは推定の通りで、それと似た性格の図である平岡氏蔵図が異常に高い建物である点は注意を要する。このことはこの図が単純な方広寺の図ではないことを示すのではないだろうか。東大寺Aは一七〇尺の高さがあり、方広寺Bより高い建物を計画しているから、平岡氏蔵図も東大寺の計画図である可能性がある。そうすると、寸法からは方広寺図以外のものではありえない方広寺Bも、その制作理由は東大寺の計画を検討するために作られた図面である可能性があるだろう。(18)

以上のことから、東大寺A、Bは、大仏殿建設と密接な関係がある図面として理解できる。それに対して方広寺A、B、C、平岡氏蔵図は、図面の制作意図がはっきりせず、しかも内容はすべて異なるものであることが判明した。なぜこのような図面が作られたのか。背景のひとつには、大仏殿という題材自体が究極の大建築としての意味をもっていたであろうことが考えられ、また、再建された東大寺大仏殿も仮の姿でしかなく、再建後も十一間堂の実現が、方広寺大仏殿の検討を通じて夢見られていたと思われる。一方、広くは江戸時代において、方広寺大仏殿図のような直接に建設には関係しない図面が作成された事例がほかにもあるのか、またその意義は何かを考える必要がある。

(二) 大仏殿内板図の評価

このようにみてくると、板図以外に江戸再建東大寺大仏殿の当初計画の可能性があるのは、平岡氏蔵の図のみであることが判明した。したがって、板図は当初計画の立断面を示す唯一の確実な史料として極めて重要である。また、図面自体も平岡氏蔵の図は百分の一の縮尺であるのに対して、板図は二〇分の一であるから、密度の高さは比較にならない。

この板図は一棟の建物の図面としてはおそらく日本最大のもので、しかも製図技術が極めて高度である。しかし、まだ表面的な調査を一度行ったに過ぎず、特に裏面などの詳細な調査が望まれる。加えて、この水準の図面を描いた技法も重要である。巨大な図面自体の作図法、長大な屋根曲線や膨大な量の組物の製図法、またどのような筆記具で描いたのかなど興味深い問題が数多く残されている。

（くろだりゅうじ・神戸大学助教授）

註

（1）石田理恵・黒田龍二「東大寺大仏殿内建地割板図について」（奈良国立博物館研究紀要『鹿園雑集』六号、二〇〇四年）。同「東大寺大仏殿内建地割板図について」二〇〇四年度日本建築学会学術講演梗概集F-2

（2）福山敏男「東大寺大仏殿の第一期形態」（『寺院建築の研究　中　福山敏男著作集二』中央公論美術出版、一九八二年。初出一九五二年）
関野貞「天平創立の東大寺大仏殿及其仏像」（『建築雑誌』一八二、一八三号、一九〇二年）

（3）大岡実『南都七大寺の研究』中央公論美術出版、一九七八年
池浩三「鎌倉時代再建の東大寺大仏殿—その架構と構成部材の復元的研究—」（『日本建築学会計画系論文報告集』四七六号、一九九五年）

（4）内藤昌・中村利則「ミヤコの変貌—聚楽第と大仏殿—」（『近世風俗図譜　第九巻　祭礼（二）』小学館、一九八二年）

（5）前註（4）に同じ。

（6）『匠明』鹿島出版会、一九七一年

（7）太田博太郎監修・内藤昌編著および校注『愚子見記』（影印本）・『注釈愚子見記』・『愚子見記の研究』（井上書院、一九八八年）

（8）この場合の振隅とは、正面側の屋根勾配と側面側の屋根勾配が異なる

こと。寄棟造の屋根伏図を描いたとき、隅棟が大棟に対して四五度の角度をなす場合を真隅といい、四五度にならない場合を振隅という

(9) 国立歴史民俗博物館編『古図に見る日本の建築』至文堂、一九八九年

(10) 日本建築学会編『日本建築史図集』彰国社、一九八〇年

(11) 谷直樹編『大工頭中井家建築指図集　中井家所蔵本』思文閣出版、二〇〇三年

(12) 註(7)に同じ。

(13) 天沼俊一『日本建築史要』飛鳥園、一九二八年

(14) 「今の東大寺大仏殿と殆ど同じである。夫れよりは寧ろ今の東大寺大仏殿内に掲げてある元禄再建当時の設計図と全く同じといってもいい位である。多分彼図は此れによって作られたものであらう」（方広寺大仏殿正立面図の解説。天沼俊一註(13)前掲書）

(15) 註(1)に同じ。

(16) 平岡定海『日本寺院史の研究　中世・近世編』吉川弘文館、一九八八年

(17) 『国宝東大寺大仏殿（金堂）修理工事報告書』奈良県文化財保存事務所、一九八〇年

(18) 平井聖氏も「東大寺の大仏殿再興にさいして参考にされたものかも知れない」と述べている。同氏「東大寺大仏殿の宝永度造営について（付東京都立中央図書館蔵「木子文庫塀内文書」目録）」（『近世建築の生産と技術』中央公論美術出版、一九八四年）

近世東大寺復興活動の一側面
―西国沙汰所を中心に―

坂東俊彦

はじめに

文治二年（一一八六）、周防国は大仏殿の再建をするために、用材調達を目的として、朝廷から造営料国に充てられ、東大寺（大勧進職）にその国務管理が任せられた。東大寺の復興事業が一段落つくと法勝寺の造営料国に充てられるなどして、一時期、東大寺の手を離れることもあった。さらに戦国期には大内氏に侵食され、東大寺領として有名無実化していたが、近世に至り長門国・周防国両国の領主となった毛利氏によって、周防国国衙周辺の八町四方の土地が東大寺の領地として認められた。東大寺ではこの土地を周防国国衙領と呼び、明治維新に至るまで東大寺領として存続していた[1]。

そこで本稿では近世の周防国国衙領の運営に関わっていた組織である西国沙汰所の活動を検討し、西国沙汰所が近世における東大寺全体の運営や公慶上人を中心とした江戸期の復興活動にどのような関わりを持っていたかを分析して、近世東大寺における組織の一端を明らかすることを目的とする。

一　近世東大寺領

まずは近世東大寺の概要をつかむため、本稿で課題とする周防国国衙領を含めた近世前期の東大寺領についてみておこう[2]。貞享二年（一六八五）十一月、時の奈良奉行・大岡弥右衛門忠高に提出された「寺中諸寺役等書付[3]」には近世東大寺領の概略が書かれている。まず中世以来の東大寺の所領で、文禄四年（一五九五）に豊臣秀吉より安堵されて以来、代々の徳川将軍からも引き続き安堵された大和国添上郡櫟本村内の二千石。さらに徳川家康より安堵され、歴代将軍からも安堵された東大寺の境内および雑司村、川上村、水門村といった周辺の四ヶ村、合わせて約二百十一石。これに加えて藩主・毛利氏より安堵されていた周防国国衙領が千石。合計で高三千二百十石余が近世東大寺の領有していた土地であった。

次にこれら東大寺領からの〝収入〟の配分、使途についてみていこう。櫟本村と境内地の朱印地の石高、合計約二千二百石分の配分内訳については、今挙げた「寺中諸寺役等書付」や宝永六年（一七〇九）二月十九日付の「東大寺知行書上」[4]などに書かれている。その他、近世に東大寺が領有していた土地・石高についての史料がいくつか残されており、詳しく知ることが出来る。[5]「東大寺知行書上」をみてみると、近世東大寺の〝収入〟の大部分を占める櫟本村の分については、「大仏殿灯油料」、「華厳三論両宗談義料」といったように東大寺でおこなわれる様々な法会をはじめとして、各子院などへの配分に占められていたことがわかる。また境内地周辺の約二百十石については、その内訳が学問料として百十石と公物として百石に分かれている。しかし本稿で課題としている周防国国衙領のことについては、「寺中諸寺役等書付」、「東大寺知行書上」をはじめ、近世東大寺領について書かれた各史料には配分、使途など詳細なことについては書かれていない。

ところで東大寺の子院の一つである観音院と真言院は、徳川将軍から東大寺として受け取っていた二千二百石余の朱印状とは別にそれぞれ三十石と百石の朱印状を受け取っていた。[6]近世東大寺における寺内組織を考える上で注意をしなければならないのはこの点である。真言院については元興寺や伝香寺などの東大寺外の寺院といわゆる大和十三ヶ寺と呼ばれるグループを形成し、法華寺村、法蓮村、肘塚村を共同で支配していた。さらに東大寺内においては近世以前よりで学侶方、堂方、律院などがいくつかの子院でまとまり、それぞれにグループを形成しており、近世に入ってからも子院数には変化があったもののそのまとまりは継承されてきた。つまり近世の東大寺は小規模な集合体が寺内の各集合体や寺外の寺院と連携をとり、〝東大寺〟を形成しているという大変複雑で特異な構造を有していたのである。

二　近世初期の周防国国衙領

ここでは近世の周防国国衙領を取り巻く状況を具体的にみていこう。東大寺境内地や櫟本村の朱印地が、代々の徳川将軍から朱印状が発給されて安堵されていたように、周防国国衙領についても藩主・毛利氏の代替わりごとに判物（安堵状）が出されていた。そのため東大寺には輝元から慶親までの十八通の毛利氏歴代からの安堵状が残されている。

永禄十二年（一五六九）三月五日付の輝元から発給された安堵状には、「周防佐波郡国衙土居八町之事、任弘治四年三月十五日隆元証判之旨、可有進止候」とあって、周防国を治めるようになった毛利氏から最初に国衙領の安堵状が出されたのは隆元の代、弘治四年（一五五八）三月十五日が最初であった。以後、毛利氏は代替わりごとに、この隆元を先例とし安堵状を発給している。

では近世の東大寺は国衙領からは実際、どれだけの石高の米を受け取っていたのであろうか。先に挙げた東大寺側で作成した「知行書上」などの史料には千石と書かれているが、安堵状中には「国衙土居八町」とその場所を示すのみあるだけで、石高は書かれていない。国衙村庄屋から東大寺へ差し出された、寛永三年（一六二六）の「周防牟礼村・国衙村指出案」[7]には、牟礼村と合わせて九百三十七石が国衙領の石高として書かれている。

時代は少し前になるが、東大寺が国衙領から得ていた石高は、慶長十五年（一六一〇）の「周防国衙土居并牟礼領年貢結解状」[8]に帳面高で三百十六石五斗三升二合と銀三百目であったことが記されている。さらにこの「結解状」には実際に東大寺が手にしていた石高は現地役人の役料を引いた、[9]二百十五石二斗八升一合と銀二百二十五匁であったことも記されている。これら米・銀は、現地・周防国で毛利氏側から東大寺側に引き渡されており、奈良までの輸送については東大寺自身の負担でおこなっていた。なお東大寺では毛利氏から米と銀の提供を受けるかわりに、毛利氏の家門繁栄の祈祷をおこない二月堂の牛玉宝印を毎年献上している。[10]

ところが毛利氏の検地がおこなわれた正保三年（一六四六）頃には、寛永期の大飢饉などによって長門・周防両国の収穫高が激減し、毛利氏の藩財政が非常に悪化した。それゆえ、その対策として藩の政策として、領内の寺社領を没収し、代わりに各寺社へは現米が支払われることとなった。東大寺の国衙領の扱いも例外でなく、その対象となることとなり、大坂にある毛利氏の蔵屋敷で現米百石を受け取るといった方法に変更されてしまった。[11]

周知のように国衙領を含む周防国は鎌倉時代、重源上人の復興期から造営料国として東大寺が国務管理をしていた由緒があり、このような国衙領の扱いに大幅な変更がされる以前から東大寺は毛利氏に対して、国衙領の東大寺の直接支配を要求している。返還の要求は毛利氏の領国支配が未だ確立してなかった戦国期、永禄十年の戦火で大仏殿が炎上した直後からで、大仏修復、大仏殿再建のためという名目であった。[12]

さて、現米百石を受け取るのみとなってしまった毛利氏の政策について、東大寺は毛利氏に対し、本格的な国衙領の返還、政策変更を慶安三年（一六五〇）に求め、江戸にまで東大寺の僧が下向し、訴訟問題となり、寺社奉行への訴えや毛利藩の江戸留守居と交渉をおこなっている。その交渉過程については山本博文氏が、萩藩の江戸留守居の福間彦右衛門就辰が残した記録「福間彦右衛門覚書」を詳しく分析している。[13]

残念ながら今のところ、これらの交渉に関する東大寺側のまとまった記録は発見されていない。しかし近年の近世文書の整理でこの時に交渉に関わる文書が一部見出された。毛利藩や寺社奉行、合わせて五十二人に進物をした目録であり、この中には「公儀所日乗」の筆者、留守居役の福間氏の名前も見ることが出来る。[14]

これらの寺社奉行をも巻き込んだ交渉の結果、出されたのが慶安三年七月二十九日付の毛利秀就の判物である。[15]

南都東大寺領知周防国佐波郡於国衙
土井八町之所年来進置之畢然処近年
秀就賄方依二逼迫一借物有レ之故返弁之間、
任国中仕置惣並件之寺領取上ヶ現米百石
宛毎歳大坂江指上せ雖遣之御断有之付而
今年ゟ現米三百石至大坂可相渡之此外
両代官屋敷物成共ニ取合八木五拾石之積
於彼知行所可進置之従前々領知之儀者、
国中之面々江返遣之時分如先例可戻之
右聊以不可有相違仍如件

松平長門守

慶安三年七月廿九日　秀就（花押）

東大寺

衆徒中

これには財政の逼迫により寺領を取り上げ、米百石を大坂で受け渡してきたことを、毎年三百石と代官の居屋敷分、すなわち国庁寺の上司、得富、竹屋、河内氏らの役料、五十石分を加えた三百五十石を大坂で受け取ることになった[16]。そしてこの判物の文末の一文からもこれらの措置は藩財政が逼迫している時のみの時限的なものであり、財政状況が回復した時には、東大寺へ領地も返すということも盛り込まれていた。

このように三百五十石を大坂で受け取ることとなった国衙領であるが、この秀就の判物以降、東大寺は事あるごとに毛利藩の財政状況の回復を理由に寺領の返還を要求している。

寛文七年（一六六七）には修二会中に二月堂が炎上してしまうが、それを再建するために再び毛利氏に国衙領の返還を要求している。この時には東大寺が単独で返還を要求しているのではなく、奈良奉行・土屋忠次郎の斡旋によるものである。幕府もやはり鎌倉時代以来の国衙領の性格を知った上での斡旋をしたものであろうと思われる。この時は結局、毛利氏から国衙領が返還されず、時の藩主綱広から返還の確約状だけが出されただけであり[17]、今まで通りの状況と変化がなかった。

さらに寛文の交渉以後も、江戸再建期の中心人物・公慶上人もやはり元禄十二年（一六九九）に、藩主吉広と江戸において交渉を行い、「毛利吉広判物」を受け取っている。全文を掲げると[18]、

南都東大寺領知之儀曾祖父
秀就逼迫付国中寺領以惣並被
減候　国中之面々江返遣候時分者東大寺
領之儀茂如先例可差戻之通慶安
三年七月廿九日秀就証文之辻を以向後
国中之寺社江返遣候節者東大寺領之
儀茂相違有之間敷候　恐々謹言
元禄十二　　　松平大膳大夫
七月六日　　　吉広　御判
東大寺
沙汰人中

このような藩主からの返還確約状は、東大寺内では「西国証文」と呼ばれていた[19]。吉弘以後も国衙領安堵の判物には返還の文言が書かれるようになり、天保九年（一八三八）、慶親の「西国証文」まで東大寺に残されている。

このように返還の確約状は藩主の代替わりなど事あるごとに出されているのであるが、結局、幕末・明治の藩の消滅まで返還されることはなかった。国衙領は東大寺が直接支配することなく、文久三年（一八六三）におきた蛤御門の変の影響で蔵屋敷が没収されて長門小郡で受け取っていた時期を除いて、大坂において現米を受け取っていた。

なお余談にはなるが、東大寺江戸復興の中心人物、公慶上人が最初に大坂の勧進所を置いた場所、大仏島（公慶上人が勧進所を置いたことにより、大仏修復、大仏殿再建の金銭が集まったことから富島と呼ばれていた）は、この毛利氏の大坂蔵屋敷があった場所の近くにあった。後でもみるが、公慶上人は毛利氏にも大仏殿復興の援助を嘆願しており、そのことを非常に意識して毛利氏の蔵屋敷の近くに勧進所を置いたのではないだろうかと思われる。

三　西国沙汰所

(一)　西国沙汰所の組織

これまで周防国国衙領そのものの状況を見てきたが、これ以降は東大寺側の国衙領の対応窓口、西国沙汰所組織そのものについて詳しくみていこう。

西国沙汰所とはすでに「はじめに」において述べたように、近世の東大寺が領主であった毛利氏によって安堵されていた周防国国衙土居八町（現在の山口県防府市国衙周辺）を管理、運営していた東大寺内に置かれた組織である。[20]

現在、東大寺には西国沙汰所で作成された「西国沙汰所記録」、「鎮西沙汰所記録」といった表題がつけられた袋綴装の沙汰所の公式記録が数多く残されている。[21]また室町後期から江戸初期にかけての周防国国衙領に関する東大寺文書中には、「西国沙汰所」や単に「沙汰所」といった名称で差出や宛名などに数多くみることができる。[22]しかし残念ながらこれらの史料には東大寺内の組織のとしての西国沙汰所の成立を確定できる史料は現在見出されておらず、どの段階で西国沙汰所が東大寺内の組織の一つとして成立して機能し始めたのかは分からない。史料の残存状況から推測して、遅くとも慶長頃までには成立し、以後、幕末まで存在していた。

さて、西国沙汰所記録の第一冊目、「鎮西国衙方諸捌年中行事記」第一には延宝七年（一六七九）から正徳六年（一七一六　享保元）の三十二年間の出来事が書かれているのであるが、その最初には「沙汰人評議之条目」というものがある。全文を掲げると、

沙汰人評義之條目

一、西国沙汰人之闕在之ニ付而新入体於在之者
　七月惣算勘之会合以後可被相加事

一、沙汰所口米拾石ニ相定畢　但大坂払直段ニテ
　可相渡事　但沙汰人中扶助金子三両宛ニ相定畢

一、諸役人下行米銀右同前ニ大坂払可為直段事

一、西国方并官家方払方惣算勘相済以後
　被立勘定事雖相背先規之掟近年此義
　令混乱畢　自今以後者被守先規之掟旨
　惣算勘結解以後者一向勘定ニ不相連
　間敷之旨必定畢

一、七月惣算勘結解之事若沙汰所有故障時者
　可在延引者也則今庚申年沙汰所実賢江
　府厳有院殿薨御ニ付為納経関東下向畢
　依之七月惣算勘八月下旬迄延引畢

この条目と表紙に書かれている筆者などをみると、西国沙汰所、すなわち沙汰所の代表者個人を指すが、これは東大寺の代表者集団、年預所から選ばれるようである。

その任期は惣算勘、つまり西国沙汰所の決算から決算まで、通常七月から翌年の六月までの一年間である。任期については藩主の死亡といった毛利家側の事情によっては、惣算勘の時期がずれて、西国沙汰所（代表者）の交代時期が八月以降にずれ込むこともかなりあったようである。ちなみに東大寺寺務の代表者・年預五師の任期は二月二十六日から翌年の二月二十五日までとなっている。

後掲の表一は、延宝八年から明治元年（一八六八）までの年度ごとの西国沙汰所（代表者）の表である。「西国沙汰所記録」の表紙に書かれている識語や記録内容から抽出をした。さらに比較のために年預五師も合わせて掲載している。(23) 年預五師と西国沙汰所（代表者）の任期に差異があり、非常に分かりにくいが、例えば元禄元年二月から翌二年二月まで英秀が年預五師を勤め、同じ元禄元年七月から二年六月まで隆慶が西国沙汰所の代表者を勤めるということになる。

西国沙汰所の記録は江戸中期にかなりの年数の欠落があり、西国沙汰所（代表者）は年預五師と完全に対照できないが、東大寺の江戸復興の活動がもっとも盛んであった元禄から享保頃にかけての時期には、ほとんどが西国沙汰所（代表者）を勤めた翌年には年預五師を勤めることとなっていたようである。すなわち、まず七月（あるいは八月）に西国沙汰所（代表者）に就任し、翌年二月からは年預五師も兼帯するようになり、六月には西国沙汰所（代表者）を勤め終わり、さらに年をまたいで二月まで年預五師を勤めるという足掛け二十ヶ月間は必ずどちらかの役を勤めているということが多かったようである。

さて西国沙汰所の組織構成についての話に移るが、西国沙汰所から発給された文書や「西国沙汰所記録」に写されている文書の差出等には、代表者である西国沙汰所の他に西国沙汰所沙汰人として三名から六名の僧名が連署されている。(24) その肩書きや塔頭名をみていくと西国沙汰所沙汰人は、代表者である西国沙汰所に就任をしなかった他の五師が就任している場合が多いようである。

つまり代表者の西国沙汰所と年預五師の任期、あるいは西国沙汰所沙汰人の構成からみても西国沙汰所の組織がおこなっている職務は、年預五師がおこなう職務と非常に密接な関係にあることを示しているのではないだろうか。

次に西国沙汰所組織の活動内容の手がかりとして、西国沙汰所が所持していた諸道具について、その引き継ぎの記録をみてみよう。「西国沙汰所記録」や宝暦九年（一七五九）十月一日付の「記録櫃等引渡状」(25) には次のように記されている。

覚

一、掛ヶ硯　　一ツ
一、記録櫃　　二ツ
一、巻数外箱　一ツ
一、鍵筥　　　一ツ
右之通御落手可被下候以上
辰　　　先沙汰所
十月朔日　　北林院（花押）
西国沙汰所
龍松院法印御房

西国沙汰所代々の引継ぎ用品として掛け硯、記録櫃、巻数外箱、鍵箱が上げられている。掛け硯は手形や証文を入れておくもの、西国沙汰所の行事記や後から取り上げる運上米の勘定帳などを入れていた記録櫃、毛利家のために祈祷した経巻の種類、本数を記した目録を入れ、毛利家に献上するときに使用する箱、さらにいずれかの箱の鍵を入れておく箱が挙げられている。「鎮西国衙方諸捌年中行事記」第一の宝永二年条にはこれらの引き継ぎの品に加えて、天秤も新たに引き継ぎの品として付け加えられており、これらが西国沙汰所で代々引き継がれていった道具類である。
引き継がれていた道具類の中に天秤が含まれているが、天秤は金融、金銭を取り扱う上で必須の用品であり、西国沙汰所の活動の中に金融関係、金銭を取り扱うことが含まれており、職務上必要であったことが伺える。

(二) 西国沙汰所の活動

続いて西国沙汰所の具体的な活動の様子をみていこう。

西国沙汰所の活動には大きく分けて三つのものがある。第一に国衙領を安堵している毛利家との連絡や交際が挙げられる。毛利氏の官位の昇格や嫡子の誕生、家督相続があった時などの祝儀や歴代藩主など忌日への御布施など、主に冠婚葬祭に関する交際である。その他参勤交代のために藩主が江戸へ下向する時や萩へ帰国する途中など、滞在をする京都や大坂などへご機嫌伺いに出向くこともある。また年始や藩主の病気平癒など、祈祷の「巻数献上」の報告をおこなっているが[26]、このためにも江戸藩邸にまで下向することもあり、頻繁に毛利氏側と連絡、交渉をしている。この中には先にもみたような国衙領の返還の交渉といった政治的な問題などの解決といったこともこの中に含まれるであろう。

西国沙汰所の活動の第二には国衙領から運ばれてくる現米の管理がある。

朱印高を合わせても三千二百石余りしかなかった東大寺にとって、この国衙領からの米の管理は、西国沙汰所にとって非常に重要な活動であったかもしれない。

先にも西国沙汰所沙汰人の条目のところでも述べたように、惣算勘の後に西国沙汰所(代表者)は交代するが、交代するとすぐに大坂にある毛利家蔵屋敷へ小綱などの寺内の役人を派遣し、毛利氏の大坂留守居から蔵米三百五十石、実際には三百三十五石を受け取っている。そしてすぐに大坂の米問屋に対して入札をおこなって換金している。

これら入札額などについての詳細は、現在東大寺図書館に元和九年(一六二三)から安政六年(一八五九)までのものが残されている、「防州正税運上米勘定帳」[27]によって知ることができる。それぞれの年に落札した米問屋の名と落札額が記録されている。これによると一軒の米問屋が三百三十五石すべてを一括して買い取っているのではなく、五から十軒の米問屋に対して売り捌いたようである。

落札額の一例を挙げると宝永三年には一石当たり五十九匁一分、正徳元年には六十九匁となっている。物価が急上昇していた幕末期の一時期を除いて、ほぼ六十匁程度の落札額で推移していた。つまり東大寺といってとりわけ高いとか低いということはなく、ごく一般的に流通していた相場で落札されていたようである。

さて、活動の三番目は第二番目の活動で運上米から換金した金銭の管理、運用である。具体的には東大寺寺内において、修二会など諸法会の運営費用の不足金拠出や諸堂、諸建築の修復・造営費用の負担である。

後掲の表2は延宝七年から正徳六年まで「鎮西国衙方諸捌年中行事記」第一に記録されている[28]、西国沙汰所が関わった修理や管理していた金銭に関しての出金についてまとめたものである。修理などに関してはその堂舎の名前、法会については法会の名前を書き出してある。また備考欄には出金額等が判明しているものについて、その額を記している。なおこの期間は、ちょうど公慶上人が中心となっておこなっていた大仏の修理、大仏殿再建の時期である。

表を詳しくみていこう。五番目の項、貞享元年（＝天和四年、一六八四）には大仏蓮華座の修理をしたこと挙げているが、これは「鎮西国衙方諸捌年中行事記」第一、貞享元年四月条に「大仏殿蓮華破損ニ付釜屋弥左衛門ニ申付修理畢」との記述があり、西国沙汰所の差配で大仏の蓮華座を修理していることを示している。[29]

貞享元年といえば公慶上人が勧進活動を始めた年で、公慶上人が本格的に大仏の修復事業を始める直前に東大寺惣寺としても復興に対して活動を始めている。その後の公慶上人の復興活動に関係することでは、貞享四年に公慶上人が京都市中を勧進する際に宿所として使用した知恩院の方丈に対し見舞を遣わしている。翌年の大仏殿釿始式に際しては装束の修繕や新調の費用を負担しており、近世の復興活動は公慶上人個人の活動ばかり注目されているが、東大寺が惣寺としてその活動を側面から支えていたことがわかる。

その他再建している大仏殿の完成が間近に迫った宝永三年、大仏殿回廊が完成間近であった正徳五年には復興の勧進職であった龍松院からの所望によって、それぞれ西国沙汰所の年間管理金のほぼ四割に当たる石高を供出している。とりわけ宝永三年については、龍松院に加えて、おそらくは公人であろうと思われる橋尾小四郎からも所望されており、毛利氏から受け取った米のうち合計で約七割にも当たる量を遣わしている。[30]

大仏殿以外の境内諸堂舎の修理で西国沙汰所からの出金、差配をしていたものをあげると、二月堂食堂の屋根、北廊下（登廊）といった二月堂関連や公慶上人が元禄四年に再建した（手向山）八幡宮がある。さらに境内地の水門村の管轄であった弁財天の土塀の修理にも出金している。また境内地の堂舎ではないが、西国沙汰所の支配下にある国衙領の現地役所・国庁寺の屋根の修理や什物の新調などの修理についても度々、出金している。

西国沙汰所の出金は修理に直接掛かる費用の負担だけではない。例えば正徳元年の二月堂修理に際して、幕府へ願い出るための江戸への下向費用を負担している。[31]

諸堂舎などの修理関係以外の西国沙汰所からの出金では、諸法会にかかる費用の負担、補填が挙げられる。特に修二会に関しては、二月堂納所から毎年のように要求されていた。その額は堂舎の修理金などに比べ、西国沙汰所の〝収入〟からいえば小額ながらも修二会役料の不足金を補填している。

その他、正倉院開封に関わる費用の負担も西国沙汰所がおこなっている。「西国沙汰所記録」は欠落している年であって記載がないが、寛文六年の正倉院開封について「新修東大寺文書聖教」中にその入用金の書上書が確認できる。[32]年預五師から西国沙汰所に対し、正倉院開封についての費用負担を要求しており、その要求に応じて、西国沙汰所はその費用、銀四貫五百三十八匁を時の年預五師英性法印に対して拠出している。

ではなぜこのように諸堂舎の修理や諸法会の不足金を西国沙汰所が負担や補填をしていたのであろうか。

第一節でみた「寺中諸寺役等書付」中、櫟本村朱印高二千石分の内訳の中に寺中破損料という項目があり、三十五石が計上されている。おそらくは堂舎の修繕費用に当てられることと考えてよいと思われるが、東大寺境内の数多くの堂舎を修繕すること、ましては巨大な大仏の修復や大仏殿の再建をするためには三十五石だけでは十分ではない。さらに境内地分も含めた朱印地からの〝収入〟はすべて各子院への分配や法会の運営などに充てられていた。一方で西国沙汰所の差配であった国衙領からの〝収入〟は、東大寺にとって言うなれば予備費あるいは自由裁量費といった名目のものであって、大規模な修理や法会の運営費に不足が生じたときなどに当てることとなったのであろう。

さらに正倉院開封といった数十年に一度というようなスパンでおこなわれる大きな行事についての臨時の出費についても朱印地からの〝収入〟では余裕がなく、使途が限定されていないこの西国沙汰所の〝収入〟を充てざるを得ない状況であったのであろう。

(三) 西国沙汰所の経済活動

ところで、西国沙汰所の活動でもう一点注目したいことは、表2の四番目、天和元年（一六八一）に四聖坊が調達した一切経についてである。西国沙汰所が四聖坊に対し、手形を取って代金の百五十両を融資、貸し付けていることである。

表にまとめた「鎮西国衙方諸捌年中行事記」第一中には子院など他組織への融資、貸付についての記事はこの一件だけであるが、近年の調査の「新修東大寺文書聖教」中に西国沙汰所の融資や貸付に関連する文書を見出された。

国衙領からの〝収入〟は今述べたように、得分が限定されていなかった。つまり東大寺内の他組織、部署から出資の請求、要求がなければ、毎年決まった石高を受け取っていた西国沙汰所では、ある程度は余剰金が出ていたのではないかと思われる。その余剰金を有用に活用するために、余剰金を運用していたようである。

一つの例を挙げると、朱印地・櫟本村の大庄屋善太左衛門に対して正徳四年から享保四年までの六年間に合計で三百六十貫余りの銀を貸し付けている。同じように公人の松田彦三郎にも正徳四年から享保二年まで、合計で三十三貫余りを貸し付けている。[33] この頃までに西国沙汰所で、かなりの余剰金が出ていたのか、西国沙汰所の年間〝収入〟に見合わないような額の貸し付けをおこなっている。さらにこれら両名に対して、月に一割から一割三分ほどの利子を付けて融資していたようである。櫟本村の善太左衛門の場合、貸付期間はそれぞれ十三ヶ月の長きに渡っており、利子を含めて元本のほぼ倍額を返済することとなっている。なお返済については善太左衛門については六年間で銀五百目のみ、また彦三郎については銀一貫目のみしか返済されていない。

このように、西国沙汰所がいわゆる貸し倒れ状態に陥ってしまったためであろうか、江戸中期以降には西国沙汰所の財政状況が急速に悪化していったようである。先にみたように、これまで諸堂舎の再建や修理の費用を西国沙汰所から勧進職であった龍松院へ提供していたのであるが、享保五年までにその勧進職龍松院から寺中要用のためにという理由によって合計で四百十貫目を借銀している。これらの借用証文に書かれている借主は西国沙汰所（代表者）と西国沙汰所沙汰人の連名、つまり年預所のほぼ全員が借主となっている。西国沙汰所と組織的に密接に関係のあった東大寺寺務統括者である年預五師が、東大寺惣寺の運営に際して金銭を必要とし、西国沙汰所（代表者）や沙汰人を名義人として借銀をしたのであろう。西国沙汰所はこれまでみてきたように、毎年国衙領から一定した〝収

和暦	西暦	西国沙汰所（7月～）	年預五師（2月26日～）	和暦	西暦	西国沙汰所（7月～）	年預五師（2月26日～）	和暦	西暦	西国沙汰所（7月～）	年預五師（2月26日～）
安永5年	1776	慧　存		文化4年	1807			天保9年	1838		
安永6年	1777	成　範		文化5年	1808			天保10年	1839		永　倫
安永7年	1778			文化6年	1809			天保11年	1840		永　恩
安永8年	1779	慧　存		文化7年	1810			天保12年	1841		北林院
安永9年	1780	公　祥	公　盈	文化8年	1811			天保13年	1842		(上生院) 永倫
天明1年	1781	慧　存		文化9年	1812		成　宥	天保14年	1843		金蔵院
天明2年	1782			文化10年	1813			弘化1年	1844		永　恩
天明3年	1783	慧　存		文化11年	1814			弘化2年	1845	公　昶	永　倫
天明4年	1784			文化12年	1815			弘化3年	1846		公　昶
天明5年	1785			文化13年	1816			弘化4年	1847	永　恩	永　恩
天明6年	1786	成　範		文化14年	1817			嘉永1年	1848	公　昶	龍松院
天明7年	1787			文政1年	1818		永　宣	嘉永2年	1849	永　恩	清涼院
天明8年	1788	慧　存		文政2年	1819		大喜院慧乗	嘉永3年	1850	永　恩	
寛政1年	1789	成　諄	永　祐	文政3年	1820			嘉永4年	1851		荐　海
寛政2年	1790		成　諄	文政4年	1821			嘉永5年	1852	永　恩	
寛政3年	1791		英　祐	文政5年	1822		永　宣	嘉永6年	1853	公　昶	
寛政4年	1792	成　諄	成　諄	文政6年	1823			安政1年	1854	永　恩	永　芸
寛政5年	1793		永　祐	文政7年	1824		大喜院	安政2年	1855	永　恩	荐　海
寛政6年	1794	慧　存	成　諄	文政8年	1825			安政3年	1856	永　芸	英　樹
寛政7年	1795	成　諄	永　祐	文政9年	1826			安政4年	1857	荐　海	永　応
寛政8年	1796		成　諄	文政10年	1827			安政5年	1858	永　恩	
寛政9年	1797		永　祐	文政11年	1828			安政6年	1859	永　芸	永　芸
寛政10年	1798	成　諄	実　弁	文政12年	1829			万延1年	1860	荐　海	荐　海
寛政11年	1799		成　諄	天保1年	1830		永　稔	文久1年	1861		
寛政12年	1800		永　祐	天保2年	1831		永　恩	文久2年	1862		永　応
享和1年	1801	成　諄	澄存？	天保3年	1832		成　般	文久3年	1863	永　芸	永　澄
享和2年	1802	永　祐		天保4年	1833		(上生院) 永倫	元治1年	1864	荐　海	
享和3年	1803	実　弁		天保5年	1834			慶応1年	1865	英　樹	恵　祥
文化1年	1804	永宣 (永祐代)	永　宣	天保6年	1835		北林院	慶応2年	1866		英　海
文化2年	1805	実　弁		天保7年	1836		永　倫	慶応3年	1867		深井坊
文化3年	1806		永　宣	天保8年	1837		永　恩	明治1年	1868		

＊年預五師については遠藤氏作成の表より転載

表１　西国沙汰所・年預五師表

和暦	西暦	西国沙汰所（７月～）	年預五師（２月26日～）	和暦	西暦	西国沙汰所（７月～）	年預五師（２月26日～）	和暦	西暦	西国沙汰所（７月～）	年預五師（２月26日～）
延宝８年	1680	実賢	晋賢	正徳２年	1712	晋因	庸性	延享１年	1744	懐賢	光賢
天和１年	1681			正徳３年	1713	英範	晋因	延享２年	1745	光賢	懐賢
天和２年	1682			正徳４年	1714			延享３年	1746	懐賢	光賢
天和３年	1683			正徳５年	1715	晃海	賢性	延享４年	1747	光賢	懐賢
貞享１年	1684			享保１年	1716	庸性	晃海	寛延１年	1748	懐賢	光賢
貞享２年	1685			享保２年	1717	光賢	庸性	寛延２年	1749	光賢	懐賢
貞享３年	1686			享保３年	1718	栄晋	光賢	寛延３年	1750	懐賢	光賢
貞享４年	1687			享保４年	1719		栄晋	宝暦１年	1751	光賢・懐賢	懐賢
元禄１年	1688	隆慶	英秀	享保５年	1720	懐賢	浄俊	宝暦２年	1752	公祥	公祥
元禄２年	1689	晋賢	隆慶	享保６年	1721	賢性	懐賢	宝暦３年	1753	成興	成興
元禄３年	1690		晋賢	享保７年	1722	晃海	性海	宝暦４年	1754	懐賢	懐賢
元禄４年	1691		賢性	享保８年	1723	光賢	光賢	宝暦５年	1755	公祥	成杲
元禄５年	1692		興海	享保９年	1724	浄俊		宝暦６年	1756	成杲	
元禄６年	1693		晋性	享保10年	1725	懐賢	懐賢	宝暦７年	1757	懐賢	成杲
元禄７年	1694	晋賢	隆慶	享保11年	1726	光賢	浄俊	宝暦８年	1758	公祥	
元禄８年	1695	賢性	賢性	享保12年	1727	賢性	光賢	宝暦９年	1759	成杲	成杲
元禄９年	1696	興海	興海	享保13年	1728	光賢	浄俊	宝暦10年	1760	公祥	公祥
元禄10年	1697		晋性	享保14年	1729	浄俊	懐賢	宝暦11年	1761	成杲	成杲
元禄11年	1698		晋賢	享保15年	1730	懐賢	光賢	宝暦12年	1762	公祥	
元禄12年	1699	賢性	隆慶	享保16年	1731	賢性	浄俊	宝暦13年	1763	成杲	成杲
元禄13年	1700		賢性	享保17年	1732	光賢	懐賢	明和１年	1764	公祥	
元禄14年	1701		晃海	享保18年	1733	浄俊	光賢	明和２年	1765	成杲	
元禄15年	1702		晋性	享保19年	1734	懐賢	浄俊	明和３年	1766	成杲	成杲
元禄16年	1703	晃海	庸性	享保20年	1735	光賢	懐賢	明和４年	1767		公祥
宝永１年	1704	晋性	賢性	元文１年	1736	浄俊	光賢	明和５年	1768	公祥	成杲
宝永２年	1705	庸性		元文２年	1737	懐賢	浄俊	明和６年	1769		公祥
宝永３年	1706	晋因	庸性	元文３年	1738	光賢	懐賢	明和７年	1770		成杲
宝永４年	1707	英範	晋因	元文４年	1739	浄俊	光賢	明和８年	1771		
宝永５年	1708	賢性	英範	元文５年	1740	懐賢	光賢	安永１年	1772		慧存
宝永６年	1709	晃海	公祐	寛保１年	1741	光賢	懐賢	安永２年	1773		
宝永７年	1710	晋性	賢性	寛保２年	1742	懐賢	光賢	安永３年	1774	公祥	慧存
正徳１年	1711	庸性	晃海	寛保３年	1743	光賢	懐賢	安永４年	1775		

入〃があり、それを担保として必要であったからであろう。実際、毎年の国衙領からの運上米三百石をその返済に充てていたようである[34]。

なお、勧進職龍松院は大仏殿が完成し幕府、奈良奉行からその管理を引き継いだ時には、再建費用の残金六百両を奈良奉行から引き継ぎ、さらに享保四年までに幕府が許可した各藩からの人別奉加金の未徴収分七千五百両を受け取っており、その資金は潤沢なものであった[35]。

ちなみに幕末期には西国沙汰所がしていた借銀は年預五師、公物のものと共に莫大なものに膨れ上がっていたようである。天保三年には「寺中倹約定書」が出されており、そこには年預五師、西国沙汰所の借財が莫大なものとなり、東大寺惣寺で倹約に努めることが

表2　西国沙汰所出金一覧（修理・法会関係）（延宝７年～正徳６年）

	年	堂舎・法会等名	用　途	備　考
1	延宝８年	法華会	入用、華籠、位牌	
2	延宝９年	法華会	松明	銀90匁
3	天和元年	普賢堂	荘厳具	
4	天和元年	（四聖坊）	一切経	150両１疋（手形（貸付））
5	天和４年	大仏（殿）蓮華座	修理	
6	貞享２年	二月堂食堂屋根	修理	
7	貞享４年	公慶上人京都勧化	知恩院方丈見舞	白布３疋、墨５挺
8	貞享５年	大仏殿釿始式	装束、香呂箱	新調、修理
9	元禄３年	国庁寺什物、毛利家位牌	修理、新調	
10	元禄４年	修二会	練行衆布施	銀70匁
11	元禄４年	法隆寺太子御遠忌	出仕扶助金、焼香代（惣寺）	銀13匁、白銀10枚
12	元禄６年	修二会	連行衆布施	銀10枚
13	元禄６年	二月堂北廊下	修理	
14	宝永２年	国庁寺屋根	修理	
15	宝永３年	国庁寺屋根	葺き替え	
16	宝永３年	修二会	練行衆布施	銀10枚
17	宝永３年	龍松院 橋尾小四郎	（修理金？）	135石 100石
18	宝永３年～	国庁寺	修復	銀883匁
19	宝永４年	修二会	練行衆布施	銀10枚
宝永４年７月～正徳元年６月、日記記載なし				
20	正徳元年	二月堂修理	修理願江戸下向費用	銀５貫目
21	正徳元年	八幡宮	修理	銀150目７分
22	正徳元年	国庁寺惣門	修理	
23	正徳２年	二月堂納所	不足金補填	
24	正徳２年	国庁寺八幡宮拝殿	修理	
25	正徳２年	鑑真和尚950年遠忌	香銀	白銀３枚
26	正徳２年	西水門弁財天土塀	修理	196匁
27	正徳３年	修二会	練行衆布施	銀10枚
28	正徳３年	二月堂納所	不足金補填	
29	正徳５年	勧進所	（修理金？）	240俵（335石761俵中）

寺中の評義決定されている。(36)

四　むすびにかえて

本稿の検討から、判明したことを整理すれば以下の通りである。近世東大寺の寺院運営組織のひとつで周防国国衙領の運営に関わっていた西国沙汰所組織の代表者・西国沙汰所は東大寺の実質的な代表者集団である五師の中から選ばれ、一年間の輪番で勤めることとなっていた。それは五師の代表・年預五師と兼帯することも多々あった。組織の代表者である西国沙汰所を補佐し、沙汰所を構成する沙汰人は年預五師以外の五師が就任しており、西国沙汰所は年預五師、五師の年預所と非常に密接な関係にあった。とりわけ財務、経営の面において非常に重要な位置を占めていた。

すなわち西国沙汰所は、毛利氏から毎年三百三十五石という確実な現米の〝収入〟があった。さらにこの現米は、櫟本村や境内地の朱印地のように子院への分配といった特定の得分が決まっていなかった。そのため西国沙汰所にその裁量権があり、それを常に不足しがちであった修二会など諸法会の経費を補填、さらには江戸中期には公慶上人らが中心におこなっていた大仏の修復、大仏殿や諸堂舎の再建、造営費用にも充てることなどの差配をしており、近世東大寺惣寺の財務、経営の中心であった。寺務統括者の年預所と密接な関係であったことは必然であり、東大寺の江戸復興を側面から支えていた。

一方で西国沙汰所はその潤沢な財力を利用して金融活動もおこなっていた。しかしながらその活動は、毎年東大寺領朱印地・櫟本村庄屋等への〝収入〟に見合わないような多額の貸し付けをおこなっており、その返済は滞っていた。そのため江戸中期以降、西国沙汰所、年預所の財政状況が悪化していき、東大寺惣寺の寺院経営にも影響を及ぼすこととなっていた。

最後に、今後の課題を述べておく。今までみてきたように西国沙汰所の運営は、その組織構成や運営上、年預五師、年預所の活動と切り離して考えることは出来ない。つまり年預五師、年預所の組織の解明なくして西国沙汰所の全貌はみえてこない。そのため西国沙汰所を含めた近世東大寺の組織全体を解明するためには、近世を通して膨大な量の記録が残されている年預所の日記、「年中行事記」の丹念な読み込みなしには年預所の全体を捉えることができず、さらには西国沙汰所の「西国沙汰所記録」をも含めて分析することが不可欠である。

（ばんどう　としひこ・東大寺史研究所研究員）

註

（1）　近世周防国の東大寺領についての研究は多くはなく、三坂圭治『周防国府の研究』（積文館　一九三三年）、山本博文『江戸留守居役の日記』（一九九〇年　読売新聞社）があるが、いずれも毛利家側からみたものが中心であり、東大寺側からみた国衙領や西国沙汰所について研究は現在、皆無である。

（2）　近年、大宮守友氏によって、秀吉、家康による東大寺を含めた大和の寺社への土地寄進の状況を詳細に分析されている。（大宮守友「初期徳川政権と大和の寺社」（『南紀徳川氏研究』８　二〇〇四年））

（3）　東大寺文書第一四二部六四一号

（4）　東大寺文書第一〇四部八五三号

（5）　これら近世前期についての東大寺領に関する史料については、遠藤基郎氏がその内訳などを一覧表にされている。（「近世東大寺の組織に関す

る試論」（『東大寺所蔵聖教文書の調査研究』二〇〇五年）

(6) 真言院と観音院の東大寺の二つの子院がなぜ個別に朱印地をもらっていたか詳細な検討がされていない。しかし近年の近世文書調査で、それぞれの所領の村々の関連文書の一括が整理され、今後の進展が期待される。（『東大寺所蔵聖教文書の調査研究』参照）

(7) 東大寺文書（宝庫文書）七三号―七―一～四

(8) 東大寺文書（未成巻）第一部五―四九号

(9) 周防国国衙領の現地政務所・国庁寺で東大寺や毛利氏との連絡、交渉などをおこなっていた候人は七家あり、それらの家の役料が合わせて五十石計上されている。候人は上司、得富、竹屋、河内を名乗っていた。

(10) 東大寺文書（未成巻）第一部五―五七、一二五、一五八号など。

(11) 「毛利四代実録」（小箱旧記抄）（『山口県史』史料編・近世1上　六二三頁　一九九九年）

(12) 毛利輝元に対する返還要求には、「東大寺衆徒等申状案（土代）」（元亀三年　東大寺文書（未成巻）第一部五―一五七号）、「実相坊英光等連署状（大仏修復ニ付国衙領返還願）」（新修東大寺文書聖教第二五函一一号）がある。

(13) 山本氏前掲註(1)書二一八～二二八頁。「福間彦右衛門覚書」に書かれている東大寺との交渉ついては『山口県史』史料編・近世2（二〇〇五年）にも翻刻されている。

(14) 慶安三年十二月十五日付「西国方進物目録」（新修東大寺文書聖教第二六・一一函三九号）

(15) 東大寺文書（宝庫文書）七六―三―一

(16) 実際に東大寺が受け取っていたのは、さらに運賃である運上代、十五石を引いた三百三十五石であった。

(17) 東大寺文書（宝庫文書）七六―五―一

(18) 東大寺文書（宝庫文書）七六―六―一

(19) 交渉をおこなった公慶上人から西国沙汰所に充てた書状中に、「西国証文之儀…先判之通ニ被渡、大慶ニ候」との文言がみられる。（「公慶上人書状」　東大寺文書（宝庫文書）七三―十六―六）

(20) 西国沙汰所については、現地に置かれ、明治四年（一八七一）まで存在していた東大寺の政務所・国庁寺と混同されることが多々あるが、「沙汰所日記」中に東大寺より沙汰所役人が毛利氏の大坂屋敷に派遣され毛利氏方と交渉をしていた時の地理的、日数的な状況を勘案すると東大寺内に置かれていたことが分かる。なお、沙汰所の建物が境内堂舎の一つとして恒久的に置かれていたものではないようである。

(21) 西国沙汰所で書かれていた記録については、現在残っているものの中で最古の延宝七年（一六七九）から延享四年（一七四七）までのものが「鎮西国衙方諸捌年中行事記第一」と表題にあり、翌延享五年から文化三年（一八〇六）までが「西国沙汰所記録」、その後、途中かなり欠落した年があるものの、弘化二年（一八四五）から最終冊の慶応元年（一八六五）まで「鎮西沙汰所記録」が表題になっている。なお年預五師の「年中行事記」と同じように初期の頃には数年間の書き継ぎになっているが、徐々に一年一冊の形式が取られるようになっていく。

表題の違いについては、西国沙汰所組織の成立時期の問題にも関わってくるとが、同じ年度の記録の中でも「鎮西」と「西国」を混用しており、特に明確な区別や使い分けをしていたようではない。その年々の筆者によって違いがでているようである。なお本稿においては西国沙汰所に言葉を統一する。また西国沙汰所の記録全般を指す場合には「西国沙汰所記録」の言葉を使用する。

(22) 東大寺文書第一部五には、中世から近世にかけての周防国国衙領関係の文書が百八十五通ある。

(23) 年預五師の表については、史料編纂所の遠藤氏が科研報告書で作成したものを使用させていただいた。遠藤氏前掲註(3)論文参照。

(24) 新修東大寺文書聖教第五・一七函七〇号、第二五函一一号など。

(25) 新修東大寺文書聖教第五・二〇函七九号

(26) 「鎮西国衙方諸捌年中行事記」第一、延宝八年条には、すでに「進物」や「巻数献上」の言葉がみられ、以降も年初にはこれら献上に関する記載がみられる。

(27) 東大寺貴重書第一四一部八一八号～八九一号までの七四冊がある。

(28) 宝永四年から正徳元年までの五年間については、年度と西国沙汰所の僧名が書かれているだけであり、その間についてのことの詳細な記載はない。

(29) 年預五師の「年中行事記」の記載項目をまとめている「年中行事記見出」中にも大仏連弁の修理のことについて「西国沙汰所尊光院之支配也」という記述がある。「年中行事記見出」の記述については、すでに松山鉄夫他『東大寺大仏の研究』（岩波書店　一九九六年）において指摘されており、西国沙汰所側の記録からも大仏連弁の修理が西国沙汰所の差配、出資によっておこなわれたことが確認できた。

(30)「鎮西国衙方諸捌年中行事記」第一、宝永三年条に次のような一文がある。

　於大坂蔵屋敷致勘渡米三百三拾五石請取
　入札ニ遣之落札相払五拾九匁一分ニ相極百三拾五石者
　龍松院所望ニ付遣百石者橋尾小四郎所望ニ付遣□
　両所へ弐百三十拾石遣之但代銀者当所ニテ請取者也
　残而百五石之代銀請取帰畢

(31) 二月堂本堂の修理については、寛文七年（一六六七）の炎上後の再建以降、幕府が直接差配することが多く、正徳元年の修理についても幕府が差配しており、実際に修理の指揮、監督をしていた奈良奉行所から七月五日に東大寺に引き渡されている。（「年中行事記」正徳元年七月五日条（東大寺貴重書第一四一部四一号、「二月堂修復下向日記」（東大寺貴重書第一四一部一五九号））

(32)「西国沙汰人中入用書付」（新修東大寺文書聖教第二・二五函五四号）

(33) 新修東大寺文書聖教第二六・〇函、二六・一一函、四一・〇二函にはこれら貸付証文が多く見られる。

(34)「公物方借銀返弁約定」（東大寺文書聖教第四一・〇二函一号）現在、残されているこれらの借用証文には金額や印鑑の部分は墨で消されており、勧進職龍松院からの借銀は完済されているようである。

(35) 杣田善雄「元禄の東大寺大仏殿再興と綱吉政権」参照。（『幕府勢力と寺院・門跡』一一一頁（思文閣出版　二〇〇三年））

(36) 新修東大寺文書聖教第二五・〇〇函一九号。冒頭に「近年一山公物并西国沙汰所夫々莫大之借財相嵩」とある。

戦国期における興福寺六方と奈良
―子院・方・小郷の関係を中心に―

幡鎌一弘

はじめに

興福寺は、百を超える坊舎からなる一山寺院である。一面が四町にも及ぶ築地塀で四方を囲まれた広大な寺域から、多くの子院があふれるように周辺地域に広がっていた。奈良町は、興福寺・元興寺・東大寺・春日大社一帯の西側を南北から取り巻き、寺地を蚕食しながら展開していった。東大寺・元興寺の場合は、寺内に町屋が作られ始めるが[1]、興福寺の場合、築地の中に町屋が進出することはなかった。中世と比べようもないが、それでもなお近世を通して一乗院・大乗院を中心に大きな権勢を保持し続け、安定した権力機構として見られがちなため、町場に接している寺外の子院に対して注意が払われることは少なかった。

しかし、複数の子院を構成要素とする寺院に代表される諸要素を「境内」として抽出し、「町」とともに分析の座標軸としてとらえようという伊藤毅の提案は[2]、寺院組織を把握しつつ、子院の広がりを面的に検討することも要請している。さらに、都市研究に社会構造（支配関係、都市共同体）を不可欠な要素として強調する仁木宏の主張を重く受け止めなければならない[3]。

もっとも筆者の主たる関心は都市そのものではなく、主に宗教教団の組織や人々の持つ宗教に対する感性にあり、都市社会との関係で寺院組織（宗教教団）を読み解くことは、寺院の近世化、宗教の世俗化とは何か、を考える上で重要な論点だと判断している。

奈良に関していえば、安田次郎の研究は、従来説かれていたような郷民の下からの成長という視点以上に、領主たる興福寺による編成から奈良町の動向を読み直して成果を得ている。そもそも奈良は、「社寺・寺地の延長として境内に囲い込んだもの」、つまり全体として境内地から出発したとされていた以上[4]、領主の編成という論点は本来ならもっと強調されてしかるべきだったのかもしれない[5]。今後の研究でも、支配者（寺院）の論理を軽視するわけにはいかないし、最大の領主たる興福寺の組織をふまえて奈良町を検討することが一つの課題となる。現に安田は興福寺を一括して扱わず、衆中という身分集団に注目した[6]。東大寺郷が東大寺による課役徴収システムとして発生したことを明らかにした森田竜雄も、「寺僧の家」の寺外への進出とその影響について分析する必要性を強調している[7]。これらの研究史の示すことは、興福寺でいうならば、寺院内部の諸集団と都市の関係についての理解は未だ不十分ということであり、寺院組織の再検討を踏まえつつ、興福寺の奈良支配あるいは都市奈良の成長とは何か、と問いかけていくべきなのだろう。

なお、森田は「寺僧の家」について、「中世寺院の寺僧のほとんどが妻帯して家族を持ち、（中略）世襲的に僧侶を生み出していく「寺僧の家」を形成していた[8]」というが、少なくとも十五世紀以後の検討を加えるときには、限定を加えたほうがよいのではないだろうか。妻帯して「寺僧の家」を形成するのは、興福寺でいえば、三綱・衆徒・専当（中綱）・承仕であり、三綱・衆徒が侍（諸大夫）に相当し、専当・承仕は凡下である。その下の仕丁（公人）は俗体である。興福寺の中核である寺門の権力を構成する学侶（種姓は侍）は妻帯していないし、子院は学侶によって支えられるものが多くを占めている。この場合の僧侶・子院は、衆徒国民などの身分を持つが寺内に収斂しない世俗の家の構成要素の一つになっているし、子院は「家」と同じく、私的な性格を強く持っている。また、身分上の理解も、僧俗の区分と、貴種・侍・凡下という種姓による横断的な関係の両方を視野に入れないと、寺院内外の身分関係やそこから発生する権力構造、あるいはそれを乗り越えて行われる諸交流の意味を見誤るのではないかと思う。

興福寺の子院の配置がその権力の重要な要素になっていることについては、渡辺澄夫・鈴木止一の六方に関する古典的研究があるが[9]、その後それほど深められているわけではない。また、天文元年の一向一揆後、六方が新市（南市）を開いたことも通史上よく知られていることである。

本稿は、奈良の郷民が大きく成長してきた十五世紀後半から十六世紀後半にかけて、興福寺の子院や六方の動向を奈良支配との関係で跡付けなおしてみようというささやかな試みである。

一　興福寺子院の消長

(一)　子院の配置とその変動

興福寺の子院の変化については、すでに渡辺澄夫が六方衆の研究の中で整理し、藪中五百樹が近世興福寺の子院の変動をまとめているので[10]、これらを参照してみよう。渡辺は、『大乗院寺社雑事記』（以下、引用では『雑』と略す）文明元年八月十三日条を基準にとって検討しており、ここでもそれに倣い、藪中が整理した十七世紀後半の状態と比較したのが表1である。また、図1は寛政期の絵図で、参考に掲出したものである。渡辺の力点が子院の位置を明示して六方の意味を明らかにするところにあったため、その変動を追いかけることはなかった。しかし、藪中の丁寧な調査と比較すると、近世における二百年間余りでは、建物を失ない無住化しつつも、境内地としての場所はほぼ固定されていくが、十五～十六世紀にかけての興福寺の子院にはかなりの消長があったことが了解される。

すでに明らかにされたとおり、興福寺の僧侶は六方という寺内の地縁結合によって編成されていた。築地塀内の寺内が戌亥方・丑寅

表1　坊舎の位置関係（『大乗院寺社雑事記』文明元年８月13日条を基に作成）

寺内	戌亥方	一乗院　中院　華蔵坊　桧皮屋　清浄院　喜多院　〈興西院　西院　南角院　北角院　南喜院　円城坊　松室〉〔観音院→寺外辰巳〕〔福薗院〕【二階堂　正倉院　三倉】
	丑寅方	窪転経院　大転経院　東転経院（号惣珠院）　東北院　（西）転経院　西発志院　蓮花院　観禅院（同大御堂）　●竹林院　二諦坊　〈新院　西湯屋坊　（号地福院）東湯屋坊　松陽院　不動院　瓦坊　奥転経院　東発志院（号奥之院）　五大堂　後五大院　勅使坊　五大院東坊　妙幢院　五大院中坊　角院〉〔大乗院→寺外　五大院→寺内未申〕〔大持院　○宝徳院　奥蔵院　福成院　西薗院　尺迦院　愛染院　龍雲院　大蔵院　寿福院〕【東円堂】
	辰巳方	修南院　〈北戒壇院　南戒壇院　荘厳院奥坊　同口坊　東院〉〔金勝院　海蔵院　玉蔵院　南光院〕【東室　仏聖屋　会所倉　通倉（号癒屋）　大湯屋　形木倉　倉堂　竈殿　東金堂　塔】
	未申方	当院　下松院　新坊　尊教院　窪院　〈●脇坊　伝法院　上松院〉〔弥勒院→龍花院〕〔福寿院　○正法院〕【北円堂　西室　北室　中室　講堂　金堂　西金堂　南円堂】
寺外	戌亥方	〔●真尾珠院→寺外丑寅　●西福院→菩提院　慈尊院→寺内戌亥〕〈花林院　増長院　青蓮院（惣珠院事也）　普賢院　珠徳院　●尊蔵院　妙音院　西林院　厳荘院　釈迦文院〉
	丑寅方	仏地院　妙徳院　持宝院〈●東門院　●逆修坊　浄瑠璃院　金光院〉〔妙喜院　○無量寿院　正知院　福生院　○如意輪院〕
	辰巳方	法雲院　法蔵院〈法乗院　東光院　春林院　往生院〉
	未申方分	〈西南院　四室〉
	菩提院方	（東・西）浄名院　妙光院　興善院　明星院　南井坊　明王院　恵心坊　円明院　多聞院　成身院　安楽院　円満院（上水坊）（西・中・東）成如院　〈理趣院　光林院　禅観院　大興院　薬師院　東井院　奥井坊　湯屋転経院　鐘楼坊　般若台　往生院〉〔慈恩院→龍花院　阿弥陀院・吉祥院→寺内戌亥〕〔三学院　蓮蔵院　成福院　賢聖院　金蔵院　延寿院　蓮成院　密厳院　常如院　養賢院　玉花院〕
	龍花院方	千手院（号宝月坊）　発心院　知足坊　安養院　慈明坊　勧修坊　●常喜院　宝光院　松林院　常光院　珍蔵院　〔三蔵院→丑寅寺外〕〈禅定院　禅光院　勝願院　松南院　来迎院　慈西院　窪坊　遍照院　西坊　四十九院　文殊院　常善院　蓮生院　放光院　谷坊　修行院　地蔵院　●中坊〉〔中蔵院　大聖院　華厳院　宝寿院　功徳院　徳蔵院　龍徳院〕

注　●○は、『多聞院日記』天正５年10月９日条で焼失したとされる坊舎（●は、大乗院寺社雑事記に記載のある坊舎、○はそこに掲載されず近世に見られる坊舎に付した）。表にない焼失坊舎名は以下の通り。最勝院・法輪院・西恩院・金龍院・龍興院・慈心院・奥発心院・龍福院・利喜坊・（菩提院方）和喜坊
【　】は藪中五百樹「興福寺坊舎の位置と変遷」で対象とされていない主要堂塔、〈　〉は同じく同論文と比べて消えた坊舎、〔　〕は新たに加わった坊舎、〔　→　〕は位置の変わった坊舎（ただし近世前期との比較に限る）である。

方・辰巳方・未申方に分けられ、寺外には対応する子院があった。これに寺外の菩提院方・龍花院方とをあわせて六方といった[11]。

『大乗院寺社雑事記』の記述がすべて正しく記されているかどうか分らないし、そもそも尋尊は大乗院を過去にあった場所である丑寅方に記している[12]。そうした点を差し引いてみても、多くの子院の名称が変わっているといえよう。松永久秀との戦乱の中で焼失した子院には、『大乗院寺社雑事記』に記載されていないものも多いから、永禄二年の戦乱以前に、既にかなりが変動していたことをうかがわせている。

ただ、すべてが同じように変化しているわけではなくて、場所によって違いがある。とりわけ未申方・戌亥方の寺外の子院が近世にすべて消滅したことは、大きな特徴である。

未申方の寺外子院は少ないが、そこに属していた西南院が、「申酉刻時分小西・西南院・猿沢辺大辻風吹、民屋破損了」（『雑』明応九年二月十日）とあるように、小西郷と猿沢池との間にあったことが確認できる。十八世紀に村井古道によって書かれた「奈良坊目拙解」橋本町の項で、「謂二東ヲ興南院一、曰二西ヲ西南院一、即西南院之善法堂矣云々[13]」とされているとおりである。西南院は、天正期まで光深の活動が確認さ

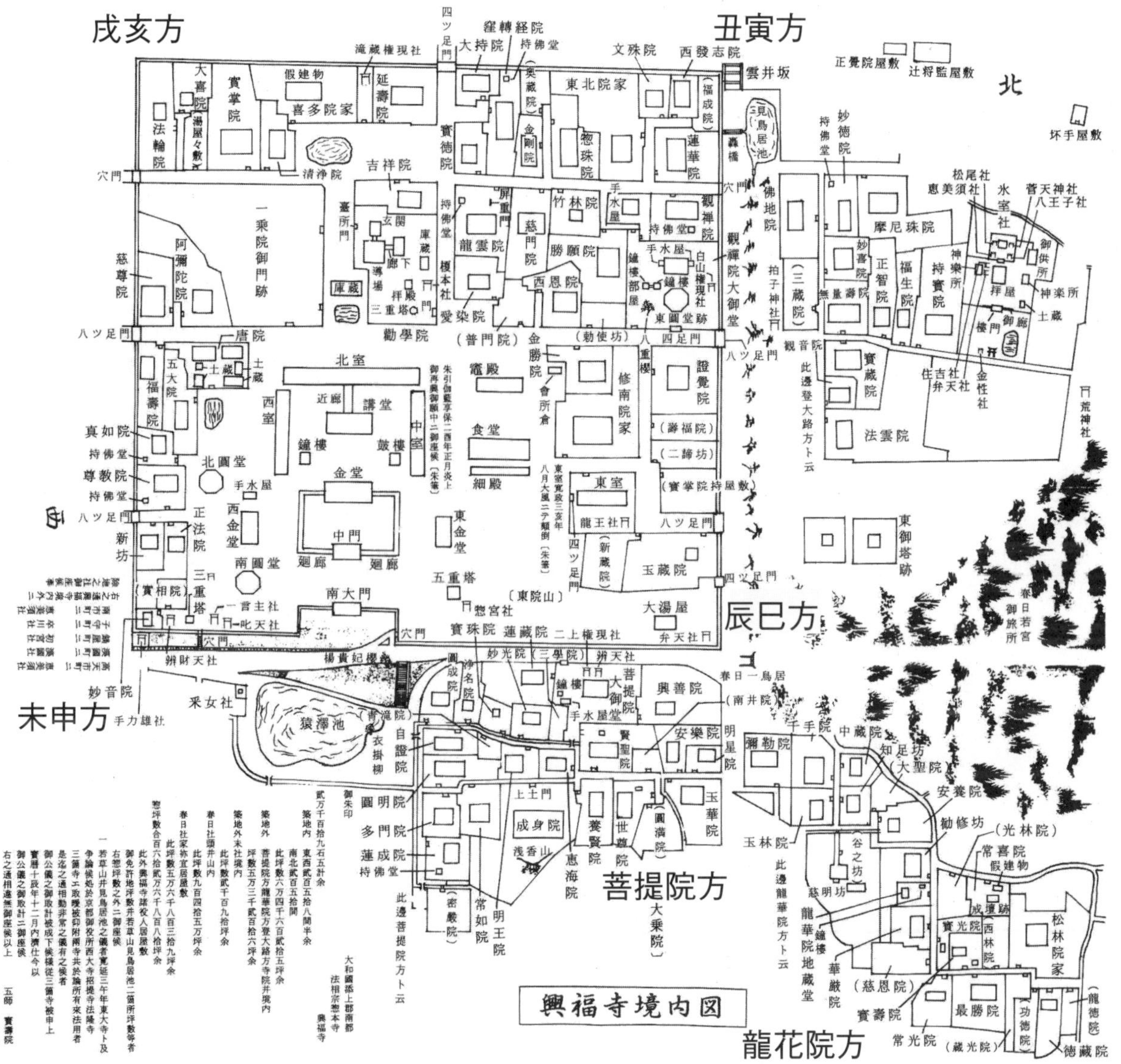

図1　寛政４年頃における子院配置（『奈良県大般若経調査報告書』所収興福寺境内図を一部改変）

れるが（『多聞院日記』（以下、引用では『多』と略）天正四年十二月十九日条）、天文十四年に作事が進んでいないことが問題になっており（「学侶引付」（内閣文庫所蔵）天文十四年十二月十日条）、永禄九年の円深三十三回忌は西南院では行われていないので（『多』永禄九年二月晦日）、おそらく天文期から坊舎の利用がとまり、天正期に宅地化が進んだと推測される(14)。

(二)　院家の消滅と町場化

では、どのような理由で子院が消えていったのだろうか。一つには、子院が老朽化しても再興する資財に欠ける、あるいは無住により宅地化されていく場合である。

辰巳方に属する法乗院は、氷室神社の南側に位置し、南北の築地が二十五丈二尺、東西十八丈という広さがあった。大乗院が院主を兼帯、つまり実際は無住であった（『雑』長禄三年十一月二十七日・文明二年四月二十五日）。「御所中ヲ在家ニ被成事近事也」なので、この法乗院跡の宅地化は十五世紀中ごろからそれほど遡らないだろう。野田村とともに大乗院の課役を奉仕している記事がみられるし、公人が居住していたことも確認される（『雑』寛正二年四月十六日）。法乗院は、郷としては大乗院郷に属することになる。なお、この法乗院郷が近世にどのようになったのかは明確にはできないが、登大路町内の法雲院屋敷ではないかと思われる[15]。

積極的に子院を宅地化した著名な事例は、花林院である。花林院は、もともと一乗院の配下にあった院家だが、既に応永期には老朽化していた。ここに応仁の乱を逃れてくる京都の住人のため屋敷を作ることを、戌亥方が一乗院に申し出、地子は折半することになった（『雑』応仁二年閏十月十三日）。文明六年（一四七四）には戌亥方が支配する屋敷地として新在家が生れており（『雑』文明六年十一月十一日）、明応六年（一四九七）には、小さな社が勧請され、戌亥方から猿楽が奉納された（『雑』明応六年三月二十五日）。これが近世には中筋町となるのである[16]。

いずれも、もとの所有者である大乗院・一乗院などが、実際には私領として地子や人夫を徴発していた。東浄名院の転倒した坊舎が解体され古材として売却されたという事例を含めて考えると（『雑』文明十七年六月二十二日）、これらの場合は、基盤となる荘園制の衰退に伴い、院家が時流に乗り遅れて退転を余儀なくされた結果であるといえよう。

(三) 一揆・戦乱による消滅

二つ目の要因として、既に知られているように、戦乱・一揆等によって、子院が焼失・破壊されてしまう場合である。戌亥方の西林院が、明応八年（一四九九）・永正四年（一五〇七）に続けて紛争の場所となったように（『雑』明応八年二月二十日・「学侶引付」永正四年十月二十日）、寺外の子院はどうしても被害に遭いやすかった。松永との戦乱では、興福寺の二十八の子院が焼き払われたという（『多』天正五年十月九日）。所在の不明な子院も多いが、被害が寺外の子院のほうに多いのは、納得できる傾向である（表1）。

以下二つの戦乱を具体的に確認したい。

まず、天文元年の奈良における一向一揆においては、「菩提院方恵心院・阿弥陀院以下」が焼き払われた[17]。興善院贈僧正蔵俊の御影が一揆によって失われ、西南院の自筆の御影によって補われており（「学侶引付」天文二年三月十九日）、同じ菩提院方の興善院も被害にあったようである。大御堂も天文八年に建立が発議されているので、やはり天文一揆の被害にあった可能性がある（「学侶引付」天文八年十一月十六日[18]）。寺内では、観音院・清浄院・南角院・瓦坊と主要な堂塔を除き、火災にあった。丑寅方湯屋の再興が先の菩提院大御堂ともに学侶集会の論題とされたので、ここも被害にあったようだ。

再建に向けた動きがある一方、「学侶引付」天文二年二月六日条によれば、一揆の翌年、宿院郷の者が厳浄院の敷地の小屋に居住し始めていたという。「厳浄院」はおそらく戌亥方の「厳荘院」のことであろう。学侶集会では、住人の排除が決定されるが、一揆後、寺外の一部は占拠されて宅地化されていく傾向があったと思われる。

次いで、永禄期の松永久秀の乱入である。永禄十年、松永との戦闘の最中、宿院にあった城の火の用心のために、「宿院辻」近辺の最福院・尊蔵院・金龍院が取り壊された（『多』永禄十年五月十九日条）。最福院（西福院）・尊蔵院は、表1の戌亥方に見える子院である。尊蔵院については、天文十二年に築地の修造が行われているので（「六方引付」天文十二年七月十一日[19]）、それなりに子院の体裁を持っていたはずである。また最福院琳実房は、妙徳院長蓮房とともに天文十九年に若宮祭礼田楽頭役の指名を受け（「衆中引付」（竹林家蔵）

天文十九年六月一日、ただしこのときは辞退した）[20]、天正十七年には弟子の琳恩房が非衆非学ながら頭役を引き受けている（『蓮成院記録』天正十七年十一月二十二日）。琳恩房が六方沙汰衆も勤めているように（『多』天正十九年十二月八日）、この子院にも力があった。しかし、南都防御の拠点となったため壊され、さらに慶長七年以後、宿院北側は奈良奉行所として整備された[21]。最福院は、天正三年頃菩提院方に移っている（『多』天正三年八月九日）。以後、寺外戌亥方に興福寺の子院が復活することはなかった。

戌亥方には相当数の子院があったが、戦国の争乱を経て、幕藩権力による奈良町支配の中で消えていくか、復興するにしても場所を改めなければならなかったのである。

以上のように、本章では、荘園制の衰退、戦乱という要因によって坊舎が消えたこと、坊舎の跡地を門跡や方が積極的に屋敷化し地子を徴収していること、天文一揆以後、坊舎跡地が放置されればすぐに町場化していくこと、統一政権の下での制約を受けて再建の道を閉ざされたこと、を確認した。興福寺であっても、築地塀の外側では元興寺や東大寺で起こっていたような境内地の町場化は確実に発生していたのである。

二　子院復興の要因

(一)　寺元制度

前章では、坊舎の消滅の要素を見たが、表を見るかぎり、それなりに子院が復興・維持されていることも事実である。子院の数・所持高は、天正十三年におおむね固まるので[22]、それ以前にどれだけ力を持っていて再建されたのかが、江戸時代の子院を決定付けている。

子院の復興の要因の一つに、それぞれの子院が国人の庇護の下にあったことがあげられる。「寺元制度」ともいわれるが、子院の大檀越として堂舎や什物を支援し、人事権まで有していた[23]。たとえば、先に見た天文一揆で被害にあった阿弥陀院は、天文十二年三月十二日には門をたてたものの（『多』同日条）、天正三年には、筒井家臣の松倉氏を通して最福院へ売られている（『多』天正三年八月九日）。さらに天正八年、菩提院方から寺内に移って立柱しているが（『多』天正八年三月八日）、このときには、学僧が小泉氏から預かり建立したとするから、小泉氏の庇護にあったとみてよかろう。子院は国人との私的な関係を持っていたから維持されていたのである。子院は明らかに国人の家産の一つであった。

もっとも、国人は戦乱の中で浮き沈みがあって、必ずしも常に豊かな庇護者ではありえない。妙徳院の部屋住みだった長実房英俊は、木津の庄村氏から多聞院を預かってその院主となったが、庄村氏の没落に伴って、同氏から多聞院を買い取ることになったほどである[24]。戦乱の中からの復興に、何か別の要因はないだろうか。

(二)　経済活動

ここで表1にもどってみると、他の区域では減少しているにもかかわらず、丑寅方寺外の子院は、文明期より江戸期のほうが多いことに気づかされる。この方にある妙徳院の院主で十五から十六世紀に活躍した訓英はなかなかの実力者であった。多聞院英俊によれば、長柄氏出身の訓英は「長者ノ様」で、興福寺の大会講師・御八講・

田楽頭屋、東大寺法花会まで執行し、三蔵院・妙徳院・仏持院の三家を建立、弟子は十六人いたという（『多』天正十七年三月二十九日条）。表1で、龍華院方の三蔵院が丑寅方寺外へ移ったのは、訓英の力によっていたのである。尋尊が訓英をたいへん信任していたことは、『大乗院寺社雑事記』に頻繁に登場していることからも知られるし、英俊の言葉通り、訓英が子院を新築し、その子院で田楽頭役を務めたことも記されている（『雑』文明十七年十一月廿六日）。

参考までに、近世段階における子院の所持高をみてみよう。妙徳院は、諸坊の中では、筒井氏の子院であった成身院（約三〇五石）についで二番目に多い（約一八〇石）。院家と比しても、喜多院（二八〇石）には及ばないが、松林院（約一〇五石）・東北院（約七五石）・修南院（約七五石）をはるかに凌ぐ[25]、相当な有力な子院である。しかし、彼の出自で支援者であるべき長柄氏は、抽んでた有力国人というわけではなかった。

では、どうやって力を伸ばしたのか。訓英は、大乗院や寺門の諸役を務めるだけでなく、金銀の貸付によって財を増やしていた。たとえば、大乗院に対して文明十年に百三十貫文を貸し付けていた[26]。文明十八年（一四八六）の松林院の借銭は数百貫で、銭主として妙徳院・安養院・文殊院・南井坊・勧修坊の五カ院があげられていた（『雑』文明十八年正月十六日）。妙徳院以外にも貸付をしている子院があったわけだが、安養院・文殊院・勧修坊は松林院と同じ龍花院方であり、異なったところにある妙徳院の存在感の大きさがうかがえよう。明応八年（一四九九）、大乗院に対して本利あわせて四十貫文を請求、松林院の任料百二十五貫文の借銭は容赦している（『雑』明応八年十一月十四日）。

尋尊は、学僧が利銭などをすべきではないと考えていたし[27]、訓英を有徳者とは呼んではいない。しかし、彼のすぐ側にいて頼りにしていた訓英は、そのような存在だったとみて間違いあるまい。

㈢　方による地域支配

妙徳院のあった丑寅方は、東大寺郷に隣接していた。この丑寅方は、文明二年（一四七〇）、独自に東大寺郷に用銭をかけている（『雑』文明二年三月二十九日）。この時尋尊は、中御門郷に居住し大乗院に奉公していた塗師や御童子への用銭を免除するよう「一臈所」の光舜法印に申し入れ、御童子の用銭が免除されるという一幕があった。この光舜は、二臈法印の持宝院主であり（『雑』文明六年八月五日、八十二歳で没、文明七年四月一日条によれば、多聞院法眼息）、持宝院はやはり丑寅方にあるから、免除を申し入れた「一臈所」とは丑寅方のそれということになる。

東大寺郷は、盛大な祇園会を執行していることでも知られるように、郷民の成長の著しいところであったから、用銭の経済的な意味が大きかったのは当然であり、従来の研究でも興福寺としてのこれらの賦課について述べられている[28]。しかし、そのなかでも、もっとも関係が深く、また大きな恩恵を蒙るとすれば、丑寅方であろう。

その後も、文明九年に今小路郷が大乗院の奉公人に祇園会用銭を掛けようとして、これを丑寅方へ訴えた事件が起こっている（『雑』文明九年七月八日）。永正二年（一五〇五）におこった祇園会をめぐる紛争の調停役に六方衆が登場するのは（『多』永正二年六月十三日）、東大寺郷を丑寅方が支配してきたことの延長線上にあったのである。丑寅方に子院が増えていったのは、経済発展している近隣の郷支配を背景に、僧侶自身が郷民の如く積極的な経済活動を行っていたからなのだろう。

奈良の郷民と僧侶とは、姿に違いこそあれ、その生活基盤の一部はおおよそ似通ったものになっていた。荘園制に依存したままならば、院家のように消えていかざるをえなかったに違いなく、私的空間でもある子院が維持されたのは、内実の変化があったからこそなのである。

このように、国人の庇護の有無、さらには自らの経済活動の成否によって子院は浮き沈みし、郷民とともにある経済変動がそれを後押ししていたのではなかろうか。たしかに、興福寺を一貫して宗教権力と位置づけることは可能かもしれないが、寺院と人々の宗教的な関係の変化を見落としてはならないだろう。つまり、国人などの有力者との個人的な濃密な関係を抜きにしては、子院の維持は不可能であり、その私的な関係の強化―すなわち「家」的な関係―は、子院の自立性を高めると同時に、相対的に惣寺の論理を弱め、寺内の対立を惹起することになるのである(29)。

では、子院あるいはその地域的まとまりを基本とする六方は、郷とどのような関係を築いていたのだろうか。次章では具体的に検討してみることにしよう。

三　方と小郷

(一)　町屋の開発

前章において、丑寅方で子院が増えていくことを分析するうちに、奈良町支配において、六方が検断とは異なった活動をしていることが、あらためて浮かび上がってきた。各方が独立した存在であることは既に指摘されていて、注意してみれば、個別の方の活動と郷との関係が記録上に表れている。

既に検討した花林院の場合、一乗院と戌亥方が地子を折半することになったのは、一乗院は門流による所有関係、戌亥方は郷を面的に支配していたからであろう。その町屋整備の過程で、「惣戌亥方郷」が普請や猿楽の奉納銭の負担を求められていたので、花林院以外に戌亥方として編成されていた郷があったことになる。ここで、全体像は明らかにしえないが、とりあえず二条郷は戌亥方の支配地である（『雑』長禄三年六月十七日条）。二条郷は、寺門郷のうち穴口郷（北円堂郷）に属すとされてきた場所である（『雑』文明十二年六月十九日）。永禄十年に内侍原とともに戦火にあったとされるので（『多』永禄十年五月二十二日）、その近辺とすれば、戌亥方が支配するのにふさわしい。

花林院は境内地の再開発であったが、もう少し同様の事例を探してみよう。

一、先度今御門寺林新屋諸公事免事、菩提院方ヨリ申之、二十个年分自建立之年諸公事可免除旨返事仰之了（『雑』寛正四年（一四六三）十月二十七日）

一、割石之近所中村郷荒畠辺新屋敷建立之事申付候間学侶諸公事免許事、龍花院方而披露在之、仍拾ヶ年之間可令故実之旨返牒了（「学侶引付」永正四年（一五〇四）八月九日）

従来の説明によれば、この史料に出てくる今御門郷寺林は大乗院門跡郷（元興寺郷）であり、中村郷は寺門郷のうち東御門郷に属している。[30]ところが、菩提院方・龍花院方がそれぞれで新屋の取り立てに加わり、住人に対する十年・二十年の公事免除を願い出た。花林院同様、方が小郷に深くかかわり、町屋の建設に余念がなかったといってもよいのではないだろうか。元興寺郷は、元興寺境内が都市民の成長によって蚕食された結果だと理解されていたが、菩提院方もまた町屋を誘致していた。もっといえば、彼らこそが町屋の進出を促していたのではないだろうか。

(二) 架橋・公事免除

町屋の整備ばかりではない。寛正三年（一四六二）、今御門に橋を架ける際に、未申方・菩提院方が間別銭を掛け（『雑』寛正三年九月二十八日条）、明応七年には、菩提院方が今御門橋を架けようとしたが、「此橋ハ未申方与自両方渡之者也」とされていた（『雑』明応七年三月二十六日）。今御門橋は、猿沢池南西、近世以後の今御門町北口にある率川に架かる橋で、この橋は菩提院方と未申方の境界に位置していたのだろう。衆中はこの橋の修理を、天文十七年に元林院郷・今御門郷の両郷に、天文二十一年には未申方一﨟所へ命じている（「天文年間記録抜書」（竹林家文書）天文十七年十一月晦日・天文二十一年十一月七日）。ここでも菩提院方が大乗院門跡郷（元興寺郷）の今御門郷に関与していたことになる。また、元林院が今御門郷と対になるとすれば、元林院は未申方に属していたことになるかもしれない。

長享二年（一四八八）、未申方は橋本橋を架け（『雑』長禄二年九月四日）、やや時期が離れるが、天文十九年（一五五〇）にも衆中から修理を命じられている（「衆中引付」天文十九年十一月二日など）。橋本郷は寺門郷の不開門郷（南円堂郷）に属しているが、未申方の管轄下にあったのである。

以上のように、方として橋の修理に対応するのは、南都七郷とは別の枠組みで、方による小郷支配が行われていることを推測させる。しかも、六方は衆中と検断などで職掌が重複しているが、橋の修理のような在地に密着した案件については、衆中ではなく、方が主体となることがわかる。

小五月郷への棟別銭の賦課に関しても、それぞれの方が顔を出している。延徳元年（一四八九）八月、天満社の拝殿を修理するため、龍花院方が小五月郷へ棟別銭を掛けた。龍花院は大乗院の三箇院家の一つだから、ここが主体となることは理解しやすい。ただ、小五月郷には、大乗院郷だけではなく、寺門郷（たとえば、餅飯殿・東城戸・西城戸など）・一乗院郷（尭光院郷）も含まれていた。よって、この棟別銭に対して、いちはやく一乗院から免除が願い出された（『雑』延徳元年八月二十二日）。同様に、未申方・菩提院方から大乗院に免除の申し入れが行われているのは、おそらく寺門郷の支配との関係からであろう（『雑』延徳元年八月晦日・九月四日）。方衆の間で利害の対立があったし、それはそれぞれの方が郷の利害を代弁するという側面を持っていたことを示している。

現段階で明らかにできる小郷を示すと、以下のとおりになる。

丑寅方：東大寺郷
戌亥方：花林院・二条・宿院・東大寺郷
未申方：橋本・元林院
菩提院方：今御門・東寺林（『雑』寛正四年十月二十二日・文明十六年十一月十二日）・鵲（『雑』文明十八年十一月三日）・川

上（『雑』延徳元年十月二十六日）・元興寺新屋
龍花院方：福智院・松谷・桶井・幸・東中院・十輪院・窪（『雑』長禄元年十二月十三日）・中村

およそ全貌が明らかになったとはいえないが、おそらくそれぞれの周辺に支配領域が広がっていたと推定される。なかでも辰巳方がはっきりしないのは、南側に菩提院方・龍花院方が展開していたからだろう。東大寺郷の場合は、明応五年に西転害で戌亥方による般若寺勧進の久世舞が行われていることから（『雑』明応五年四月九日）、暫定的に戌亥・丑寅両方に入れてみた。

以上のように、個別の方と郷とは町屋や橋の整備などを通して深く結びついていた。また、各方のテリトリーは、南都七郷だけではなく、大乗院郷・一乗院郷・東大寺郷などにも及んでいた。寺門郷は課役賦課システムから発生し、主典によって統制されていたが、一方で、実際の支配を受け持つ寺僧集団―すなわち六方である―の枠組みでも、小郷は編成しなおされていたのである。

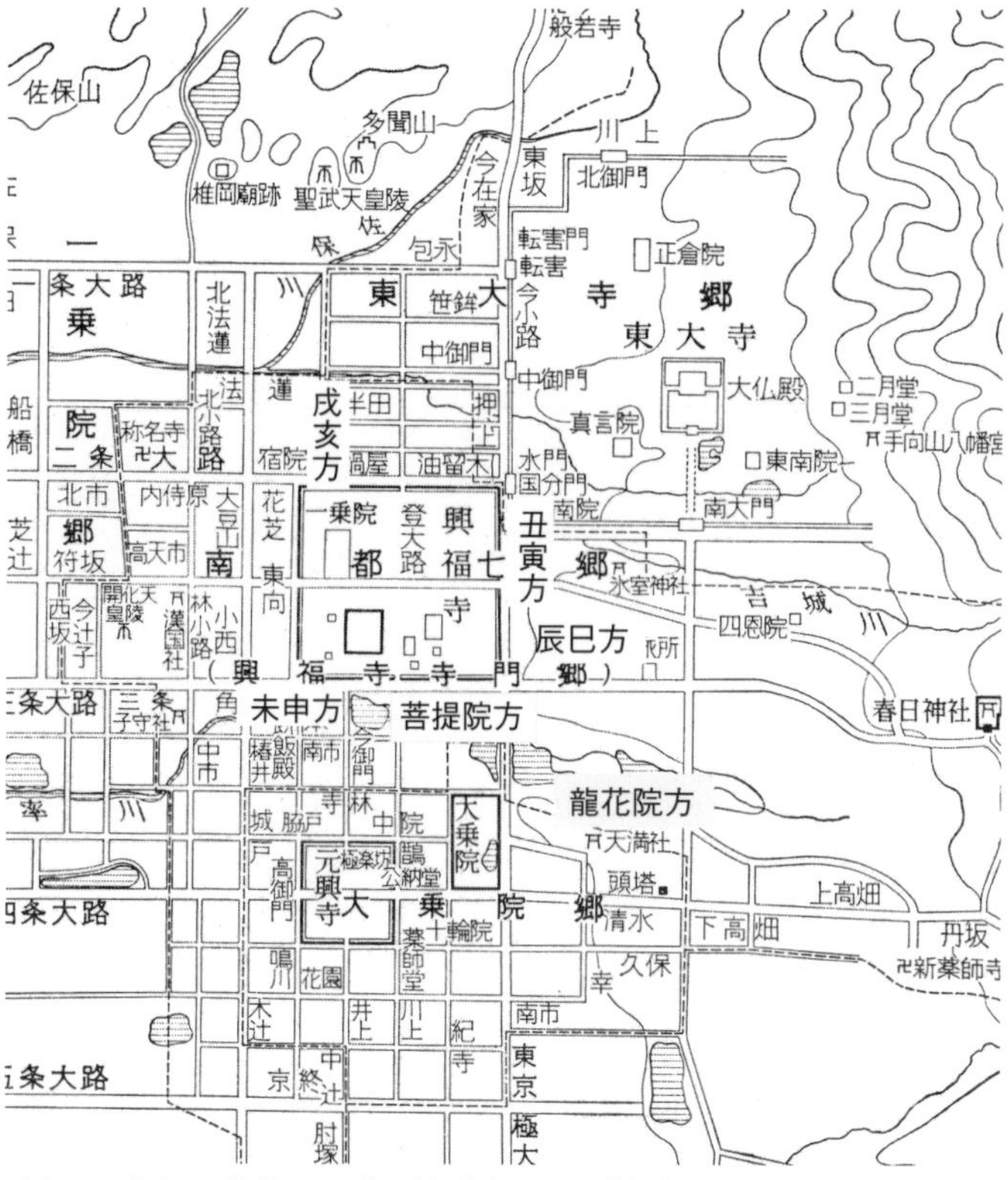

図２　南都の小郷と六方（永島福太郎『奈良』171頁を一部改変）

(三)　小郷の一元的支配

さて、このように方と地域が密着する、とりわけそれぞれの方で新屋を造った場合には、他の集団の干渉を排除できると認識されていた。

文明六年十一月に花林院内にあった罪科人の屋敷を学侶が進発したが、その進発を阻止できなかった戌亥方は面目を失った、と尋憲は書き留めている（『雑』文明六年十一月十一日）。

天文期の史料にも以下のようにある。

花林院辺号昼盗人之儀返条之趣不得其意候、於在所御進止者無紛候、三ケ之犯科人等モ牒承断頭事者衆中而加下知候処、無左右被殺害候段古今其始候歟、当座之剪捨等之事者随時候哉、既捕取輩御沙汰之条、甚以被可《不》然候由、本方御衆会可有御披露旨衆中集会評定候也、恐々謹言

月　日　　　　沙汰衆等

成《戌亥》家方一﨟所御房

（〔天文年中衆中引付〕（天理図書館蔵）天文六年九月二十七日）[31]

この史料は写本であり、「成家方」は、花林院との関係からみれば、「戌亥方」の誤写と判断される。この史料の内容は、戌亥方が花林院内の盗人をその場で処罰したことに対して、戌亥方による花林院の支配を認めつつも、衆中として異議を申し立てたものである。戌

亥方は、七郷内の盗犯という原則的に衆中が管轄する案件[32]だったにもかかわらず、その介入を拒否したのである。

ほかにも衆中が介入できず手をこまねいていた郷がある。それは、菩提院方が支配する元興寺新屋である。天文十九年（一五五〇）二月には、薪能の鞍懸で大乗院下部と元興寺新屋の地下者が喧嘩し、大乗院からの通報により、菩提院方が新屋地下人の住屋を進発した（「衆中集会引付」天文十九年二月二十二日）。六月には、中辻で喧嘩した元興寺新屋のキララヤの検断を菩提院方がおこなった（「同」六月七日）。この二つの事件について、衆中は自らの検断権を主張して菩提院方に抗議している。さらに、七月には、高御門で喧嘩があり、その場で死んだ塩屋の子の元興寺西新屋在所の検断について、衆中は菩提院方に問い合わせた（「同」七月十七日）。

もともと元興寺郷は大乗院門跡郷のため、衆中の検断に一定の制約があった[33]。ところが、衆中は門跡ではなく、菩提院方の実力行使に対抗できなかったのである。

花林院と元興寺新屋が同じ背景をもっていたことを傍証する史料がある。

一、就若宮祭礼執行之儀、公物之無物之条、任先規奈良中南北壷銭被相懸付、南市・花林院・元興寺新屋之儀六方并戌亥方・菩提院方如余郷須被懸催、奉行所辺被相寄者可為珍重之旨、以書状被申送畢（「学侶引付」天文十四年十一月十九日）

これによれば、若宮祭礼費用を捻出するために、奈良中に壷銭をかけようとしたが、南市・花林院・元興寺新屋については、直接賦課できず、それぞれ六方・戌亥方・菩提院方に命じなければならなかった。このうち南市が六方手取りの場所であったのは周知のことである。そして、戌亥方が花林院を支配したように、元興寺新屋は菩提院方の支配下にあったのである。その後、学侶集会から元興寺新屋分に対し菩提院方が名指しで課役を命じられることはないが（「学侶引付」天正二年四月九日）、元興寺新屋が花林院と同じような成り立ち、すなわち菩提院方による開発だったことを推測させてくれている。元興寺郷寺林といい新屋といい、興福寺僧侶たちは元興寺の境内地を積極的に再開発していったのである。

四　私的所有の深化と奈良

(一)　築地普請の人夫動員

前章で見たとおり、方によって造られた屋敷が実質的にその方の管理下におかれていく。こうした私的所有の深まりといってもよい状況は、第二章で検討した子院の復興のみならず、いたるところで見られる現象である。

安田が指摘しているように、奈良中人夫は寺務たる門跡の私的な用務に使われていたという[34]。寺門の運営組織である学侶集会の記録である「学侶引付（六方引付）」をみると、天文期には、学侶集会は奈良に対して反銭・棟別銭などをかける事例が多く、一方、人夫の動員は六方が許可している。特に天文十二年には、集中的に人夫徴発の記事が出てきている。それらは、西林院築地（戌亥方寺外、「六方引付」天文十二年二月二十四日）・蓮花院築地（丑寅方寺内、同四月朔日）・北戒壇院（辰巳方寺内、同七月八日）・三学院築垣（菩提院方、同七月八日）・龍花院方（同七月八日）・尊蔵院築地（戌亥方寺外、同

七月十一日）・六方沙汰衆坊築地（同八月十二日）・長観房（同九月十三日）・如意輪院築地（丑寅方寺外、同九月十三日）・放光院築地（龍花院方、同十一月九日）である。

衆中も水坊住屋のために奈良中人夫を召しているから（『雑』文明十一年閏九月二十二日）、やはり職権の私物化という大きな流れの中にある。しかし、六方引付の例が築地普請ばかりなのは、どうしても気にかかる。

鈴木止一は、龍花院方・菩提院方が、惣門をもつ築地や垣で囲まれていたことを指摘している[35]。惣門の形態については分らないし、近世の絵図には惣門のようなものは取り立てて描かれていない（図3）。菩提院方の周囲をめぐる築地塀には北側から大御堂へ入る門があるだけで、地形の関係もあるのだろう、子院の門は方の内部を通る東西の通路側に造られている。十五世紀と全く同じではないかもしれないが、外部からの防御を念頭におき、方を囲繞する形で築地が築造されているとも判断できる。現在残っている龍花院方や丑寅方寺外（登大路方）の築地は、子院の敷地を区切る一方で、複数の子院をつなぐものにもなっている。多聞院英俊は、自坊の築地を木津の人夫を使って作り直しているから（『多』永禄八年九月朔日・十四日）、築地の維持管理は私的なもののはずだが、構造的には方としての統一が図られていたといえるだろう。

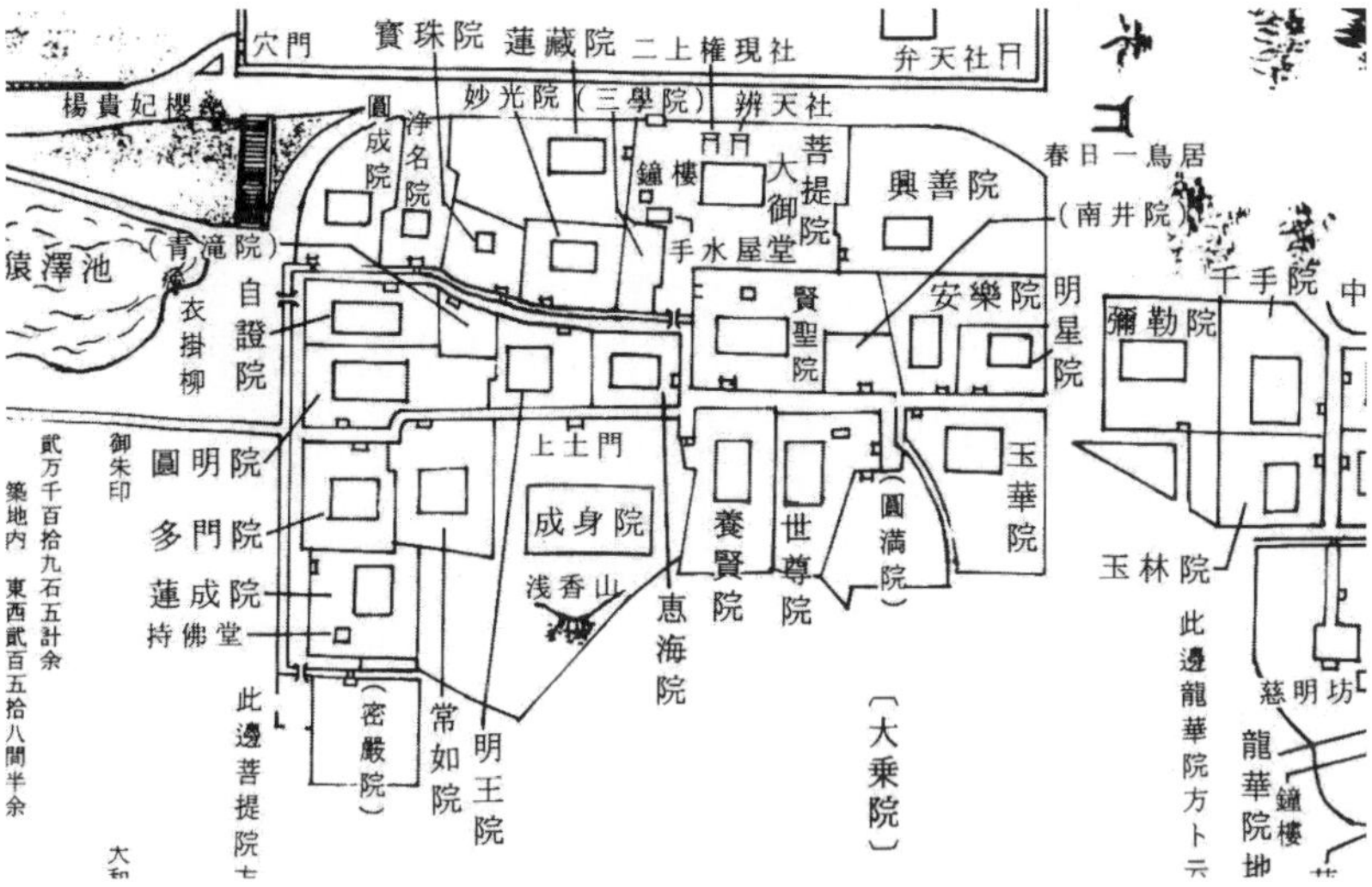

図３　菩提院方周辺（『奈良県大般若経調査報告書』所収興福寺境内図より。築地にある四角は門を示す）

問題を人夫の動員に戻そう。築地は、子院という私的領域を画定しつつ、方としての公的な性格を持つ両義的な場所でもある。寺内でいえば、惣寺の空間（公の場所）との境界線である。人夫動員に築地の例が目立つのは、実際には坊舎普請等の私的流用の単なる名目に過ぎないかもしれないが、権力の私物化の圧力との妥協点として、公私の接点である築地が選ばれたのではなかろうか。

（二）私物化の流れ

六方集会同様、学侶集会が私的な利権の実現の場所になっている例が見いだされる。

一、小西慈尊院知行屋敷数年地子未進端多間、去年錯乱以来任競望余人被許可候処、橋本総方号《（下欠）》下知先百性住屋相立候由定禅房披露間、地主許可之上者押而可存知候由不可然条、不可

有其綺之由下総方江以書状被申遣、則当百姓可相追之由下知了（「学侶引付」天文二年三月十日）

この史料によれば、慈尊院は、天文一揆によって小西郷内の屋敷が焼失したことを契機に、地主として地子を納めていない先住者を排除しようとしたところ、橋本下総の意向で先住者が勝手に屋敷を立て始めた。これを自力で排除できないため、学侶集会として旧住人の百姓を追い出すことを命じたのである。同じように、惣珠院は押小路にあった屋敷地子を納めなかった筒井川崎を排除できず、やはり学侶集会に訴えている（「学侶引付」天文二年三月十九日）。

寺僧は、たしかに最初は地主を許されて地子をとっていたかもしれない。しかし、次第にそこに住む百姓たちは地主の命を奉じないようになり、郷の秩序を混乱させていった。森田竜雄が推測した状況を髣髴させるのである。都市住人は、国人と結託して、実力行使に出たが、考えみると、学侶たちも子院の維持のために国人の庇護を受けていたわけだから、ともにその構造は同じなのである。

さらにいえば、特に法会や祭礼の用途のためとは記されない、許可されてなる地主とはいえ、私的な地子徴収が学侶集会の題目に取り上げられ、寺門として家の破却や百姓の排除が命じられる。寺僧の私的な地子徴収を実現するために、集会そのものも私的利用されているのが現実だった。戦国期には、私的所有があらゆるところで進行し、それによって対立が深まってきているのである。

このように、公の場である集会が、実際には私的な権益を代弁するものになるにつれ、集会の意思を実現する機構は特定の組織に委ねられるようになっていく。学侶集会であれば五師とその下部である承仕[36]、衆中であれば、棟梁である筒井氏やその家臣あるいは中坊氏である[37]。

集会のもつ位置の低下は、すなわち惣寺の論理の低下に他ならない。ここで元興寺境内の変化を思い起してみよう。近世において、元興寺の極楽院・元興寺（観音堂）・小塔院の個別の私的な空間だった子院のみが残り、公の場所たる境内地がことごとく町屋となってしまった。これは、単に郷民が成長していったというだけではすまされない。そこは、本来僧侶が法会などの活動をする公の、すなわち惣寺の空間だったはずである。公の場所が私的空間である屋敷で埋めつくされていく。このことは、単に都市景観の変化にとどまらず、中世寺院の持っていた惣寺の意味、そしてそれを支えていたであろう神仏への崇敬・畏怖の観念の根本的な変化を象徴する出来事であったと考えてよいのではなかろうか。

おわりに

これまで、戦国期の奈良に関する研究は、興福寺と郷民という二つの主体がクローズアップされ、奈良は両者がせめぎあう場所として考えられていた。確かに、天文一揆が起こった直後に、子院の跡に小屋が建ち始めていたが、子院が私的領域でもあったとはいえ、それまで神仏が鎮座し、崇敬や畏怖の対象であった場所が、いくさや災害で失われたからといって、何もなしで一般の庶民がそうやすやすと進出していくことができたのだろうか。

小稿では、興福寺とは誰か、とその組織を分節化してとらえていくことによって、両者の狭間に、門跡や寺門という権力につながり、その構成要素となりながら、一方で奈良町に土地を所有し、町屋を誘致しつつ郷民の成長を後押ししていた方や子院の活動を見いだした。森田のいう「寺僧」、本稿での子院や方の活動が、寺院と町、すなわち聖と俗のマージナルな位置にあって、新たに町屋を誘致したことが、聖と俗の壁を突き崩す大きな契機になり、宗教都市奈良を変質させる大きな要因になったと考えられるのである。

佐藤亜星によれば、元興寺が急速に町屋化するのは、十六世紀末だという[38]。本稿の示した例でいえば、それは、菩提院方が元興寺新屋を囲い込んでいた時期の後ということになる。その後の動向を、付け加えるならば、所有権の深まりがあらゆるものを売買の対象とし、主体を流動化させたことがあげられる。

一、知足屋十五貫文ニ金勝院へ売了、代相済之間今日券文渡之、(『多』天正十五年十二月十七日)

一、今辻子宗二郎十三石ニ被官ヲウリ了(『多』天正八年三月十一日)

一、竹内虎右衛門箸尾伴堂ノ名字依由緒鏡(競)望、千石ノ礼米、当年四百石ノコリ三年ニ出云々、方々苦労在之(『多』天正十二年十二月二十八日)

このように、天正期には子院・身分、姓すなわち家もまた売買の対象になってしまっていた。貨幣の浸透による諸権利の「株化」といってもよい状況の発生は、例えば、検断による住居の破却が罰金によって免除されることが一般化している十六世紀中頃の状況からみれば[39]、当然の帰結だった。そこには、僧侶・子院や家にかかわっている宗教性に対する感覚の大きな変化が垣間見られる。統一政権による寺社の再編という政治史的な意味ももちろん大きいが、人々の精神生活にも無視できない変化が生じていたのであり、そのことによって寺地の宅地化がいっそう促されたのであろう。

織田・豊臣政権期の六方についての検討は、今後の宿題とせざるを得ないが、天正期には衆中による検断がほぼ行われなくなっているので、おそらく六方も同じ状況だったと思われる。また、天正十三年の「興福寺領指出案[40]」では、六方沙汰人給が百六石ほど書き上げられている。六方でも沙汰人が重視されていることがうかがえるが、それは、学侶や衆中でそれぞれ起こっていたように、特定の役職者に特権が集中する構造になっていたことを予想させる。

近世の奈良町は、奈良奉行所の支配下に置かれて、興福寺の六方が支配することはない。享保九年の「六方勤仕覚[41]」によれば、六方衆の職務は、薪能・若宮祭礼への出仕など基本的には宗教行事に限定される。直接支配する範囲は、子守社・猿沢池辺・南市恵毘須社・四恩院・勧学院・寺中惣築地周り、及び「町方号所地並諸役人諸事下知仕」ることである。「春日興福寺境内并寺社領分高札写[42]」によれば、興福寺南表築垣下樽井町前・猿沢池南今御門町北出口・猿沢池辰巳隅川端・子守社東表築地・北御門西柱北表に六方衆による高札が立てられていた。内容は、塵・芥を捨てること、川で洗濯をすること、築地に登ったり物を立てかけたりすることを禁じたものである。ちなみに、春日社頭には興福寺下臈分一臈所の高札が立てられていた。これは、下臈分が春日社頭周辺を管轄していたからである。

奈良全体を支配していた中世に比して、境内地とその周辺にしか力が及んでいないが、それでも、六方が中市(子守社付近)と南市を支配していた名残として、それぞれに鎮座する神社が支配の対象になっている。また、興福寺被官人などが諸役を免除される「号所」

屋敷が六方の管轄地とされていたのも、六方が郷の支配の中で課役免除にかかわっていたからに相違ない。死鹿の処理の問題は残るが、興福寺が近世の奈良町全体を統括する組織ではなく、限定された勢力となったのは―最大の勢力には違いないが―、中世後期からの変動の中では、必然的な出来事だったのではないだろうか。

とはいえ、僧侶たちは、奈良の上層町人と連歌や茶の席を同じくし、能や祭礼に興じた。また寺院の史料を提供して寺社と町とを一つのものとする奈良の歴史を描くことにも協力する。(43) 興福寺の僧侶たちと奈良の町民は、近世社会において文化を共有し、私的所有を超えた歴史的空間を新たに生み出していくことになるのである。

（はたかま　かずひろ・天理大学附属おやさと研究所研究員）

註

（1）元興寺の衰退については、既に多くのところで言及されている。奈良町の研究については、佐藤亜星「中世都市奈良研究の現状」（『元興寺文化財研究所研究報告二〇〇四』元興寺文化財研究所、二〇〇五年）を参照されたい。

（2）「境内と町」（『年報都市史研究　1　城下町の原景』山川出版社、一九九三年）。

（3）『空間・公・共同体』（青木書店、一九九七年、一七頁）。

（4）永島福太郎『奈良』（吉川弘文館、一九八六年第三刷、一五九頁）。

（5）中世の町の自治を過度に強調してきた研究史に対する批判には、河内芳将『中世京都の都市と宗教』（思文閣出版、二〇〇六年、二〇五～二一〇頁）がある。

（6）安田次郎『中世の奈良』（吉川弘文館、一九九八年）。

（7）森田竜雄「中世奈良の郷・郷民・寺僧」（仁木宏編『【もの】から見る日本史　都市』青木書店、二〇〇二年）。

（8）森田竜雄「中世奈良の郷・郷民・寺僧」二一〇頁。

（9）渡辺澄夫「興福寺六方衆の研究」（『増訂畿内荘園の基礎構造　下』吉川弘文館、一九七〇年所収）。鈴木止一「興福寺学侶・六方について（上）（下）」（『日本歴史』八八・八九号、一九五五年）。

（10）「興福寺坊舎の位置と変遷」（『藤沢一夫先生卒寿記念論文集』同刊行会、二〇〇二年）。

（11）細かなことであるが、「弘化四年官符衆徒年中行事」（片岡美智所蔵文書・法政大学能楽研究所寄託）によれば、「方」はすべて「ホウ」と読む。

（12）これについては、渡辺前掲書、三一三頁参照。

（13）村井古道「奈良坊目拙解」（奈良市史編集審議会、一九六三年、五頁）。

（14）天正十一年には西南院分の知行を松林院が収納しているので、その頃には、ほぼ実体を失ったかもしれない（「学侶引付」天正十二年八月二十九日条）。

（15）大宮守友は、この地について、もともと法雲院が野田村にあり、慶長七年除地となって興福寺領に編入され、さらに法雲院が（寛文四年以後）貞享年間に野田村から移転した結果であると推定している（「初期徳川政権期と大和の寺社」『南徳川史研究』八号、二〇〇四年、九四～九五頁）。藪中五百樹によれば、寛文六年には、既に法雲院が描かれているので、実際の移転はもっと早いということになる。また、子院が描かれなかったのは、法雲院の建物が売られていたためかもしれない（『多』文禄二年九月一日条）。ただ、『多聞院日記』によれば、法雲院住侶の活動は認められ（『多』慶長四年四月十日等）、子院がなくても僧侶の名称、院号として用いられることはある。私が、大宮説に疑問を持つ理由は以下の通りである。①文明二年ごろには、法雲院は宝蔵院に隣接していることが明らかなので（『雑』文明二年八月十二日条）、法雲院の位置は近世以前から宝蔵院の隣の可能性が極めて高い。②法雲院が移転した跡地が登大路町の法雲院屋敷（氷室社南側）になるという説明は納得しがたく、子院がありながら、最初から興福寺として扱われなかったのかが判然としない。私なりに推測すると、①登大路町の南側が、法乗院のあった場所（すなわち氷室社の南側）であること。つまり、最初からこの地に屋敷地があったこと。②法乗院だけでなく法雲院も大乗院が支配権を持っており（『雑』明応三年六月二十五日）、法乗院郷の地子の権利が法雲院へ譲られる可能性があること。以上のことから、文禄四年の段階では、野田村と隣接していた屋敷地のため野田村領と扱われたが、慶長七年の地子免許に際して興福寺法雲院の支配が認められ、興福寺領となったのではないかと考えたい。なお、この大宮説は、興福寺境内に地子が掛けられていたのかという問題の論証の一つだが、私は、興福寺には地子がかけられていなかったと考えているし、少なくとも、法雲院の例は興福寺が権利を持つ屋敷地の問題であって、興福寺境内に地子が掛けられていたとする証拠とすることはできないと思われる。

(16) 「奈良坊目拙解」一六七〜一六八頁。

(17) 「二条寺主家記録抜萃」（『続南行雑録』『続々群書類従第三』国書刊行会、一九〇七年、六一四頁）。

(18) 「学侶引付」のこの部分には錯簡があり、月日がずれる可能性がある。

(19) 「学侶引付」に混入しているものである。毛利一憲「興福寺「六方引付」（天文十二年）」（『北見大学論集』一九号、一九八八年）参照。

(20) 衆中引付については、幡鎌一弘「十六世紀における「興福寺衆中引付」の整理と検討」（『奈良歴史研究』第五六号、二〇〇一年）を参照されたい。

(21) 大宮守友「近世初期の中坊屋敷」（『南紀徳川史研究』六号、一九九七年三月）。

(22) 天正十三年の羽柴秀長に提出した指出が基本となって、子院の所持高が配当されることになり、それが文禄四年に寺領を拝領したときの配分に引き継がれた（幡鎌一弘「近世興福寺領覚書」『天理大学学報』一八一輯、一九九六年、二八〜二九頁）。

(23) 幡鎌一弘「近世寺僧の「家」と身分の一考察—興福寺の里元を手がかりに—」（『ヒストリア』一四五号、一九九四年）。

(24) 幡鎌一弘「『多聞院日記』とその史料的価値」（シンポジウム「多聞院英俊の時代」実行委員会編『多聞院英俊の時代—中世とは何であったか—』同会、二〇〇一年、三八頁）。

(25) 天和四年二月「興福寺書上」（『春日大社文書第五巻』一〇〇二号、一九八五年）。実際に坊領が確定した文禄四年と同じ数字ではないことは予想されるが、大幅な変動はないと考えている。

(26) 「妙徳院方借下返弁帳」（内閣文庫所蔵）。奈良県立図書情報館の写真帳を利用させていただいた。お礼申し上げる。

(27) 安田次郎『中世の奈良』一五六〜一五七頁。

(28) 和田義昭「中世南都における郷民祭礼の基盤」（『芸能史研究』第三六号、一九七二年）、武居由美子「中世における東大寺郷民の成長と祭礼」（『年報中世史研究』一六号、一九九一年）等参照。

(29) 幡鎌一弘「近世寺僧の「家」と身分の一考察」（一八二頁）では、十五世紀の僧侶集団の対立が国人の党派的に把握されている事例を紹介している。

(30) 「奈良坊目拙解」によれば、中村は登大路と野田村の間にあったと想定されているが（二七〇頁）、この記述によれば、高畠付近である。

(31) 竹林家蔵本の同日条も参照している。

(32) 坂井孝一「「入勝」考—中世奈良の検断に関する考察—」（『史学雑誌』第九十七編第六号、一九八八年）。

(33) 坂井前掲論文。

(34) 安田『中世の奈良』四〇〜五二頁。

(35) 鈴木止一「興福寺学侶・六方について（上）」五五頁。

(36) 幡鎌一弘「近世寺院の脱呪術化と官僚主義について—興福寺学侶引付を一例に—」（『仏教史学研究』第三九巻二号、一九九七年）。

(37) 幡鎌一弘「十六世紀における「興福寺衆中引付」の整理と検討」。

(38) 佐藤亜星「中世都市奈良の成立と変容」（吉井敏幸・百瀬正恒編『中世の都市と寺院』高志書院、二〇〇五年、六〇頁）。

(39) 衆中引付に頻出するこの問題については、別に論じるつもりである。春日社への神饌物が、奈良の市で購入されて供えられるようになるのも、同じ脈略で考えられる（幡鎌一弘「中近世移行期の春日若宮祭礼と供物負担—「庁中漫録」に残された送状の分析を通して—」『神戸大学史学年報』第十四号、一九九九年）。

(40) 『春日大社文書第六巻』（吉川弘文館、一九八六年）。

(41) 奈良県立図書情報館所蔵今西文庫。

(42) 天理図書館所蔵保井文庫近世文書。

(43) たびたび引用した村井古道「奈良坊目拙解」がその一例である。

付記

本稿は、二〇〇五年十二月十一日、平成十七年度グレート・ブッダ・シンポジウムにおいて「中近世移行期における奈良町と寺院」と題して報告した内容の一部を発展させたものである。報告の機会を与えていただいた東大寺に御礼申し上げます。また、東大寺郷については河内芳将氏の奈良歴史研究会における講演（二〇〇六年七月一日）に多くの教示を受けた。あわせてお礼申し上げます。

江戸期の東大寺について

森本公誠

はじめに

一般的に「東大寺」といえば巨大な大仏がすぐ想起されるが、ただ脳裏にあるのは創建時のヴァーチャルな大仏像ではなかろうか。公慶上人による修復・大仏殿の再建が思い描かれることはほとんどないし、江戸期の東大寺に直接光が当てられることもほとんどない。

しかし、公慶上人による初志と艱難辛苦の働きがなければ、東大寺の現在があるかどうか疑わしい。おそらく、奈良の景観も、いにしえの都のあったところというだけで、もっとうら寂しいものとなっていただろう。さらに言えば、古都奈良が世界遺産になることもない。それほど公慶上人の功績は大きく、上人は偉業を成し遂げた人であった。

それも公慶上人が偉大なのは、単に大仏を修復し、大仏殿を再建したというだけではなく、東大寺の立場を広く考え、事業の推進に当たったということである。注目されるのは、聖武天皇や重源上人など、東大寺にとってかけがえのない先人たちや、徳川家をはじめ公慶上人自身が蒙った恩義に対する心遣いを見せたことである。そのことを特記すれば次のようなことになろうか。

①聖武天皇の鴻恩を偲ぶために、天皇像を造り、それを祀るお堂を建てたこと

②鎌倉復興の重源上人を祀るお堂を建て、五百年御遠忌法要を営んだこと

③東大寺の鎮守八幡宮を再建したこと

④大仏殿再建に協力を惜しまなかった徳川家への配慮から、寺内に東照宮を建てて家康を祀ったこと

⑤正倉院の存在に着目し、その開封を通じて正倉院の意義を世に知らしめようとしたこと

⑥平和な時代に相応しく、伝来の宝物の歴史的文化的美術的価値を人々に伝えるため、開帳という手段を取ったこと

その他枚挙に暇がないほど、諸々のお堂の修復や新築を手がけている。しかし、それでも宝永二年(一七〇五)、志半ばで病に倒れた。残された仕事は、わずか十七歳で後を継いだ遺弟公盛の肩に掛かった。公盛上人は、まず公慶上人を祀る御影堂を建て、公慶上人坐

像を造った。そのあと、公慶上人が棟上げ式まで済ませた大仏殿の再建事業を引き継ぎ、四年後の宝永六年（一七〇九）に完成、続いて中門と東西回廊の復興に取り掛かり、大仏の光背・中門の二天の造立を手掛けたが、わずか三十六歳で病没した。

あとを継いだのは公俊であるが、わずか四年後に病没、後事は次の庸訓に託された。大仏の光背が完成したのは延享元年（一七四四）、脇侍虚空蔵菩薩が完成したのが宝暦五年（一七五五）で、廻廊は遂にすべてを完成できず、大仏殿の後ろは土手を築くのみとなった。それが現在の姿である。

こうして大仏殿の復興事業は公慶上人亡きあとも、営々として営まれ続けた。それはまさしく東大寺の僧侶たちにとって、創建時代の伽藍の復興は代々引き継ぐべき念願事業と肝に銘じさせるものであった。しかしながら、大仏殿の維持が如何に困難な事業であるかは、それから半世紀後の文化三年（一八〇六）、大仏殿の二重目の屋根が下がり、角柱で支えたことでもわかる。

こうした伽藍の維持という与えられた使命のなかで、東大寺という寺院が江戸期において如何なる組織をもち、どのように運営されていたのか、僧侶たちの意識は如何ようなものであったかというと、あまりよく知られていない。

そこで、このような問題に取り掛かる一つの糸口として、幕末に近い弘化四年（一八四七）に境内で行われた大々的な御開帳のさいの展示目録『東大寺宝物録』を取り上げ、次いでそれをやや遡る天保四年（一八三三）に行われた正倉院開封の絵図を紹介し、当時の東大寺の在り方や東大寺と宮中・幕府など、寺外との関係について触れてみたい。なぜならば、大きな行事や儀式がどのように計画され執行されたか、その過程を見ることによって、東大寺の機構やその機能を明らかにすることができると思うからである。

一　弘化四年東大寺宝物録に見る正倉院宝物

弘化四年といえば、嘉永六年（一八五三）のペリーの黒船来航を遡るわずか六年前のことである。目録そのものには何も触れられていないが、弘化四年は行基菩薩の千百年御遠忌の年に当たり、東大寺では三月二日から八日までの七日間大法要が執り行われた。そしてそれを記念して、大仏殿の復興事務所ともいうべき東大寺勧進所が主催して、御開帳が二日後の三月十日から四月二十九日までの五〇日間にわたって行われた。会場は二月堂と勧進所で、出陳点数は一八八件の多きに達した。

また当時は東大寺のなかでも別組織と考えられていた戒壇院が、やはり別組織の真言院との共催で三月十五日から四月十四日までの三〇日間にわたって、別途に開帳を行っている。会場は戒壇堂と真言院内の灌頂堂で、出陳点数は六七件となっていて、『東大寺戒壇院宝物録』の表題で目録の原本が残っている（新修東大寺文書聖教三・〇八一―一）。

弘化四年　東大寺宝物録表紙

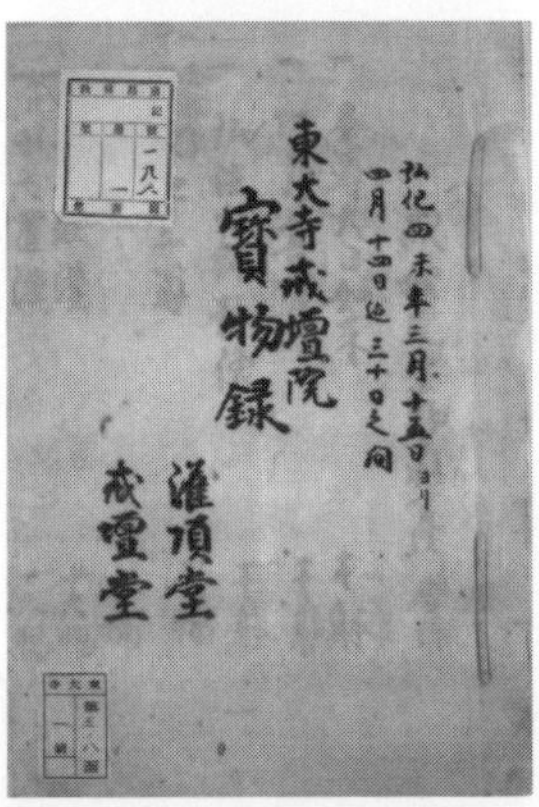

弘化四年　東大寺戒壇院宝物録表紙

注目したいのは勧進所の目録のほうで、これは木版刷りが発行されている。まずそのことに東大寺側の発行の意志が認められる。目録は販売され、人々の関心は深まったことであろう。木版刷りの目録は東大寺に残っていなかったが、二〇数年前、姫路の方から寄贈を受けた。

実はこの目録の内容を見ると、現在では東大寺が所蔵していないものも多く、行方不明のものも多い。追跡調査を要すると思われるが、まだ行われていない。

その木版刷りの最初の部分は次のように続いている。まず二月堂内で展示した宝物のリストが並ぶ。最初の『大方等〔大集菩薩〕念仏三昧経』十巻は聖武天皇筆として伝来していたためであろう、元禄五年の大仏開眼供養のときに公慶上人が大仏の石壇上で展示、人々に拝観させた。現在重要文化財として東大寺が所蔵する。二件目は『大威徳陀羅尼集経』のことで、光明皇后筆と伝わっていて、これも元禄のとき展示された。いわゆる五月一日経の一つである。

次の「聖武天皇封戸施入勅書」から「金銅御祈文」までの五件は、いずれも現在正倉院にあるもので、三倉のうち中倉にあったという。「封戸施入勅書」は聖武天皇が天平勝宝元年（七四九）、東大寺の造営と維持のために封戸五千戸を施入した勅書で、すでに平安後期に編纂された『東大寺要録』に記載されている（筒井英俊編、二〇五頁）。

聖武天皇に係わるとする「同四至勅書」はいわゆる「山堺《さんがい》四至《しいし》図《ず》」に関連するものと思われるが、地図そのものではなく、「東大寺山堺勅定」のことであろうか。孝謙天皇の勅書とされるこの文書の成立には疑義がもたれているが、久安三年（一一四七）の『東大寺印蔵文書目録』には触れられているので、東大寺では早くから重要文書として大切に保管されてきたのであろう。これが山堺四至図とともに正倉院に移管されたのは明治初年のこととされている。

次の孝謙天皇の勅書はどれに当たるのかこの表題だけでは同定は困難である。

「諸国封戸牒状」とは、天平勝宝四年十月二十五日の年紀をもつ計一千戸の封戸の諸国内訳を示した牒状で、すでに『要録』（二〇七―二〇九頁）に記載されている。「金銅御祈文」とは聖武天皇の銅版勅願文、いわゆる銅版勅書のことで、表は「菩薩戒弟子皇帝沙弥勝満」ではじまる天平勝宝五年正月十四日の願文、裏は「施／封五千戸／水田一萬町」ではじまる天平勝宝元年の施入勅願文が銅版

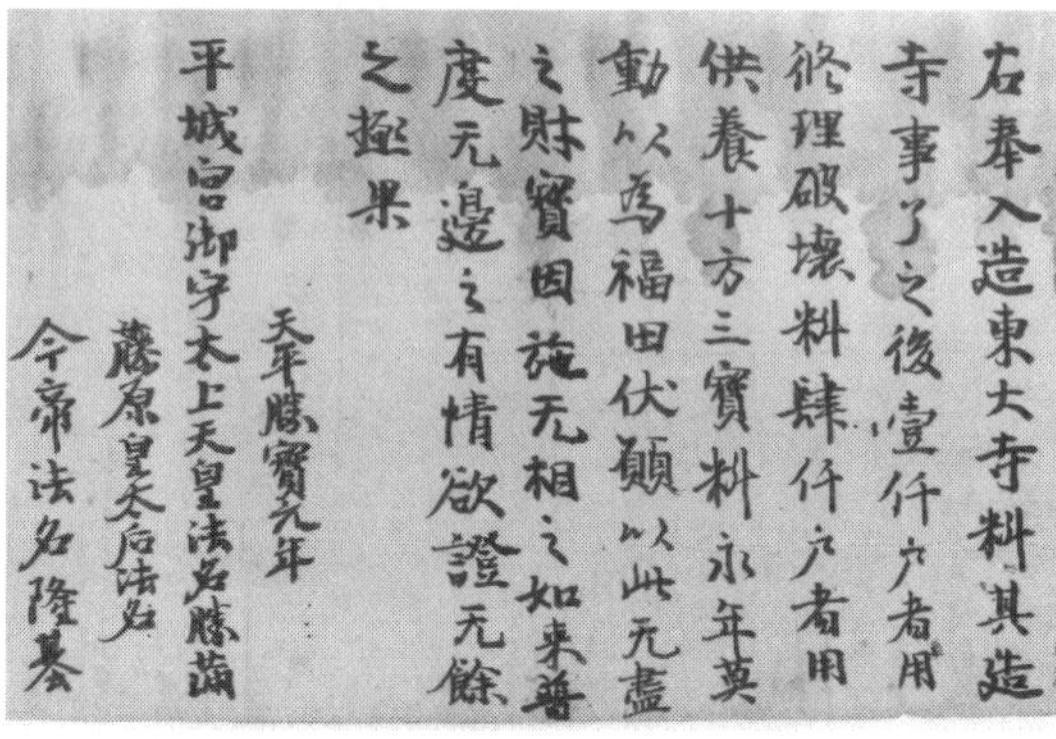
勅旨
封伍仟戸
右奉入造東大寺料其造
寺事了之後壹仟戸者用
修理破壊料肆仟戸者用
供養十方三寶料永年莫
動以為福田伏願以此无盡
之財寶因施无相之如来普
度无邊之有情欲證无餘
之極果
天平勝寶元年
平城宮御宇太上天皇法名勝満
藤原皇太后法名
今帝法名隆基

東大寺封戸勅書（正倉院宝物）

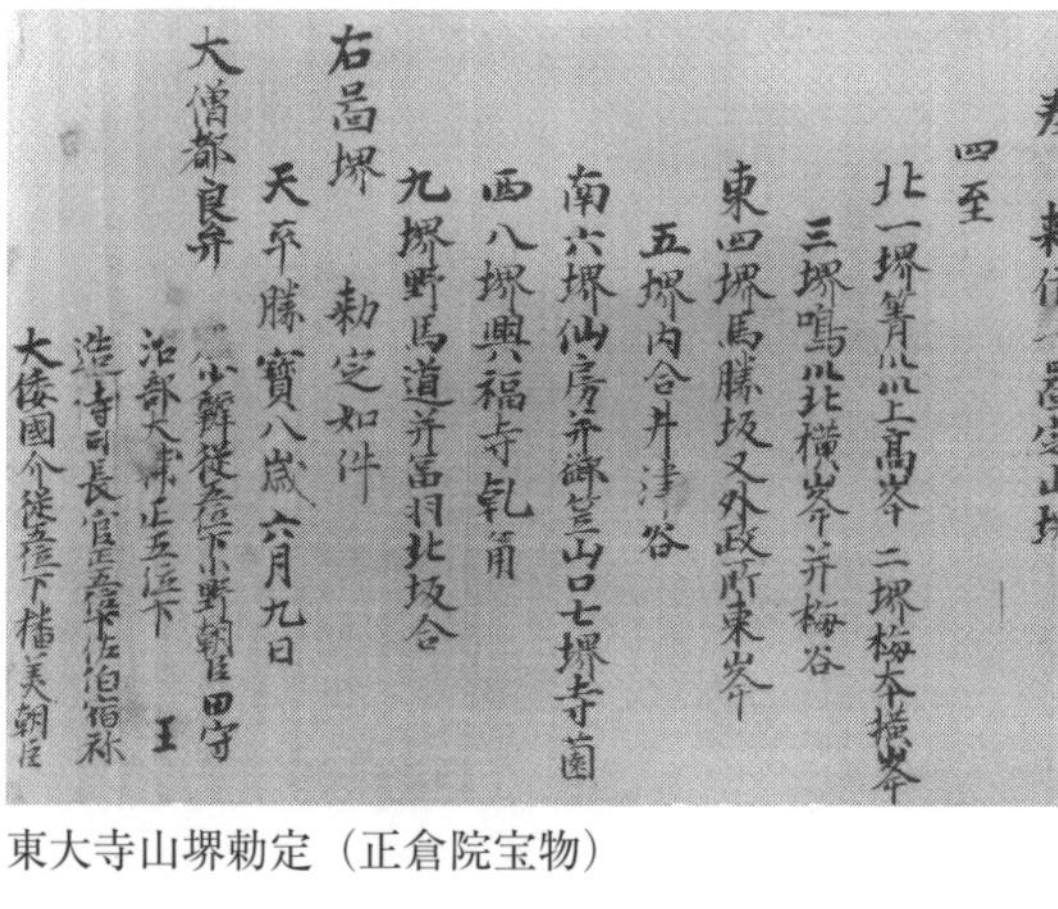

東大寺山堺勅定（正倉院宝物）

二月堂内ニテ令拝
大方等念仏三昧経　十巻　聖武天皇宸筆
陀羅尼集経　十巻　光明皇后御筆
聖武天皇封戸施入勅書　一巻
同四至勅書　同
高野天皇勅書　同
諸国封戸牒状　同
金銅御祈文
良弁僧正御手道具
　功徳経　一巻　華厳供御木印
　御柄香呂一　御硯　一
　御鏡　一　金泥華厳経
良弁僧正御衣　一具
同　御袈裟　一条
五獅子如意　一振　理源大師所持
執金剛神縁起　三巻
　一條大閤御筆
　土佐将監　画
酒人内親王御筆施入帳　一巻
尊氏公御書　同
尊氏公義持公義政公御書并畠山書　一巻
信長公御朱印　一紙
太閤秀吉公御朱印　同
寿永三年解状　一巻

鴨毛御屏風　一双
天平古切御屏風　一双
天平古切紫綾　二枚
同紅染古切　同
天平革　一枚
陵王古面　正元元年ト有　同
納曽利古面　正元元年ト有　一枚
伎楽古面　天平年号有　七枚
散手古面　一枚
　永元三年　佛師法眼院賢模
貴徳古面　一枚
皇仁古面　長久三年ト有　四面
元徳年中油壺
正倉院古文書
　第一巻十七通
　　神祇官十一月断簡一通ヨリ
　　　以下拾六通
　第二巻十二通
　　治部省断簡一通ヨリ以下十一通
　第三巻十四通
　　宮内省一通ヨリ以下十三通
　第四巻十三通
　　春宮坊断簡一通以下十二通

第五巻六通
　東大寺印書（天平宝字六年造石山寺所継文）　以下六通
第六巻七通
　越前国司牒造寺司一通以下六通
第七巻三通
　良弁僧正署書　五
　道鏡禅師牒　三
　實忠和尚署書　一
第八巻四通
　天平十八年暦一通以下三通
第九巻弐通
　左京職天平十年正税帳断簡一通以下一通
第十巻ヨリ四十三巻マテ合四十四巻
　大倭国天平二年正税帳并　山背国
　和泉国　摂津国　伊賀国　志摩国
　尾張国　遠江国　駿河国　甲斐国
　伊豆国　相模国　安房国　下総国
　御野国　陸奥国　越前国　佐渡国
　但馬国　因幡国　出雲国　隠岐国
　播磨国　備中国　周防国　長門国
　紀伊国　淡路国　阿波国　筑前国
　豊前国　豊後国　筑後国　薩摩国
　　右三十四ヶ国正税戸籍類
第四十四巻十五通

天平宝字宣命案一通
宝字八年恵美大家牒
神護元年検仲麿田村家物使某之状
宝亀五年銭借状
係年未審一夜銭借状
以下十通
第四十五巻九通
造佛所作物帳中巻案一通以下八通
當寺奴婢貢文　十通
新造屋本尊
釘打阿彌陀如來　親鸞聖人念持佛
襟掛観世音　良弁僧正念持佛

大勧進所ニ而開帳

天皇殿礼堂正面

二月堂御正躰観世音菩薩
天平勝宝四年当堂開基実忠和尚本尊
依為秘仏為諸人結縁奉鋳此尊像内御
厨子従浄観院殿御寄附

宝　倉

聖武天皇宸筆
十字御額　（金光明四天王護国之寺）
八天像　弘法大師作
右往古雲井坂当寺国分門ニ掛ル
（以下省略）

に刻まれていて、それぞれ『要録』（三五―三六、二〇六頁）に記載されている。

『要録』によれば、平安後期の当時、東大寺の「印蔵」という倉に収められているとある。そこで、「山堺勅定」も考慮すると、これら五点の宝物は本来は正倉院にはなく、いずれも創建当初の由緒を物語る証拠の品ということで、印蔵に収められ、大切に伝承されたと考えられる。少なくとも正徳四年（一七一四）以降は東南院、現東大寺本坊の宝庫に収められていたのであろう。それが明治になって、明治政府が管理する正倉院に移され、御物となった。明治維新は寺院にとって激動の時代であった。

次の良弁僧正に係わるものは、いずれも元禄五年に大仏の壇上で展示されたもの。ただし御衣や袈裟は行方不明である。五獅子如意も元禄に展示した。執金剛神縁起は東大寺に現存している。

酒人内親王は聖武天皇の孫娘で、幼いときは伊勢神宮に斎宮として滞在したが、長じて宮中に帰り、大変美人であったため、桓武天皇が側室の一人に加えた。母親の異なる兄と妹の関係となる。その内親王直筆の田畑など東大寺への施入帳で、もと東南院に伝わったが、現在は正倉院中倉に収められている。

次に足利将軍関係が続くが、信長公御朱印は織田信長が山城阿弥陀寺の清玉上人に対し、権門勢家を論ぜず毎月一人一銭宛の勧進銭を集めるよう命じたもので、「天下布武」の朱印が押してある。ちなみに織田信長といえば、造った建物や美術品を一般に公開して、入場者から何がしかのお金をいただくという方法を考えた最初の人物らしく、信長は安土城が完成すると、家臣はもとより、安土の町民にも城内を公開して、見物人から一定額のお金を取ったといわれている。それは近世という時代の始まりを象徴する一つの出来事だったといえる。

鳥毛篆書屏風（正倉院宝物）

「太閤秀吉公御朱印」は文禄三年（一五九四）九月に秀吉が大和国櫟本荘二〇〇〇石を下した朱印状。なおここで徳川家康の朱印状が並んでいないのは、原本は返納して、いわば控え（案）だからであろうか、家康は慶長七年（一六〇二）八月、東大寺近在の村二一〇石余りを寄進する朱印状を出している。東大寺としてはこれらのほか、周防国国衙領の表向き一〇〇〇石を加えたものが江戸期の東大寺領のすべてであった。

寿永三年（一一八四）解状は源頼朝の御教書と呼ばれているものの室町時代の写し。これらはいずれも東大寺が日本の歴史と深い係わりをもっていたことを示している。

下段に移って「鴨毛御屏風」は、現在は「鳥毛屏風」といわれる正倉院の有名な御物となっているもので、当時は山鳥ではなく、鴨の羽毛で貼り付けられていると考えられていて、このような名になっていた。しかし鳥毛屏風は立女と篆書と帖成文書の三種類があり、ここでの一双は篆書屏風六扇と帖成文書屏風六扇と考えられる。これは天保の開封のとき修理したので出陳したのであろう。これらも東大寺の宝物と考えられていた。ちなみに篆書屏風は明治八年東大寺大仏殿での博覧会で展示されている。

　次の「天平古切御屏風」も正倉院にあるが、聞くところによれば、現在は屏風仕立てになっていないそうである。

　あと省略して「正倉院古文書」に移る。実に四五巻も列記されているが、これは天保の開封にさいし、奈良奉行梶野良材の家来で国学者穂井田忠友（一七九二～一八四七）が写経所文書のうち重要なものを選別して整理したもので、正倉院古文書では「正集」と呼ばれている。作業は東大寺八幡宮の新造屋でなされ、天保七年（一八三六）に終了したとされているから、編集して八年後の公開となった。これは正倉院古文書がわが国で一般に公開された最初ということになる。しかも東大寺ではこれを東大寺の宝物として公開したということである。

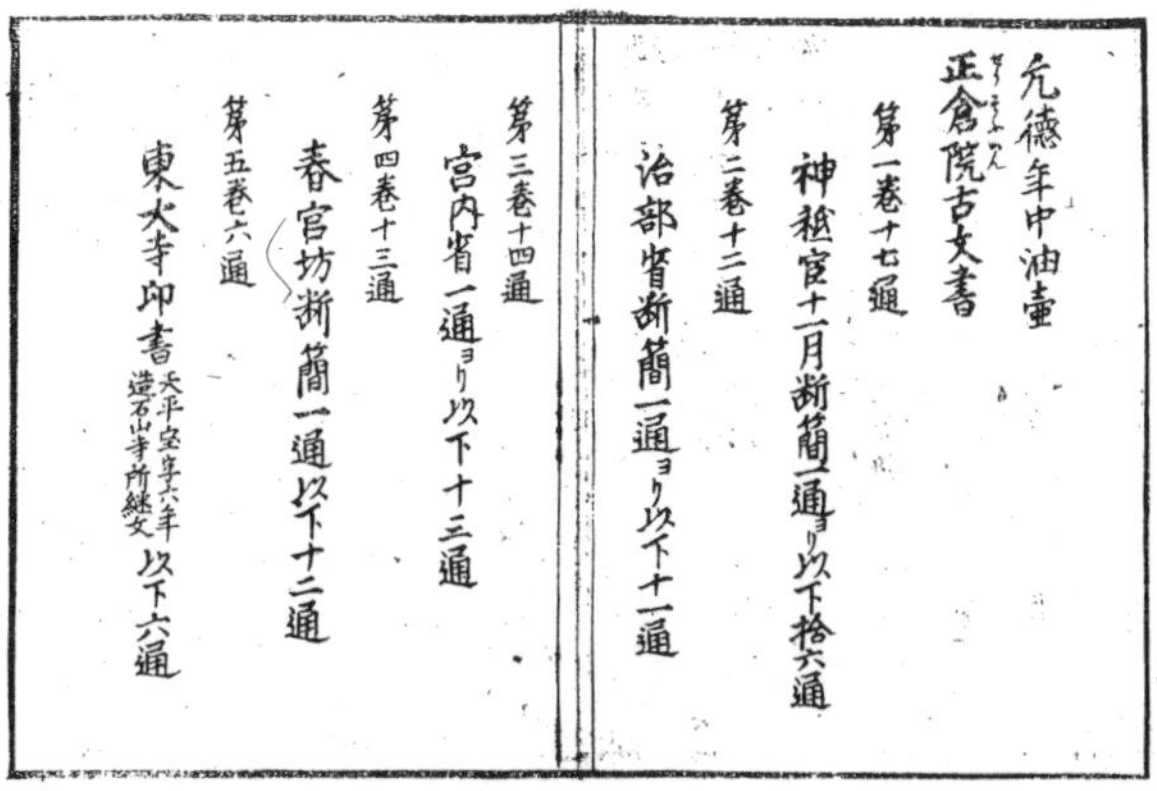
元徳年中油壷
正倉院古文書
第一巻十七通
神祇官十一月断簡一通ヨリ以下拾六通
第二巻十二通
治部省断簡一通ヨリ以下十一通
第三巻十四通
宮内省一通ヨリ以下十三通
第四巻十三通
春宮坊断簡一通以下十二通
第五巻六通
東大寺印書 天平宝字六年造石山寺所継文 以下六通

弘化四年　東大寺宝物録（部分）

　こうして目録の内容を順次見ていくと、江戸期の東大寺の僧侶たちが正倉院宝物に対してどのような意識をもっていたかが感じられる。目録の品目についてこれ以上詳細は触れないが、最後の宝物が公慶上人の六字名号であることは何か意味があるのであろうか。

二　天保四年正倉院開封図に見る東大寺

　ついで目録を検討する過程で問題になった天保年間における正倉院の開封について触れておきたい。幸いにもそのときの開封の儀式を絵図にしたものが残っているので、絵図を紹介しながら開封がどのような手順で行われたのか、東大寺側はどのような係わり方をしたかを検討したい。開封儀式の過程を見ることによって、当時の東大寺の在り方が少しは明らかとなるかもしれないからである。

　天保四年の開封は十月十八日に行われた。この絵図には儀式に立ち会った人物たちの役職名が書き込まれている。絵図で見られる進行状況を勘案しながら、開封儀式の次第を述べてみよう。

①金珠院を集会所として東大寺・勅使・奉行の各関係者が揃うと、金珠院と四聖坊とのあいだ、通路上のところで左右に分かれて整列する。四聖坊側には学侶・両堂・末寺が、金珠院側には坊官・堂僧、執行・仏師・小綱・六堂公人、神主・禰宜、伶人・寺侍、番匠、鍛冶が並ぶ。

　中世寺院における僧侶は、概して学侶と堂衆に分かれる。東大寺では学侶は学問の研鑽とともに、伽藍の維持と法会の厳修に当たり、最高責任者の別当は学侶のなかから推挙された。

　両堂とは東大寺における堂衆のことで、諸堂の荘厳など雑事を掌った。三月堂周辺に居住していた法華堂衆と大仏殿西に居住していた中門堂衆の二つの組織があったことから両堂と呼ばれた。江戸期

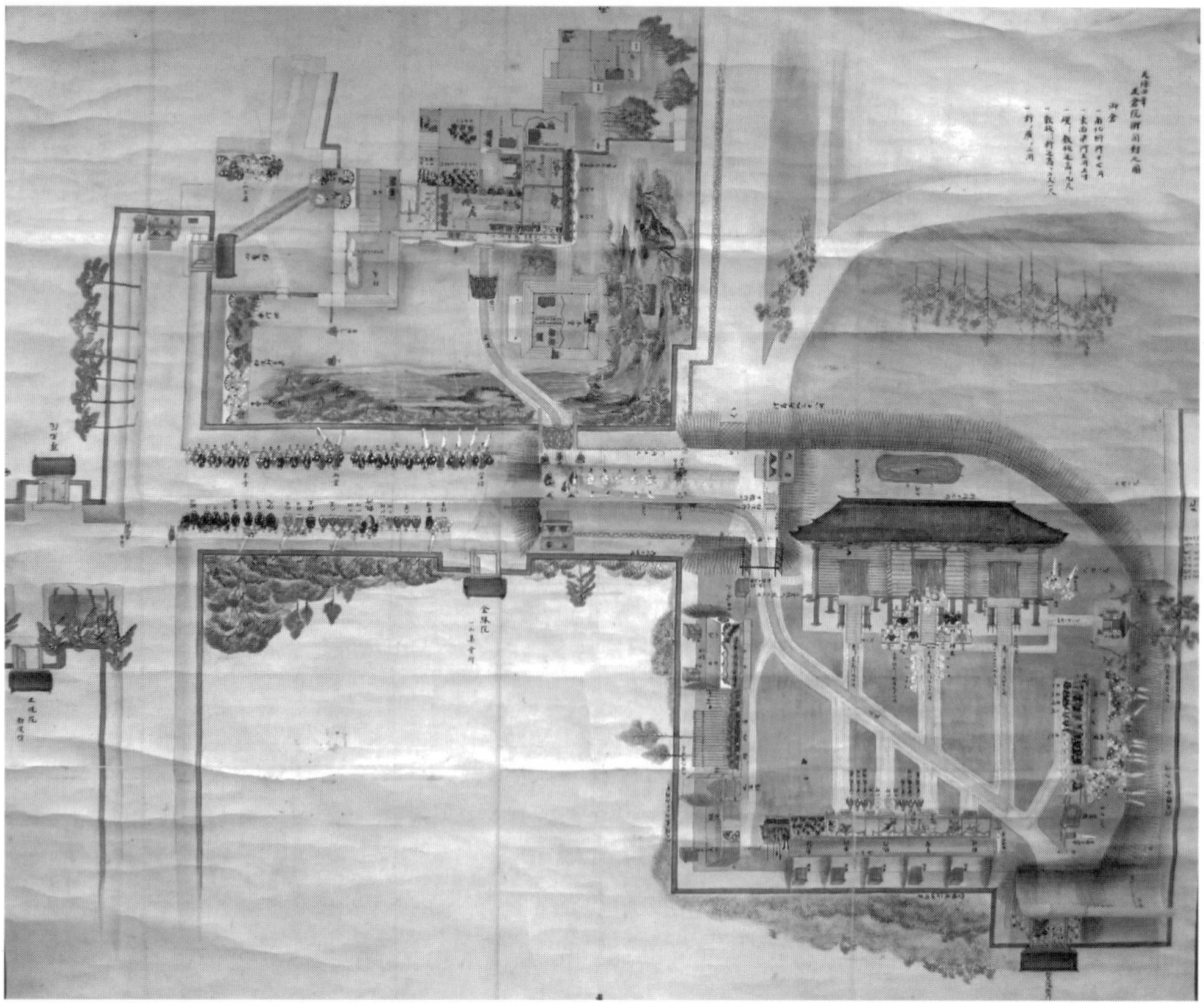

天保四年　正倉院開封図（全体）

の東大寺の末寺は少なく、法会には元興寺・新薬師寺・安倍寺などが出仕した。

坊官とは、一般的には門跡家の家司を指し、僧衣を着するが、帯刀し、妻帯する。当時の東大寺別当は勧修寺門跡の済範法親王（在職一八二九～一八四一）で、坊官はこの勧修寺門跡の役僧のこと。

執行は正倉院の開封など寺務を掌った塔頭薬師院の僧侶。六堂公人は執行の職務を補佐する在家者。神主は東大寺の鎮守八幡宮の神官。伶人は楽家であるが、奉幣役を兼ねた。正倉院の開封に大工や鍛冶屋まで立ち会っているのは興味深い。

天保四年　正倉院開封図（部分１）

②次に一同は奉行並びにその家来を先頭に、順次、宝庫前の式場に移動する。東大寺側はまず列奉行の差配によって平公人・三役・承仕を先触れとして、学侶が進む。学侶は衲衆として、出世後見が二人、証明役が二人、宝物役が二人、甲衆四人と、それぞれの付人からなる。出世後見とは、別当の東大寺内での代理を務める僧のことである。

学侶のあとには、学侶に準じる裏頭姿の両堂・末寺が続く。次いで勅使と家来、鎰箱持と寺務坊官、六堂公人・小綱・仏師を先触れとする執行が続き、清祓役の八幡宮神主、奉幣役の伶人、番匠、鍛治がしんがりとなる。

③東大寺別当の寺務宮は輿から降りて仮屋内の所定の位置に着座、勅使とその家来、奉行とその家来、執行、鎰箱役の寺務坊官は寺務宮の横に着座し、執行のまえには仏師・小綱・六堂公人が居並ぶ。

④いよいよ開封の儀に入るが、まず寺務坊官が宝庫の鎰箱を勅使に渡す。執行がこれを勅使より受け取ると、番匠が三倉の各錠前の鞘木を取り外す。ついで八幡宮の神主が宝庫清祓いの作法を執り行い、伶人による宝庫と鎮守社への奉幣がなされる。

⑤次に六堂公人の一臈が宝庫の折り鎰もしくは梅楉をもち、式場中央に進み、八幡宮に向かって三拝ののち、鎰を高く差し上げて「宝倉御戸開」と三唱する。すると執行が三倉の階を上がり、封を解いて開扉する。そこで証明役の学侶が庫内を検分する（左中図）。それが済むと点検予定の宝物を搬出し、これで開封儀は終了とな

天保四年　正倉院開封図（部分２）

天保四年　正倉院開封図（部分３）

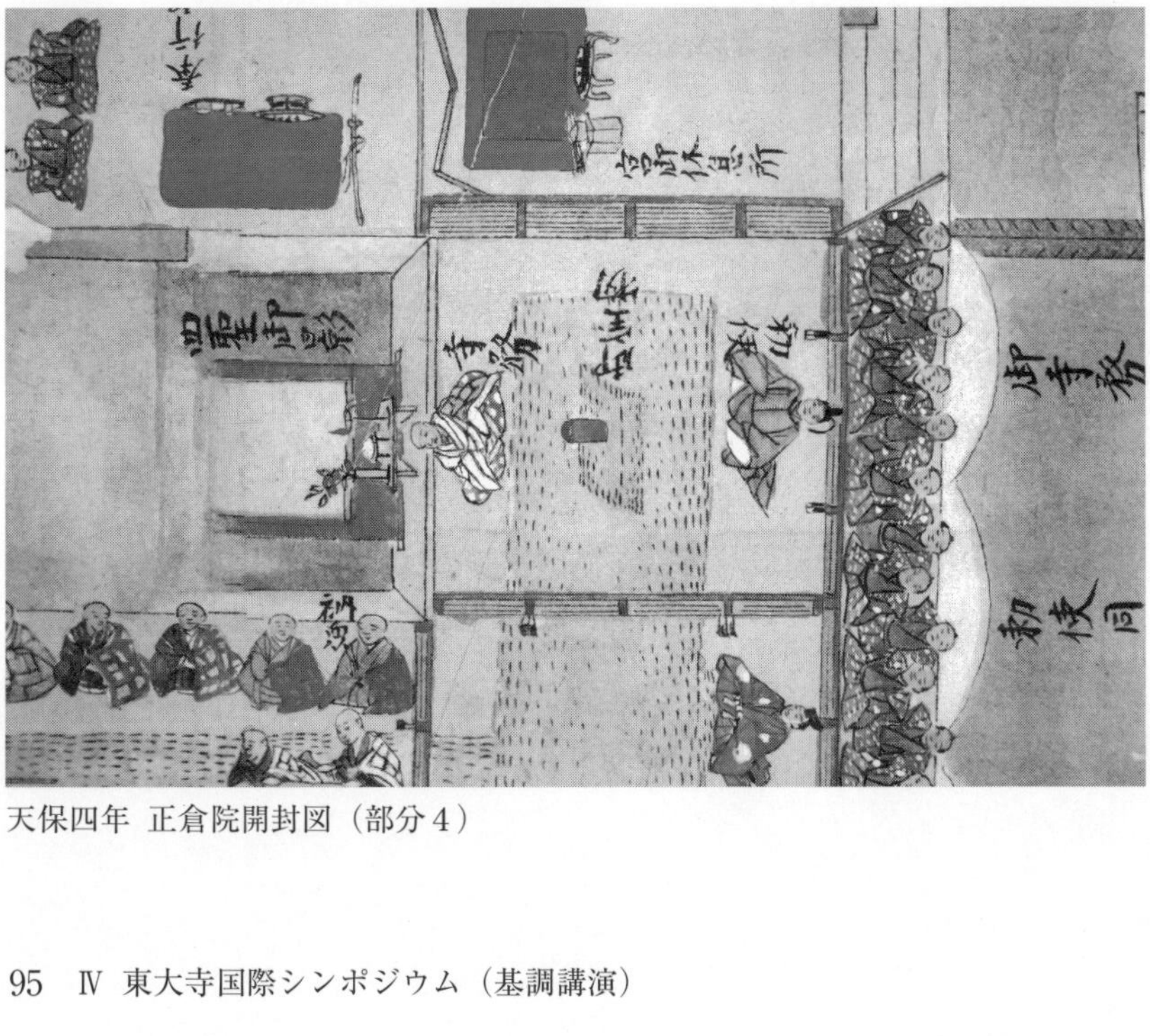
天保四年　正倉院開封図（部分４）

る。

このあと、寺務宮・勅使・奈良奉行以下、四聖坊に参集し、各宝物の点検をする。

天保四年の開封のさいには、実際にどんな人物がそれぞれの役に就いていたか、東大寺に残る文書資料によってある程度同定できる。一覧表にすると以下の通りとなる。なお参考になる江戸期の東大寺文書には新修東大寺文書聖教一・七六―一〜七六、一・七七―一〜三〇がある。

①東大寺関係参列者
列奉行
平公人（使丁役）
三役
　稲垣・堀池・井沢
承仕　二

学侶　衲衆　裹頭（証明役・出世後見・宝物役）
　上生院・四聖坊・尊光院・見性院・金珠院・宝厳院・蓮乗院・清涼院・大喜院・龍松院・惣持院・禅花坊・妙厳院・地蔵院
両堂（堂衆）衲衆　裹頭
　法華堂・中門堂
末寺　裹頭
　元興寺・新薬師寺・法楽寺・安倍寺

寺務宮
　東大寺別当勧修寺宮　済範法親王（兼東南院門跡）
坊官（別当役僧）
法印光慶
　一山注記
　堂僧　二（鎰箱・鎰箱役）

執行
　薬師院　上座法眼　諄実
　仏師　二
　小綱　二
　　水瓶・角盥持
六堂公人　六
　梅楉（折り鎰）・棹・灯明　二・薦　二

神主　禰宜　二　他（清祓役）
八幡宮神主　上司正五位下出羽守紀延寅
伶人　寺侍　二　他（奉幣使）
勧進所伶人　上従四位下越後守狛宿弥近興
番匠　大工
鍛冶

②勅使関係参列者
勅使
　坊城蔵人左小弁俊克（兼皇太后宮権大進）

家来

③奉行所関係参列者
奉行
奈良町奉行土佐守梶野良材
家来
与力
同心
奉行所書記

こうして開封・閉封に伴って文書のやり取り、記録、調書が取られるので、残されている文書をさらに検討していけば、江戸期の東大寺のシステムがより明らかになるであろう。なお東大寺に残る古文書のうち、天保四年十月十八日の開封日を起点にした文書の往来を列記すると次のようになる。

寺務宮達書
開封日時勧進之儀　同九月二十九日付
坊官法印光慶→出世後見日向権大僧都
出世後見権大僧都永宣→
勧進所越後守［近興］
開封勧進請書　同九月晦日付
越後守近興→出世後見永宣権大僧都
開封日時勧進状
従四位下越後守狛宿弥近興→
寺務宮令旨　同十月六日付
開封日時触之儀　同十月六日付
坊官法印光慶→出世後見日向権大僧都
開封日時触之儀　同十月七日付
執行法眼諄実→出世後見日向権大僧都

なお天保四年の開封は正倉の修理もあったので、閉封されたのは天保七年六月二十日であった。

（もりもと　こうせい・東大寺別当）

公慶上人の生涯

西山　厚

はじめに

永禄十年（一五六七）十月十日夜、多聞城にいた松永久秀の軍勢は、大仏殿に陣を構えていた三好三人衆（三好長逸・三好政康・岩成友通）に夜討ちをかけた。子の刻（午前〇時ころ）に穀屋、続いて中門堂が炎上、丑の刻（午前二時ころ）に至り、大仏殿は猛火のなかに崩れ落ちた。興福寺多門院の英俊は、この時の様子を「猛火天ニ満、サナカラ如雷電、一時ニ頓滅了、尺迦像モ湯ニナラセ給了」と書き残している。[1]

大仏は原型を留めないほどに溶け崩れていた。頭部は背後の地に落ち、両手は折れ、肩・胸・背の大半、右膝の一部が失われていた。上半身を失った大仏の前には、大仏殿の灰燼が山のように積もっていた。[2]

この無惨な姿の大仏を修復したのが山田道安である。[3] 山辺郡山田城の城主であった道安は、元亀三年（一五七二）に頭部を銅板で修復した。享保二十年（一七三五）に刊行された『奈良坊目拙解』（村井古道著）には、木で作って銅を張ったとある。担当した銅工は後藤乗意で、大仏の体内には補強のため縦横に木が組まれた。これ以前、永禄十二年（一五六九）七月頃から胴体部の修復もなされており、頭部が修復されたあとには仮堂も建てられた。当時の記録には道安は「本願」「大勧進」とあり、[4] この時期における道安の存在の重要性をうかがうことができる。

東大寺僧も必死の努力を続けていた。大仏殿の西廻廊に火が懸かると、寺の老若ことごとくが戦いのまっただ中で身命を捨てて消火活動にあたった。しかし西風が強く、ついに猛火が懸かった大仏殿は、人々の目の前で、炎のなかに崩れ落ちた。[5]

東大寺では群議を開き、天皇から復興の綸旨を賜って、その綸旨をもって諸国をまわることを決めた。年預五師の上生院浄実がこの時期の東大寺の中心的役割を担っていた。[6] 永禄十一年（一五六八）三月ころから、織田信長、上杉謙信、武田信玄、徳川家康、毛利元就ら、各地の有力者へ宛てて、大仏殿再建の奉加を求める正親町天皇の綸旨があわせて十二通出されたのは[7]、東大寺の意向を受けてのことであった。

元亀三年（一五七二）六月、織田信長は山城阿弥陀寺の清玉上人に対して、大仏殿再建の費用を調達するため、支配する分国の「権門勢家」「貴賤上下」を問わず、すべての人々から、一人につき毎月一銭ずつ勧進するよう命じた[8]。また徳川家康も好意的で、慶長十九年（一六一四）には大仏修造のための諸国勧進を許可し、不足分は援助しようとさえ申し出ている[9]。しかし、前者は本能寺の変で信長が死ぬと、後者は「冬の陣」「夏の陣」に続く家康の死によって、いずれも頓挫した。慶長十五年（一六一〇）七月の大風で仮屋が倒壊したあとは、木造銅板張りの仮の頭部を乗せた大仏は、大仏殿もないまま、長い時を過ごすことになる[10]。

公慶上人坐像　東大寺（公慶堂安置）

大和名所図屏風（部分）　個人蔵

一　公慶の生い立ち

公慶の没後に編纂された『公慶上人年譜』（以下、年譜）[11]によれば、公慶は慶安元年（一六四八）十一月十五日、丹後国宮津で生まれた。父は鷹山頼茂で、その第七子だった。

鷹山氏（高山氏）は大和国の豪族である。奈良県生駒市高山町のあたりは、かつては興福寺領の鷹山庄で、ここが鷹山氏の拠点であった。鷹山庄の中心には高山八幡宮と法楽寺があり、その法楽寺の末寺の円楽寺の跡には鷹山氏一族の墓所があって、今も多くの五輪塔が立っている。鷹山氏は織田信長らと戦うが、次第に勢力を弱め、公慶の祖父頼一の代に鷹山城を退去した。父の頼茂は宮津藩主の京極高広に仕えていたが、わけあって仕官をやめ、郷里に戻って剃髪し、自省と号した。年譜では、このとき公慶は数えの三歳であった。

公慶は強い少年だった。奈良は礫（石合戦）がさかんで、公慶が率いると必ず勝利した。ある時、勝ちに乗じて攻め立て、相手の少年を傷つけてしまう。父にひどく叱られた公慶は、自殺しようとして母に止められる。一室に閉じこもった公慶は、観音菩薩の名号を三千三百三十三行も書いて東大寺二月堂に奉納し、いつか手柄を立てて名をあげることを祈ったという。

しかし「鷹山氏系図」（以下、系図）[12]には、かなり異なる記述がみられる。系図にはそれぞれの人物について詳しい註記があるが、それによれば公慶の生誕地は大和国の高山で、生まれたのは慶安元年（一六四八）正月子日であった。

系図によれば、父の鷹山頼茂は大坂夏の陣で豊臣方に加わって敗走するが、そののち柳生宗矩の口添えで美作国津山森藩の森忠広に仕え、寛永十年（一六三三）に忠広が亡くなると、丹後国宮津藩主の京極高広に仕えた。しかし、所存あって暇を乞い、正保四年（一六四七）に南都へ戻った。公慶が生まれたのはその翌年である。

系図には、鷹山頼茂および鷹山氏と興福院との密接な関係も記されている。興福院は宝亀元年（七七〇）に藤原百川が建立したと伝える古刹で、天正年間（一五七三～九二）に尼寺として復興されて今日に至っている。初代の心慶尼は鷹山氏の一族である窪庄氏の女性、二代の光秀尼は豊臣秀長の妻であった。このため豊臣氏が滅ぶと衰えたが、三代の光心尼が徳川家光から二百石を与えられて中興した。この光心尼も窪庄氏の女性で、家光から「此寺代々自高山家可有相続」との言葉をもらったという。光心尼のあとを嗣いだ四代の清信尼は公慶の姉である。系図の註記によれば、承応三年（一六五四）に光心尼が亡くなると、心玉と江尊という尼が興福院を乗っ取ろうとしたらしい。そこで頼茂は江戸へ行き、寺社奉行に訴えて、清信尼が後を継ぐことを認めさせた。戦乱の時代を敗者の立場で終えた鷹山氏は、辛うじて仏教界に一筋の光明を見出していたようにみえる。興福院が徳川家綱から現在の寺地（奈良市法蓮町）を与えられ、そこに移ったのは清信尼の時である。公慶の一族が徳川幕府や将軍家と無縁でなかったことは注意してよい。

公慶も興福院との関係が深かった。系図によれば、光心尼の取り立てで幼少より窪庄氏を名乗った。光心尼が亡くなると近江国佐和山の喜多寺へ遣わされ、やがて東大寺へ入ることになる。

公慶は東大寺の大喜院に入った。年譜では万治三年（一六六〇）十二月九日、十三歳のことである。[13]師の英慶は五十歳で、三十七歳の年の開きがあった。六日後の十二月十五日、公慶は初めて大仏を拝した。その日は、大雨が降っていた。公慶は思う。自分には傘がある。しかし大仏は露座のまま、百年あまりも風雨に晒され続けている。このとき少年は大仏殿再建を決意した。その後は、大仏を拝するたびに涙を流したという。

公慶は、おそらくは大願を秘めながら、三論宗の学僧としての道を歩んでいた。十七歳で倶舎三十講の問者、二十八歳で倶舎三十講の講師、三十三歳で法華会の竪者を勤めるなど、学僧の階梯を着実にのぼっていた。延宝二年（一六七四）の夏季別宗談義には聴衆のひとりとして参加したが、納所（出納事務担当者）としての勤めも果たしている。

初めて修二会（「お水取り」）の練行衆となり、二月堂に参籠したのは寛文六年（一六六六）だった[14]。二月堂牛玉誓紙[15]や修二会交名に、十九歳の公慶の若々しい署名を見ることができる。その後、延宝六年（一六七八）と八年を除き、貞享二年（一六八五）まで、公慶は十八回参籠したが、その後は勧進のために参籠することはなかった。

十八回の参籠のうち、もっとも忘れがたいのは二回目であったろう。寛文七年（一六六七）二月十四日未明、修二会の最中に二月堂が焼失したのである。夜が明けて、人々は焼け跡に、大観音（二月堂の本尊である大きな十一面観音像）が痛ましい姿で立っているのを見た。「衆人共拝、更恐」と『二月堂修中練行衆日記』にある。公慶にとっても、それは筆舌に尽くしがたい衝撃であったに違いない。

二月堂はただちに再建された。東大寺が再建したのではない。幕府が再建したのである。上棟は寛文九年（一六六九）五月九日、焼失から二年後だった。寺社の修復は幕府の寺社奉行に願い出なければならない。将軍家の祈禱にあたっている場合のみ修復が許される。将軍の裁定を仰いで寺社奉行が決定することになっていた。二月堂は、将軍家にとって必要な存在であり、再建費用も出費可能という判断があったわけである。

二月堂の焼失と再建を公慶はこの目で見た。幕府の事業となったので、東大寺自身がしなければならないことはほとんどなかったであろうが、大堂の再建がどのような手順で進められるかを公慶は学んだに違いない。

『二月堂修中練行衆日記』によれば、二月堂の上に煙が立ち昇っているとの知らせを受け、真っ先に堂内へ入ったのは堂司の実賢であった。内陣はすでに火の海で、厨子を押し破って小観音（修二会の本尊である小さな十一面観音像）を取り出した実賢は、小観音を抱きかかえ、自分の袈裟で包んで堂外へ走り出た。のちに公慶が大仏殿再興を東大寺の衆中にはかった時、実賢が節を撃って讃揚したことが、実賢の霊牌（位牌）に記されている[16]。公慶の発願に最初に賛同したのが実賢であった。実賢は公慶より二十九歳年上で、元禄十五年（一七〇二）閏八月十六日に八十四歳で亡くなると、公慶はその旧愛を思い、勧進所に霊牌を設けた。

天和二年（一六八二）六月二十八日、公慶は江戸へ向かった。初めての江戸行きだった。鎮守八幡宮の造営を将軍家に願うためである。東大寺の鎮守八幡宮は寛永十九年（一六四二）に焼失し、ご神体は仮宮に奉安されていた。それ以来、八幡宮復興を幕府へ願い出るのが毎年の恒例になっており、公慶に順番が回ってきたのである。寺社奉行に面会した公慶は、家康以来、将軍家が東大寺を尊崇していることを記した書付けを提出して訴えたが、今年は無理だと申し渡された。それも毎年の恒例だった。八幡宮造営の許可はもらえなかったが、寺社奉行と面談した体験も公慶には大きかったであろう。公慶が大仏修復を幕府に願い出るのは、この二年後である。(17)

二　大仏修復勧進

貞享元年（一六八四）五月、再び江戸へ下向した公慶は、寺社奉行（坂本内記重治）を訪ね、「奉行所から御免許を蒙り、諸国を勧進して、大仏を修復したい」と願い出た。「許可はできない」、これが返答であった。六月九日、寺社奉行（本多淡路守忠周）邸で開かれた寺社奉行の寄合いに出席した公慶は、さらに訴えて、「東大寺が勧進することは容認する（幕府は協力しない）」という許可を得た。奈良奉行所の与力である玉井定時が記した『大仏殿再建記』（『庁中漫録』）には「寺社御奉行坂本内記殿、本多淡路守殿、勧進之儀者勝手次第可仕之旨、龍松院公慶江被仰渡事」とある。

年譜によれば、公慶は幕府の役人に対して「天下の仏心を集めて一仏となす」（原漢文）と訴えた。この言葉は、大仏の他にない特質を端的に物語っている。「知識」（造寺造仏のために資財や労力を提供する仏教信者）による大仏造立を発願した聖武天皇は、大仏造立の詔のなかで「一枝の草・一把の土を持ちて像を助け造らむと情《こころ》に願はば、恣《ほしいまま》に聴《ゆる》せ」（『続日本紀』原漢文）と述べており、わずかなもの（小さな思い）を広く集めて大仏を造ろうという聖武天皇の考え方がよく理解できる。平安時代に大仏の頭が地に落ちた時、復興事業を担当した真如親王は、聖武天皇の詔を引用して人々に寄進を呼びかけた。そこには「天下の人をして、一文の銭・一合の米を論ぜず、力の多少に随ひて」（『東大寺要録』原漢文）とあり、聖武天皇の考えが受け継がれていることがわかる。その大仏が平氏に焼かれた際に、大仏復興を成し遂げた重源の勧進状には「尺布・寸鉄といえども、一木・半銭といえども」（『東大寺続要録』原漢文）の文言がみえる。たとえ尺布（一尺の布）・寸鉄（一寸の鉄）・一木・半銭でも集めていく。わずかな寄付を限りなく集めることは、限りない人々の思いを大仏に結集させることであり、ここにも聖武天皇の精神が継承されていることがわかる。そして公慶の「天下の仏心を集めて一仏となす」も同じ思想に基づいているのは明らかであろう。

奈良に戻った公慶は、十一月二十九日、東大寺の大喜院で大仏の縁起を語り、大仏修復勧進を始めた。さっそく奈良の町々には勧進を取り持つ講が結成された。勧進が始まる以前に、東大寺では惣寺の会合が開かれ、公慶はかつて重源が勧進に用いた杓などの霊宝を受け取った。

翌年二月、公慶は二月堂の修二会に咒師として参籠した。これが最後の参籠となる。(18)四月十五日には高山の法楽寺で薬師秘法を修し、大仏修復の成就を祈った。(19)五月には勧進帳を作り、大仏修復に結縁を求めた。六月五日から江戸でも勧進を始めた。(20)場所は浅草の長寿院で、公慶は大仏の縁起を語り、宝物を開帳した。九月二十八日夜、江戸の大工町で曲尺を拾った公慶は、大仏殿が成る瑞兆だと喜悦した。

この貞享二年（一六八五）十一月十三日には奈良の井上町に奉加帳が届けられた。翌三年に町内を勧進したところ、銭十貫文が集まったので、町の代表が東大寺の奉加所（勧進所）へ届けている。(21)貞享三年（一六八六）正月十七日に公慶は高山へ行き、翌日には高山八幡宮で『大般若経』を転読した。このとき公慶は四十冊の奉加帳を持参しており、奉加帳は庄田村に一冊、大北村に一冊、大門村に一冊というふうに割り振られた[22]。井上町の例からもわかるように、奉加帳はそれぞれの町や村に配られて、一定期間を過ぎると、集まった金銭を代表者が勧進所へ届けるというシステムになっていた。

貞享三年（一六八六）二月三日、公慶は大喜院を離れた。勧進をさらに本格化するため、東大寺の穀屋の地に龍松院（勧進所）を建て、そこへ移ったのである[23]。穀屋は重源以来の勧進の伝統を引き継いだ場所ではあるが、その規模は小さくなっていた。勧進所（勧化所）における事務の責任者（経営の長）は後藤玄順であった。奈良の町々には講ができ、奉加金が勧進所に納められた。近国・近郷からも、金・銀・銭・米などが寄せられるようになった。

二月五日には大仏の鋳掛けが始まった。蓮弁十八枚が新調され、石座の新造なども進められた。鋳物師は鍋屋町の弥左衛門ら、石工は庄太夫らであった[24]。

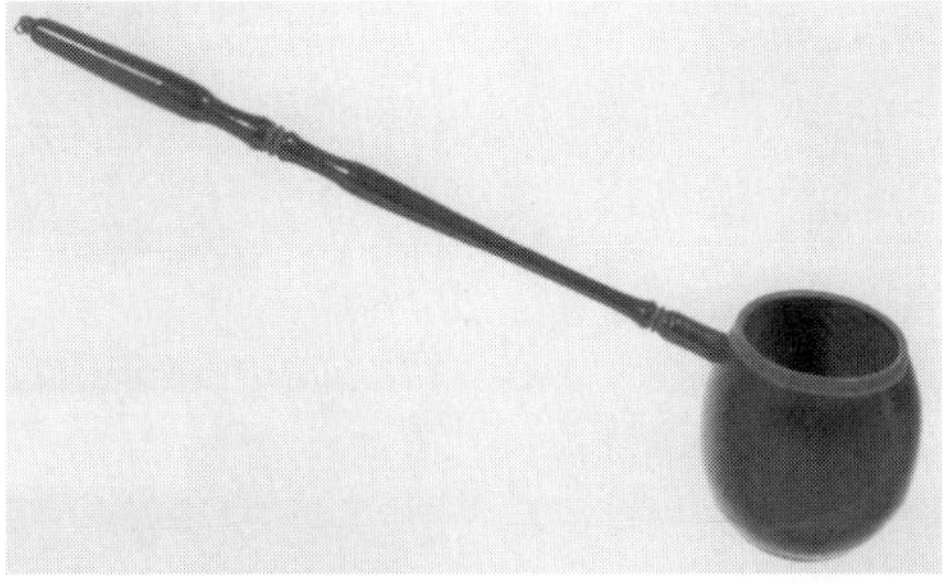

勧進杓　東大寺

鉦鼓・鉦架・憧木　東大寺

四月五日、公慶は再び法楽寺で薬師秘法を修し、大願成就と息災延命を祈った[25]。大願とはもちろん大仏修復であり、そのために自身の息災延命を祈ったとも考えられるが、父の頼茂が七月十九日に亡くなることを思えば、頼茂の息災延命を祈ったのかもしれない。七月十九日には公慶は江戸におり、父の死に目に会えなかった。法楽寺での修法後まもなく江戸へ向かったようで、すでに四月二日には東大寺から白布一疋を餞別にもらっている。年譜によれば、頼茂は「汝、壮健にして四方を周流す、今に相見えざるなり、却ってもって幸いと成す」と遺言したという。公慶は老いた父ともう一度相まみえることを念じ、父の息災延命を本尊の薬師如来に祈ったのではないだろうか。

貞享四年（一六八七）二月十六日には、興福寺一乗院の真敬法親王が大仏前に大きな香炉を寄進した。大仏修復が軌道に乗ってきたことがうかがえる。三月十一日、公慶はかつて重源が所持していた鉦鼓を戒壇院から借用した。

元禄元年（一六八八）閏四月二日から八日までの七日間、大仏殿の釿始《ちょうなはじめ》（建築にとりかかった初めの日におこなう儀式）がおこなわれた。大和国ばかりではなく、畿内の諸国から五百人の大工が集められ、中門で毎日、釿始の儀式（墨掛、糸引、釿出など）をおこなった。それに合わせて千僧供養も実施され、畿内の諸寺から多数の僧侶が東大寺に集まった。出仕した大工の食事は勧進所で出され、参加した僧衆には公慶から末廣の扇子が配られた。東大寺の別当に就任したばかりの勧修寺の済深法親王（十八歳）が初めて東大寺を訪れたのもこの時で、大仏殿・八幡宮・法華堂・二月堂・良弁堂・

勧進所を参拝し、勧進所では「四聖御影」を拝した。七日間のうちに斎を受けた（東大寺で食事を施された）僧俗は五万七千百六十人あまり、奉加銭は千両に及んだという。さらに銀二十七貫目あまり、鉄・銅・衣服・鏡・太刀・荘厳具・飯具などが寄進され、奈良は大変なにぎわいとなった[26]。

八月五日、公慶は東山天皇から上人号を勅許された[27]。公慶の復興事業が朝廷に認められたのである。

元禄二年（一六八九）正月、公慶は『三論偈頌』[28]を開版した。公慶は三論教学を学んでいた。三論宗の所依の論書は『中論』『百論』『十二門論』で、その三つを一帖に収めたものである。東大寺にあった『三論偈頌』の板木は永禄十年（一五六七）の兵火で焼失したが、幸いに刷られたものが残っていたので、復刻して勧進所に置き、広く流布させようとしたのである。勧進に奔走する日々のなかで、公慶は三論の学僧としての姿を決して失わない。公慶が将軍綱吉に『三論玄義』を講義するのはこの六年後のことである。

二月には、勧進所に聖武天皇の尊像[29]を安置した。勧進所には天皇堂（天皇殿）が建てられ、尊像の開眼は済深法親王がおこなった。この像は二月二十五日から開帳されたが、三月二十七日の酉刻（午後六時ころ）に亀が現れて像の周囲を三度巡った[30]ことが評判となり、群衆が殺到した[31]。聖武天皇の御代の故事、神亀三年（七二六）に白亀が献納され、やがて大仏殿が落成したという逸話を思い、公慶は歓喜した。

元禄三年（一六九〇）正月、大仏殿用木の揚場を大坂に確保すべく、公慶は南嶋の借地を大坂町奉行に願い出て、二月十八日に許可された。この嶋は大仏嶋と呼ばれるようになり、公慶はここにも勧進所を設けた。たくさんの木がこの嶋から淀川・木津川を経て木津へ到り、そこからは大車に乗せて、人や牛が東大寺まで曳いた[32]。

八月十五日、大仏頭部の新鋳が完成した[33]。大仏の頭頂にのせられた円蓋の側面には、元禄三年八月十五日の年月日と、上生院晋英はじめとする二十三人の東大寺僧と後藤玄順、そして広浜行左衛門国重ら鋳造を担当した鋳物師の名前が刻まれている。しかし、なぜか公慶の名はない。

この年、公慶は大仏の体内の木組みを取り替えた。旧材のうち、もっとも古いものは山田道安が補強のために組んだ時の材で、長年の雨漏りや露滴のために朽ちていたのである[34]。公慶は、使える材は再使用し、他は新材に取り替えた。年譜によると、公慶はこの旧材で千余体の仏像を造り、乞う者に与えた。大黒天像を乞う者がもっとも多かったとあり、さまざまな尊像を製作したらしい。現在、所在が知られているのはわずかに六体。四体の釈迦如来坐像および薬師如来立像と阿弥陀如来立像（次頁写真）が各一体である[35]。また雨露を防ぐために大仏の仮屋も作られた。

元禄四年（一六九一）正月十八日、鎮守八幡宮造営の釿始をおこなった。公慶は言った。「八幡神は大仏殿鎮護の神。まず八幡宮を造営し、その神力を頼んで大仏殿を再建したい。幕府にはもう頼まない。衆人の助力で造営するのみである」。東大寺の悲願であった八幡宮の造営を、幕府の力を借りずに実現できるほどに、公慶の勧進は大きな成果をあげていた。

二月三十日、大仏の修復は完了した。費用は一万千百七十八両あまり[36]。今の金額に換算すると十二億円くらいになるのだろうか。多くの人々の助力を受けながら、公慶は六年余りでこれだけの金額を集め、大仏修復を成し遂げたのである。

永禄十年（一五六七）に焼け落ちた大仏殿の灰燼は、百年以上が過ぎてなお大仏の石座を埋没させるほどに積もっていた。三月四日、公慶はひとりで灰燼（焦土）を除き始めた。見かねた人々が群参して手伝い、三日間ですべての焦土を除くことができた。

街路にびっしり朱線が引かれた京の地図[37]がある。貞享三年（一六八六）二月に作成された地図で、元禄四年（一六九一）閏八月六日から九月二十四日まで、公慶が托鉢行脚した道に朱線が引かれている。市街地はほぼすべて巡っている。京にも大仏講があり、公慶の勧進に協力していた。地図の裏には井筒屋久和・大文字屋行有・笠屋道仲ら三十二人の講中の名前が記されている。これらの人々が公慶と一緒に町々を勧進しながら歩いたのである。閏八月十一日及び二十日から九月一日までの間は休んでいるが、それは閏八月十一日に鎮守八幡宮の上棟、閏八月二十六日に新しい社殿への遷宮がおこなわれたためである。閏八月十日の托鉢を終えてから、公慶は奈良へ戻って十一日の上棟式に出仕、十二日からはまた京で托鉢するというハードな日々を送っていたことがわかる。

阿弥陀如来立像（正面）
宮城・当信寺

阿弥陀如来立像（背面）
宮城・当信寺

三　大仏開眼

元禄五年（一六九二）三月八日から四月八日まで、修復が成った大仏の開眼供養がおこなわれた。公慶は会期を百日間にすることを希望していた。それならば遠方の人でも参詣でき、聖武天皇の御心にかなうと考えたからである。しかし、その間に障害の起こることも考え合わせ、三十一日間の会期となった。

「大仏開眼供養道場絵図」（東大寺蔵）をみると、大仏が坐す蓮肉部分に柱を立て、仮屋が建てられている。大仏の真正面には開眼導師御座所、そして階段を降りたところに花瓶・前机・磬・高座などが配置されている。周囲には聴聞所、寺中休息所、奉行仮屋、上人仮屋などが作られていた。五色の幡がたなびくなか、八角燈籠の手前には舞台が設けられ、楽人が中門を入ったところの左右に並んでいた。

初日（三月八日）の開眼導師は済深法親王だった。『大仏殿再建記』によれば、午刻に勅使（藤原輔長）が登場して西経堂に着座した。午中刻になると、済深法親王が宿坊の四聖坊を出て、中門に設けられた幄屋《あくのや》に入った。やがて公慶が重源所用の勧進杓を手にして登場し、大仏の前に到る。済深法親王が高座に登り、公慶らが高座の傍らに着座すると、大衆僧は華籠を持って仏前で左右に分かれ、散華をしながら行道した。ここで開眼の作法が行われ、「仏眼真言」と「釈迦法号」が唱えられた。このあと舞楽が演じられると、さらに「三十二相」が唱えられた。開眼の作法自体は記述されていないので明らかではないが、仏眼真言が開眼との関連で唱えられていることや、大仏が釈迦如来であると考えられていることがわかる。この日の参詣人はおよそ十万人。奈良は人であふれかえった。

『東大寺大仏開眼供養記』（東大寺蔵）によれば、大仏の左右には大旗が二本、中旗が十二本、小旗が百本も立ち並んでいた。中旗には十二光仏の宝号が書かれ、大仏の手からは十二筋の綱が引かれていた。十二光仏とは、阿弥陀如来の十二種の光明を阿弥陀の分身とするもので、無量光仏・無辺光仏・無碍光仏など、十二の光の仏である。文治元年（一一八五）八月八日、重源によって復興がなった大仏は、正倉院から取り出された天平開眼筆を用いて、後白河法皇が開眼した。そのとき筆には十二光仏を配した十二筋の綱が付けられており、参入集会の人々は綱を手にして開眼に結縁した[38]。江戸時代の大仏開眼の作法が鎌倉時代のそれにならっていること、大仏が阿弥陀如来であると考えられていることがわかる。

公慶は毎日、辰の刻（午前八時頃）に仏餉加持をおこなった。手輿で出仕した公慶は、中門で輿から降り、歩いて大仏の前に到る。大仏の前には白米五斗の仏餉が供えられており、その前で仏餉加持をおこなうのが公慶の日課であった。まず公慶は重源所用の鉦鼓を打って「光明遍照」を唱え、さらに念仏を唱えた[39]。そして大鐘が二度打ち鳴らされるのを合図に、数万人の参詣者が念仏を繰り返した。「光明遍照」とは「光明遍照十方世界、念仏衆生摂取不捨」という『観無量寿経』にある一文のこと。「光明遍照」の文言は、光の仏である盧舎那仏（毘盧遮那如来）のイメージとも合致するが、大仏が阿弥陀如来としても信仰されている様子がうかがえる。

公慶が書いた「南無阿弥陀仏」の六字名号が興福院などに伝えられており、重源ゆかりの大湯屋（重源は湯屋で念仏を唱えることを勧めた）を修復した時にも、自筆の六字名号懸額を大湯屋に懸けている。大仏開眼の翌年にあたる元禄六年（一六九三）六月五日には、江戸の勧進所で不断念仏（昼夜間断なく念仏を唱える）を始めた。年譜には、「俊乗上人、不断念仏を修す。今、旧に依る」（原漢文）とあって、重源の旧儀にならったことがわかる。元禄七年（一六九四）四月十九日には、東大寺の勧進所でも不断念仏を始めた。重源は「南無阿弥陀仏」と自称したが、公慶の墓石には「敬阿弥陀仏」の阿弥号が刻まれており、念仏者としての公慶にも注目する必要がある。

連日、法華千部経が読まれ、第八日には京都の知恩院、第九日には唐招提寺、第十日は霊山寺、第十一日は法隆寺、第十二日は京都の金戒光明寺、第十三日には東大寺、第十四日には京都の知恩寺、第十五日は西大寺、第十六日は河内の叡福寺及び京都の東本願寺・西本願寺というように、各地の寺院が、宗派を問わず、番を成して出仕した。諸寺の僧侶は、集会所の真言院から中門を経て、大仏の前に到った。東大寺の僧侶は、後門の廻廊から中門を経て大仏の前に到り、東西の経堂に入った。

第二十日（三月二十七日／二十六日の予定が雨で順延）は興福寺が番に当たり、盛大な儀式が行われた。供養導師は興福寺一乗院の真敬法親王がつとめた。この日の参詣人はおよそ二十万人で、若草

大仏開眼供養図　東大寺

大仏開眼供養図（部分）　手輿に乗る公慶と仏餉

大仏開眼供養図（部分）　三昧聖、極楽寺の人々、施薬所へ向かう人々

山の山頂から手掻町まで人が充満した。この夜、奈良町に宿泊した参詣人は四万九千五十四人に達した。

第三十一日（四月八日）は結願の日で、八角燈籠の前に誕生仏を安置して華厳会がおこなわれた。結願導師は安井門跡の道恕大僧正がつとめた。

この開眼供養会の盛儀を描いた屏風（「大仏開眼供養図」東大寺蔵）がある。中央には露座の大仏。その周囲に多数の僧俗や楽人が描かれている。手輿に乗る公慶、大きな仏餉、勅使や開眼導師の姿もみえる。大仏の前に左右に分かれて坐る俗人は、『二条日記』元禄五年三月七日条に「諸人聴聞之所、其外買人之居所、悉以代銀相定、会式前ニ代銀取切場所相済申也」とあることから、よい席を前売りで購入した人々かもしれない[40]。左方の建物群は勧進所で、大仏と勧進所の間に、第三十日（四月七日）に出仕した京都の極楽寺の僧の姿が描かれている。髷を結わず、髻を切った、有髪の人々で、長い鹿杖を捧げ、鉦鼓と瓢を叩きながら歩いている。この異様な有様は人々の印象に残ったらしく、『春日社記録』（『元禄五年壬申日記』）にも「四月七日、今日大仏鉢扣勤仕、（中略）踊念仏瓢タン扣」とみえている。そのうしろには丸い帽子をかぶっているような人々がいる。他寺の僧の行列とは異なり、先導する同心がいない。彼らは三昧聖である。『大仏開眼万僧供養私記』には、結願がすでに終わった四月八日の申刻に、五畿内の三昧聖七十五人が会奉行に訴えて、仏前での誦経焼香を許されたことを記している。このように、この屏風は、ある特定の日の様子を描いたものではなく、三十一日間のなかで印象的な事柄を選んで描いたものであることがわかる[41]。

屏風では、極楽寺の人々の脇に小屋が描かれ、その周囲には背負われた人や手を引かれた人がいる。『東大寺大仏開眼供養記』によれば、西回廊の傍らには「施薬所」が設けられていた。公慶はここに六十人余りの医師を待機させ、急病人の治療にあたらせた。会期中に九百五十人余りの病人が出たが、いずれも無事だったという。年譜によれば、会場には施薬局と迷兒局が設けられていた。迷兒局は家族や友達とはぐれた人たちが集まる場所で、施薬局にも迷兒局にも旗が建てられていた。

大仏の仮屋では寺宝の開帳がおこなわれていた。開帳されたのは、良弁僧正の御衣・袈裟・自筆の経巻・硯、聖武天皇自筆の経巻、光明皇后自筆の経巻、聖宝所用の五獅子如意であった。

南大門から南方の北向荒神社にかけては、茶屋・アヤツリ・歌舞伎・見せ物小屋が二十軒も連なっていた[42]。このため大坂道頓堀の芝居は見物人がいなくなり、大坂の高麗橋から奈良まで行列が続いたという。公慶は、開眼会が四月八日に終わっても、芝居は十五日まで興行するよう申し入れていた。遅れてきた参詣人を落胆させない配慮である。開眼会の一カ月間は、旅籠屋が空前の盛況となり、一般の家も貸間として宿泊させることが許された。先述したように、三月二十七日には四万九千五十四人が奈良町で宿泊していた。元興寺、唐招提寺、薬師寺、秋篠寺、當麻寺などでは宝物の開帳がおこなわれ、西大寺の愛染堂では豊心丹という薬が飛ぶように売れた。春日若宮でも散銭（賽銭）が千貫を越え、興福寺では散銭が平生の百倍にもなったという。このほか、奈良では饅頭・団扇・晒・墨などがよく売れ、饅頭屋は四十五軒ともすべて儲かったという。木津川の渡しを利用した人は六万人に及び、渡守からお礼として勧進所へ銭三十貫の寄進があった。

若草山や猿沢池には人があふれ、猿沢池の近辺で菓子（魚の餌）を売る者は百両あまりを得たという。多くの人が餌をやるので、餌をやっても魚が浮かんでこなくなり、「古今無之事ナリ」（『大仏殿再建記』）と言われた。

『大仏殿再建記』には、開眼会に参加した僧は一万二千八百九十九人（出仕僧が二千七十人余り、拈香僧が八百七十人余り、参詣受斎僧が二千六百五十人余り、無縁受斎僧が七千二百人余り）、俗人は二十万五千三百三人、あわせて二十一万八千二百二人と記されている[43]。当時、奈良の人口は約二万八千人と推定されているが、その七倍から八倍の人々が奈良に集まったことになる。

公慶にはプロデューサー、プランナーとしての優れた能力があったように思われる。どのようにすれば人が集まるか、どのようにすれば人が喜ぶか、とてもよくわかっている。企画がすぐれ、段取りがよく、工夫がみられ、配慮がある。学僧でありながら勧進にも才能を発揮し、何よりも燃えたぎる宗教的情熱がある。

大仏修復が成る以前に大仏殿再建開始の儀式（釿始）をおこない、七日間で五万七千人以上の人々を集める。千人の僧侶と五百人の大工を招いて毎日儀式をおこない、五万七千人以上の人々に勧進所で食事を出すには相当な経費が必要であった筈だが、それをはるかに上回る千両の奉加銭を得たばかりか、奈良全体をうるおし、大仏修復勧進を広く世間に好意を持って認知させることにも成功している。

大仏開眼会においても、毎日の法要が始まる前に、待ちかねた群衆の前で仏餉加持をおこない、数万人を熱狂させる。重源所用の勧進杓や鉦鼓を巧みに活用して関心を高める。施薬所を設け、医師を待機させ、気分の悪くなった人の面倒をみる。法会に間に合わなかった人たちのためには芝居を延長興行させる。実に行き届いた人である。

年譜によれば、貞享三年（一六八六）からの七年間、公慶は夜寝る時にも坐って眠った。大仏を修復するまでは安臥しないと決めていたからである。勧進で疲れきった夜も、公慶は横になって眠ることを自分に許さなかった。公慶の勧進が成功した一因をこの逸話にもみるべきであろう。

開眼供養が終わった翌日、公慶は久しぶりに横になって眠った。しかし、疲れが出たのか、四月中旬から病んだ。かなりの大病であったらしい。京都から医師が呼ばれ、神仏に祈禱をしても、病は癒えなかったが、夢のなかで神（八幡神であろう）のお告げがあり、八幡宮神主の上司式部少輔の薬を服用したところ、次第に快復した。(44)

八月二十日、母が亡くなった。「幸いに大仏開眼供養に会うことができた。汝の病気も治った。死ぬとも遺憾なし」と言い残し、母は七十七歳の生涯を終えた。墓は興福院の旧地（奈良市興福院町）にある。墓石の表には「春光院殿真誉妙悟大姉」、裏には「為慈母報恩謝徳」とあり、鷹山庄蔵頼忠（公慶の兄）、興福院第四世教誉（清信尼／公慶の姉）、東大寺大勧進上人龍松院公慶の名が並んで刻まれている。

四　大仏殿再建勧進

大仏修復は成った。次は大仏殿再建である。しかし、これは想像を絶する難事業であった。必要な経費は大仏修復の十倍以上。いくたびの生死を繰り返せばそれだけの資金を集めることができるのだろうか。

元禄五年（一六九二）十月二日、公慶は江戸へ向かった。そして本所にある高野山大徳院の持地に勧進所を建てた。これまでは浅草の長寿院を拠点にしていたが、講の人々がふえて、本格的な勧進所が必要になったのである。

元禄六年（一六九三）二月九日、将軍綱吉は知足院（のちの護持院）に参詣した。知足院には隆光がいた。隆光は大和国出身の真言宗の僧で、綱吉とその生母桂昌院の帰依を受け、仏教興隆に貢献した人物である。とくに出身地である大和の諸寺の復興に尽力した。このとき公慶は綱吉の講釈の席に列することを許され、そのあと綱吉の仕舞も拝見した。その四日前、公慶は牧野成貞（綱吉近習の筆頭）邸へ行き、成貞から金十両、成貞の妻から金五百疋の奉加を受けている。

二月二十九日、公慶は江戸城三の丸で初めて桂昌院に会い、大仏の縁起を語り、宝物をご覧に入れた。桂昌院は奉加の金子を公慶に与えた。大仏殿復興へ向けて、桂昌院の援助がこの時から始まった。

八月十三日、公慶は将軍御座の間でおこなわれた綱吉の「易経講釈」を拝見した。これは綱吉が側近の者の前でおこなうもので、公慶も側近のひとりに加えられたことになる。元禄七年（一六九四）には江戸城での年頭の礼を許された。

元禄七年（一六九四）五月九日、公慶は勧進のために中国・九州へ向かった。西国の大名たちは、人馬や船を提供して公慶の廻国を助けた。「幕府は協力しない」と言われた大仏修復勧進の時とは様子が変わっていた。

この変化は、綱吉と桂昌院が公慶を支援し始めたことによる。ふたりに会うことができたのは隆光の助力によるところが大きかったと思われる。しかしそれだけではないだろう。公慶が幕府の支援なしに大仏を修復できたことに幕府は驚いたのではないだろうか。それにもまして、修復が成った大仏を拝するため、二十万を越える人々が奈良に集まったことに驚嘆したに違いない。聖武天皇の発願から九百五十年、二度の焼失を超えて、東大寺大仏が持ち続けた存在意義を、幕府は再認識したのではないだろうか。

十月五日、公慶は長崎で一通の書状を受け取った。本庄宗資からの書状だった。本庄宗資は桂昌院の弟で、綱吉が将軍になると大名に取り立てられた人物である。すぐに江戸へ来るようにという内容であった。十一月十四日、公慶は江戸に着いた。

このとき公慶は、柳沢吉保（綱吉の側用人）から「大名衆へも遠慮無く奉加を申しつけてよい」と告げられた。大仏殿再建勧進が初めて公式に許可されたのである。これは「人別奉加」の勧進と言われ、諸人の信心に従って一紙半銭の奉加を願うものであった。諸大名に範を示すため、三人の寺社奉行からさっそく奉加金が届けられた。公慶は翌年にかけて江戸の諸大名と旗本の屋敷をすべて廻り終えた。元禄八年（一六九五）四月から江戸の町の勧進も始め、十一月にはすべて廻り終えた。

この年の九月十八日には、知足院で綱吉に『三論玄義』を講義した。公慶の講演に感動した綱吉は、銀子とともに書見台を公慶に与えた。またこの日、大僧正に任ぜられた隆光は『守護経』を講義した。十二月八日には、桂昌院から勧進杓の袋と箱を拝領し、金五百両の寄進を受けた。翌年には、勧進杓を見た綱吉が銀千枚（一万両）を寄進した。

元禄十年（一六九七）四月二十五日、大仏殿の柱立始がおこなわれ、やがて大仏殿の柱九十二本のうち三十二本が立てられた。

元禄二年（一六八九）十一月、東大寺に参詣した芭蕉は句を詠んだ。

雪かなし　いつ大佛の瓦葺

このとき大仏は、体内の木組みの取り替えにかかっており、仮の頭部がはずされていたため、頭部がない状態であったらしい[45]。その状況を知ると、「雪かなし」の切実さがよく理解できる。大仏開眼の二年四カ月前、柱立始の七年五カ月前のことであった。この句はのちに次のように改められた。

南都にまかりしに大仏殿造栄のはるけき事をおもひて

初雪や　いつ大佛の柱立

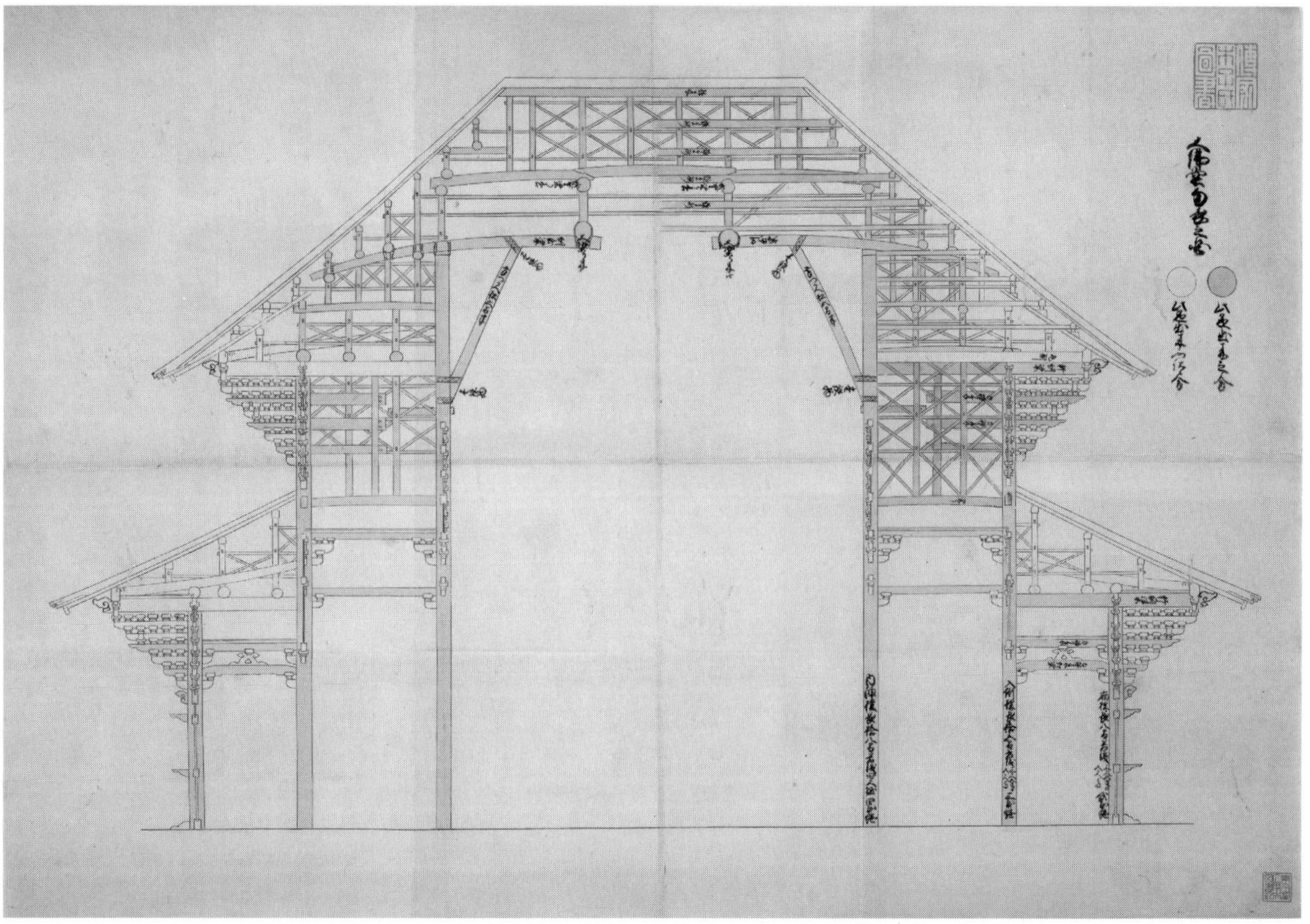

東大寺大仏殿建地割（桁行）　東京都立中央図書館木子文庫

その柱立がようやく始まったのである。同時代人である芭蕉が、このような思いを大仏と大仏殿に寄せていたことが興味深い。順調に進み出したかにみえる大仏殿再建事業。しかし、公慶の苦難の日々は続く。建設工事もしばらく中断を余儀なくされた。

元禄十年（一六九七）九月、公慶は新たな願いを寺社奉行に提出した。御領（将軍家直轄地）においても、私領（大名領・旗本領）においても、全国一律に、人別十二銭の奉加をお願いできないかという内容であった。今のやり方では何年かかるかわからない、このやり方だと五年ほどでできるという公慶の主張は、一応は認められたが、大名の領主権を侵すという問題があり、実際には実施されなかったようである。

同年十一月、勘定奉行の荻原重秀から完成までの見積もりを出すよう言われた公慶は、奈良に戻り、後藤玄順と棟梁の塀内市郎右衛門が「積帳」を作成した。しかし重秀から突き返され、何度も折衝が繰り返された。大仏殿を往古の通り（十一間×七間）に建立するには十八万両が必要である。それは無理だと重秀は言った。将軍綱吉が往古の通りにと言っているのだから、幕府からは縮小案を言い出せない。公慶から出してくれと重秀は言った。公慶は承諾した。元禄十二年（一六九九）五月に至り、七間四方という現在の姿に決まるのだが、五間四方などさまざまな案が双方から出され、図面も作成されていたことが、塀内家に伝わった指図[46]から知られる。規模が決まり、図面もできて、やがて大仏殿の建設工事は再開された。

七間四方（柱は六十四本）の大仏殿の建設費は十万両と見積もられた。五万両は出す（御領から集める）から残りの五万両は公慶が勧進せよ（私領から集めよ）と、公慶は申し渡された。元禄十二年

（一六九九）八月、公慶は奥州へ向かった。このとき公慶は、東大寺清涼院へ宛てて、旅先で相果てた場合には後事を頼む旨の書状を出している。そのあと福島から江戸に呼び戻されたこともあったが、元禄十三年（一七〇〇）十二月まで、長い勧進の旅が続いた。

元禄十四年（一七〇一）三月、北国への勧進を準備していた公慶のもとに書状が届いた。大名の領国も御領と同じく奉加物を差し出すことになったので、諸国への勧進は無用という知らせだった。

こうして大仏殿再建事業は「公儀御普請」となった。全国の人々が一律に十二銭（およそ三百円）を奉加するシステムが作られた。諸国からの奉加金は、勧進所ではなく、奈良奉行のもとへ集められ、大仏殿の建設は確実に動き出した[47]。

奉加金は、年貢のように、事実上強制されたことになる。宗教的契機は形骸化したという評価があるのも理解できる。しかし、このシステムがあってこそ、大仏殿再建に結縁できた人々のほうが圧倒的に多かったことは間違いない。それを強要と感じたか、喜びと感じたか、現代の視点で安易に決めつけることはできない。金額がわずかであること、大仏への参詣者がそののち著しく増えていくことを考慮すれば、ある意味ではもっとも望ましい形であったような気さえする。だからこそ、公慶もそれを望んだのではないだろうか。

五　大虹梁

元禄十一年（一六九八）十一月には東大寺の念仏堂と地蔵菩薩像の修理が完成した。元禄十四年（一七〇一）十一月には徳川家康像が完成し、新たに造営された東照宮に奉安された[48]。宝永元年（一七〇四）三月には重源像を安置する浄土堂（現在の俊乗堂）が完成し、大湯屋の修理も終わった。この年は重源の五百年忌にあたっており、三月二十九日から四月五日まで御遠忌の法要が盛大に営まれた。このほかにも公慶が新造あるいは修復した建物は多く、大仏殿の建設もようやく進み出していた。

しかし、最後に残った難関があった。三千トンにも達する大仏殿の大屋根を支える二本の虹梁の用材が見つからなかったのである。元禄十二年（一六九九）六月二十一日の入札では、大仏殿の用材数は二万六千七百二十三本。巨木は入手できず、柱は数本の材を接ぎ[49]、内部の心木の周囲に厚板材を巻いて金輪で締めるという工法で作られた。しかし、水平材である虹梁はそういうわけにはいかない。十三間（二三メートルあまり）の柱間を越えた、長大かつ頑丈な巨木がどうしても二本必要だった。

日向国（現在の宮崎県）、霧島山系の白鳥山（一三六三メートル）に鎮座する白鳥神社の参道付近に、十八丈（五四メートル）の松の巨木二本が発見されたのは元禄十五年（一七〇二）十一月のことだった。元禄十六年（一七〇三）には奈良から大工や材木商が検分に出かけ、この松を虹梁に使用することが決まった。

九月二十二日と二十五日に、延べ百八十人の杣人によって二本の松は切り倒された。そして十三間の長さに切られ（重量は二三・二トンと二〇・四トン）、両端には鉄輪が巻かれた。山出しは宝永元年（一七〇四）正月七日から始まり、百十五日をかけて、山を越え渓谷を渡って鹿児島湾まで引き出した。しかし、常識はずれの巨木である。潮の流れの速い海峡を曳航するのは困難だった。船に積むのも難しい。引き受けたのは志布志湾の船問屋である志布志弥五郎。

大虹梁木曳図（部分）　東大寺

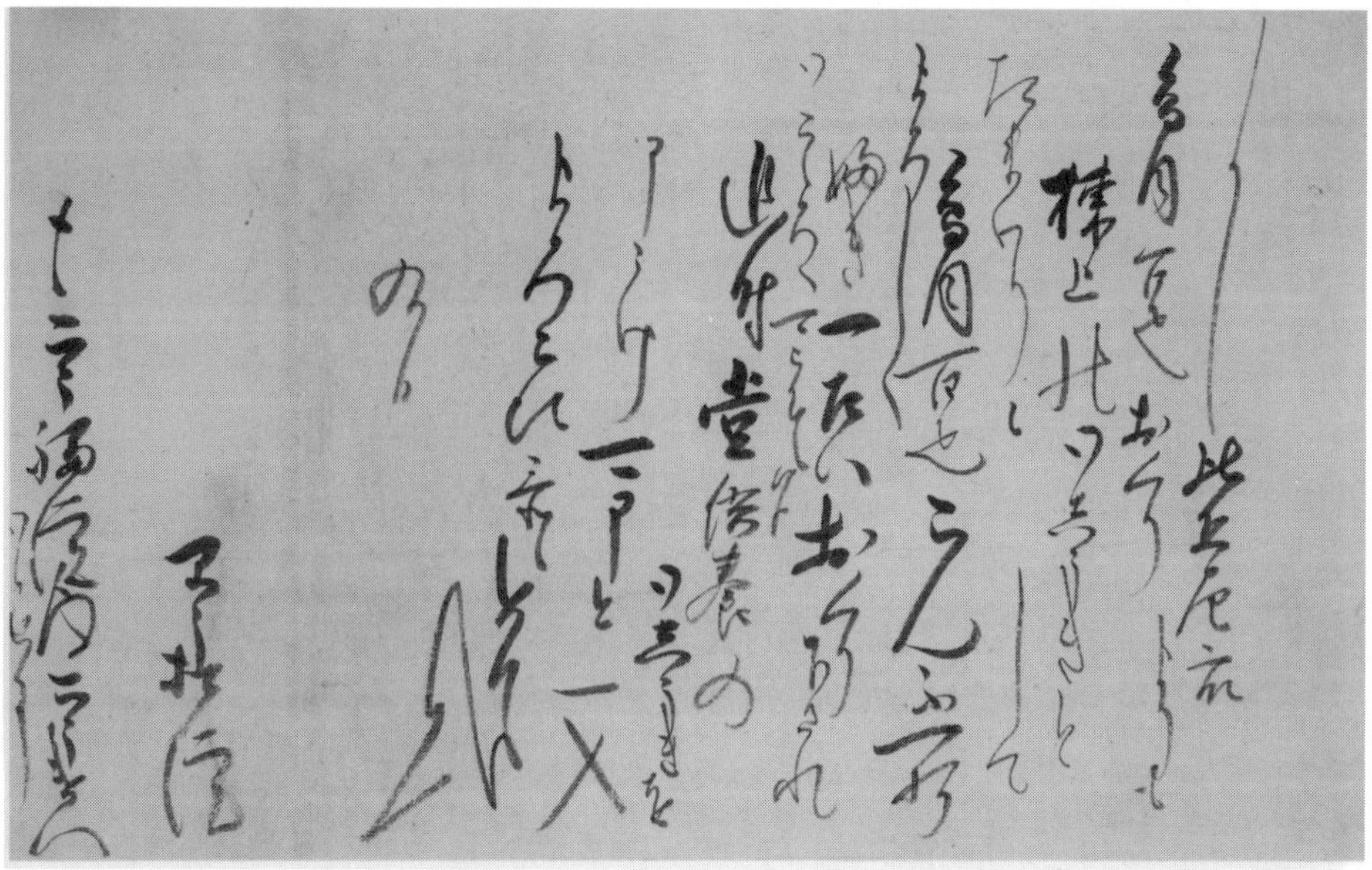

公慶上人書状（興福院宛）　奈良・興福院

満潮を利用して沈めた千石船の上に巨木を引き出して、引き潮を待って千石船の水を汲み出し、船を浮上させて二本の巨木を左右に積むという名案を出したのはその娘であったという。

六月二日に鹿児島湾を出航し、七月十二日に兵庫に着いた[50]。ここで千石船から降ろされた虹梁用材二本は、淀川そして木津川へと進んだ。水量が少なかったので、東大寺・笠置寺・法楽寺などでは祈雨の修法がおこなわれた。また四千六百二十五人もの人たちが、木や船に綱をつけて川岸や浅瀬から曳いた。

木津に到ったのは八月十日。ここからは陸路を東大寺まで曳いた。八月十九日より曳き、東大寺（大仏普請所）へ到着したのは九月五日であった。奈良町から延べ二万人もの人たちが「寄進引き」と称して木を曳いた[51]。そのにぎやかな様子は「大仏殿虹梁木曳図」（古磵筆／東大寺蔵）に活写されている。

宝永二年（一七〇五）三月十三日と十六日、二本の巨木は所定の位置に引き上げられた。閏四月十日、大仏殿の上棟式がおこなわれた。ついに最後の山を越えたのである。上棟式の前日、公慶は興福院に宛てて書状[52]を出した。興福院には姉の清信尼がおり、姉から届いた祝儀（鳥目・昆布・蕗）への礼状である。「こうけい」と珍しく平仮名で署名しているのは、姉宛てのゆえであろう。二本の大虹梁は、三百年が過ぎた今も、大仏殿の屋根裏の、誰からも見られない場所で、大屋根を支え続けている。

上棟式が終わると、公慶は弟子の公盛を連れて江戸へ向かった。幕府へのお礼のためである。十八回目の江戸行き。しかし、公慶にできたのはそこまでだった。

六　公慶の死

公慶が江戸について間もない六月二十二日、桂昌院が亡くなった。桂昌院の支援がなければ大仏殿再建は不可能であったろう。公慶の悲しみは深かったに違いない。

五日後、公慶も病んだ。医師の手当ても祈禱もむなしく、病はおもくなるばかりだった。七月十二日、死期を悟った公慶は公盛に遺言した。「思い残すことはない。あとはお前がやってくれ。ただ奈良に葬って欲しい」。そして五十八歳の生涯を閉じた。「辛労相積の故か」と『大仏殿再建記』は記す。過労死であったに違いない。

このとき公盛は十七歳だった。満年齢だと十六歳。今で言うと高校一年生である。公盛が法嗣として公慶に弟子入りしたのは、三年前の元禄十五年（一七〇二）。この年の十一月十一日から十七日にかけて、二月堂でおこなわれた倶舎三十講の会場の図面が東大寺に残されており、二月堂の東南角の局《つぼね》に、公慶・英空・善慶・公盛の四人が坐って聴聞したことを確認できる。十四歳の公盛は二週間前に弟子入りしたばかりだった。このとき公慶は五十五歳。それから三年が過ぎ、公慶の尋常ならざる働きを見てきた少年が「父」のような人を旅先で失う。しかも大仏殿を完成させる仕事が託された。当時、江戸で死んだ人は江戸に葬る決まりがあった。どうすれば師の遺言を叶えられるのか。

年譜によれば、幕府の重臣たちの前で公盛は訴えた。「師の遺命に違うは忍びない。曲げて特例を賜へ」。伏し拝みながら公盛は涙を流した。隆光の口添えがあり、公慶の偉大な功績も鑑みて、公慶の遺骸は奈良へ運ばれることになった。壺に入れられた遺骸は、七月二十日に江戸を発ち、十六人の人足にかつがれて、七月三十日に東大寺へ戻ってきた。公慶は勧進所に葬られることを望んでいたが、それは叶わず、八月十一日に、東大寺の境内の外、その北方にある五劫院に埋葬された。九月十五日には墓所に五輪塔が建てられた。

公慶の遺言にもとづき、公盛が大勧進上人となって、大仏殿建設は継続された。宝永五年（一七〇八）六月二十六日、大仏殿はついに完成し、公盛に引き渡された。公盛は江戸へ下向し、各方面へお礼にまわった。公盛は続いて中門と廻廊の再建にとりかかった。大仏殿とは異なり、これは東大寺が自力でやらねばならない仕事であった。再び勧進の日々が始まった。

宝永六年（一七〇九）三月二十一日から四月八日まで、大仏殿落慶供養が営まれた。十三歳の公慶が大仏殿再建を誓ってから四十九年の歳月が流れていた。会期中の十八日間におよそ十六万人の人たちが大仏殿に参詣した。奈良はまたしても大変なにぎわいとなった。しかし、公慶はいない。桂昌院も亡くなった。済深法親王も亡くなった。そして綱吉もこの年の一月十日に世を去っていた。大仏殿には、公盛が落慶供養会のために施入した磬（「宝永六己丑年／三月日／大勧進沙門／公盛」の銘文がある）が伝わり、現在も法会の際に合図の音を響かせている。

公慶が亡くなった翌年、公盛は勧進所に御影堂（公慶堂）を建て、公慶上人坐像を安置した。仏師性慶と公慶の弟子の即念が製作したこの像は、公慶の面貌をそのまま写しており、生けるを見るがごとく、公慶その人であるような迫真性に富む。この像は東を向いて安置されている。その視線の先には大仏殿の大屋根がある。公盛は見てもらいたかったのであろう、公慶に、この大仏殿を。

享保元年（一七一六）四月、中門落慶。続いて公盛は廻廊の再建に取り組むが、その完成を見ることなく、享保九年（一七二四）に亡くなった。まだ三十六歳であった。公盛の墓も五劫院にある。公慶の墓に寄り添う小さな五輪塔。ふたりの固い絆が感じられる。

公盛のあとを嗣いだ公俊、さらにそのあとを嗣いだ庸訓によって、廻廊が完成し、大仏殿（大仏殿院）の復興が成ったのは元文二年（一七三七）のことである。この年はちょうど公慶の三十三回忌にあたっていた。

おわりに

大仏の修復と大仏殿の再建によって、奈良には全国から多くの参詣人が訪れるようになった。現在につながる観光都市奈良の基礎は、このときに築かれたと言ってもよい。奈良を紹介する案内記や名所絵図がさかんに出版されるようになり、奈良は活性化した。

しかし、復興が成ると、復興された姿がやがて当たり前に思われるようになり、復興に尽力した人たちのことは忘れられがちになっていく。三百年の御遠忌を機に、公慶上人のことを多くの方々に知っていただきたいと切望している。


（にしやま　あつし・奈良国立博物館教育室長）

勧進所からみた大仏殿

公慶堂（勧進所内）

公慶上人五輪塔・公盛上人五輪塔（手前）

註

(1)『多聞院日記』第十四、永禄十年十月十日条。大仏は「尺迦像」と記述されている。

(2)「東大寺記録写」東大寺蔵。

(3) 前田泰治・松山鐵夫・平川晋吾・西大由・戸津圭之介『東大寺大仏の研究　解説編』(岩波書店、一九九七年二月)第四章第四節に詳しい。

(4) 道安が書いた「東大寺大仏殿等修理状」の写本が奈良奉行所の記録のなかにあり、その末尾に「本願」の肩書きがみられる。また『東大寺絵所日記』には「大勧進」とある。

(5)「東大寺記録写」東大寺蔵。

(6)「東大寺記録写」(東大寺蔵)による。永禄十年(一五六七)から十一年にかけて浄実が記録したもので、延享二年(一七四五)に薬師院の実祐が書写したものが伝わる。

(7) 毛利陸奥守〈元就〉宛ての綸旨(原本/五月七日付)が毛利家に伝えられている。また、織田上総介〈信長〉と長尾弾正少弼〈上杉謙信〉宛ての綸旨(案文/連名/五月七日付)が東大寺に伝えられている。

(8)「織田信長朱印状」東大寺蔵。

(9)『徳川実記』などによる。

(10) 延宝六年(一六七八)に刊行された「奈良名所八重桜」のほか、「お水取り絵巻」(個人蔵)、「寺中寺外惣絵図」(東大寺蔵)、「大和名所図屏風」(個人蔵)などに、露座の大仏の姿が表わされている。

(11) 公慶の死後、その跡を嗣いだ公盛は、公慶の徳業が世を歴るにつれてその伝を失することを恐れ、大庭探柳に依頼して公慶の日常行録を記させた。宝永二年(一七〇五)十一月、探柳は公慶の諸弟子の見聞を集成し、東大寺金珠院の庸性(公慶の戒師、公盛の後見)に序を請うた。探柳は京都の医者。文詞に精通し、公慶から親しく知愛を受けた人物で、五劫院の公慶の墓前におかれた手水鉢の銘にもその名が見えている。探柳は「書をもってこれを記すにあらざれば、すなわち大功鴻業これを不朽に伝ふることあたわず」と自序に記している。本書の最後には公盛が、公慶が功を遜り言を慎んだがゆえに、未詳のところもある旨を追記している。

(12) 個人蔵。興福院にも伝えられているが未見。

(13) 系図には年月日が記されていない。

(14)『二月堂修中練行衆日記』「修二会交名(寛文六年)」いずれも東大寺蔵。

(15) 文明四年(一四七二)二月十五日付けの起請文のあとに、練行衆が署名し花押を据えている。起請文の内容は、牛玉の制作枚数を制限することを誓うもので、料紙に二月堂の牛玉を裏向けに貼り、その上に、この起請に背いた者には観音菩薩の御罰を蒙るべきことを明記している。それ以来、本巻は初めて練行衆になった者(「新入」という)が署判を加える巻物となり、今日に至るまで五百年以上にわたって書き続けられている。堂司(練行衆のうち、庶務を管轄する責任者)が保管する堂司箱に納められている。

(16) 東大寺の橋村公英師のご教示による。この霊牌は現在は三昧堂(四月堂)に安置されている。

(17) 先述したように、公慶の父の鷹山頼茂が寺社奉行に訴え出たことが「鷹山氏系図」にみえる。これが事実ならば、父子ともに寺社奉行へ訴え出たことになる。

(18)「修二会交名(貞享二年)」東大寺蔵。貞享三年(一六八六)にも咒師をつとめる予定であったが、勧進のために晋性が代役となり、それ以後は練行衆になることはなかった。

(19)「公慶上人立願状(貞享二年)」法楽寺蔵。法楽寺の本尊は薬師如来である。

(20)『東大寺年中行事記』東大寺蔵。

(21)『井上町年代記』井上町自治会蔵。翻刻は安彦勘吾「[奈良]井上町中年代記」(『日本文化史研究』一二号　一九九〇年一月)

(22)「大仏殿奉加帳覚書」法楽寺蔵。

(23) 公慶が龍松院を建てたのは貞享三年(一六八六)二月だが、延宝三年(一六七五)以降の公慶の肩書は「龍松院」である。師の英慶が亡くなった時の記録に「万性院英慶法印龍松院隠居遷化」とあり、延宝三年(一六七五)に英慶から「龍松院」の院号を譲られたのであろう。

(24)『東大寺大仏開眼供養記』東大寺蔵、『大仏殿再建記』個人蔵。

(25)「公慶上人立願状(貞享三年)」法楽寺蔵。

(26)『大仏殿釿始千僧供養私記』東大寺蔵。

(27)「東山天皇綸旨」が東大寺に伝わる。

(28) 東大寺龍松院に伝わる。

(29) 塑造。像内の背面に「東大寺/聖武天皇霊像/於洛東安井門室法印堯海/謹作之/元禄二年己巳年　二月二日自書之」の墨書がある。

(30) 勧修寺に伝わる「東大寺聖武尊体御殿図」には、亀が来た道筋が示されている。

(31)『井上町中年代記』には「諸人おびたゞ敷参詣仕拝見いたし候」とあり、『年中行事記』には「未曾有之珍事」とある。

(32)年譜には「大木ハ牛三、四十頭・役夫三百余人、小木ハ牛三、四頭・役夫七、八人」とある。

(33)『東大寺大仏開眼供養記』(東大寺蔵)によれば、大仏の頭部は、山田道安が銅板で作った面容を模して鋳造された。

(34)『東大寺大仏開眼供養記』(東大寺蔵)には「佛御身内、以洪材、上下縦横支之、依像壊雨漏、材木悉朽、今新修之」とある。

(35)釈迦如来坐像(①奈良・東大寺、②奈良・興福院、③奈良・本誓寺、④群馬・光泉寺)、阿弥陀如来立像(⑤宮城・当信寺)、薬師如来立像(⑥個人蔵)。①②③は、像底に「南都大佛腹内之以古木造之　公慶(花押)」の銘文がある。④は、背面に「南都大佛之身木之□釈迦、開眼龍松院公慶上人／施主外嶋宗静　玄賀／法名寂誉」の朱書があり、付属する「日月堂縁起」から、光泉寺に安置された経緯が知られる。⑤は、背面に「大佛腹内之／以古木造之」「東大寺大勧進上人／公慶(花押)」の銘文がある。⑥は、背面に「南都大佛以腹内之古木造之、厨子共／腹内之古木也／東大寺龍松院／大勧進上人公慶(花押)」の銘文があり、付属する厨子も大仏体内の古木で造られたことがわかる。近代の追記があり、長らく江戸に伝来したことをうかがわせる。

(36)『大仏殿再建記』東大寺蔵。

(37)「京大絵図」大東急記念文庫蔵。近藤喜博「公慶上人傳記資料一つ」(『大和文化研究』第三巻　第五号　一九五五年十月)が詳しい。

(38)『東大寺造立供養記』東大寺蔵。

(39)『大仏開眼万僧供養私記』東大寺蔵。

(40)幡鎌一弘氏のご教示による。

(41)この屏風については、服部良男「『東大寺大仏開眼・大仏殿落慶供養図屏風』に関する基礎的考察」(「びぞん通信」五六号　のち美術文化史研究会『東大寺散華』一九七〇年三月収録)から多大なご教示をいただいた。

(42)『春日社記録』(『元禄五年〈壬／申〉日記』)春日大社蔵。

(43)古川聡子「近世奈良町の経済と東大寺復興」(『ヒストリア』一六九号　一九九九年一九九九年四月)

(44)『東大寺年中行事記』東大寺蔵。

(45)松山鐵夫氏のご教示による。

(46)東京都立中央図書館木子文庫蔵。特別展「東大寺公慶上人」図録(奈良国立博物館　二〇〇五年十二月)参照。

(47)こうした幕府との折衝については、林亮勝「元禄の大仏殿再興について—将軍家のかかわりを中心として—」・杣田善雄「元禄の東大寺大仏再興と綱吉政権」(いずれも『南都仏教』四三・四四号　一九九〇年九月)が詳しい。

(48)徳川家康像は明治初年に手向山八幡宮へ遷された。祭神を失った東照宮には勧進所の天皇殿から聖武天皇像が遷され、天皇殿には手向山八幡宮から僧形八幡神像が遷された。

(49)「東大寺大仏殿建地割(桁行)」(東京都立中央図書館木子文庫蔵)には、柱の部分に「四本継」「三本継」などの記載がある。

(50)『大仏殿再建記』では、日向から兵庫までの運搬経路を図面化している。

(51)大虹梁の運漕については堀池春峰「元禄時代・大仏殿虹梁の運漕」(『南都仏教史の研究　上』法藏館)が詳しい。

(52)「公慶上人書状」興福院蔵。

公慶上人年表

年齢	西暦（元号）	月・日	
	一五六七（永禄十）	10・10	大仏殿焼失。大仏、溶けて湯のように流れる。
	一六一〇（慶長十五）	7・21	大風で仮屋が倒れ、大仏の頭部（木造銅板貼り）が傾く。
1	一六四八（慶安一）	11・15	丹後国宮津に生まれる（異説あり）。父、鷹山頼茂。
3	一六五〇（慶安三）		奈良に移る（異説あり）。
13	一六六〇（万治三）	12・9	東大寺の大喜院に入り、公慶と号する。師は英慶（50歳）。
		12・15	大仏を拝し、再興の志を発する。
17	一六六四（寛文四）	12・13-	二月堂倶舎三十講の新問者になる。
19	一六六六（寛文六）	2・1-14	二月堂修二会の練行衆になる。
20	一六六七（寛文七）	2・13	二月堂焼失する。
22	一六六九（寛文九）	5・9	二月堂上棟。
28	一六七五（延宝三）	12・5-	二月堂倶舎三十講の講師になる。
31	一六七八（延宝六）	2・21	英慶死去（68歳）。
33	一六八〇（延宝八）	12・7	東大寺法華会の竪義（第三夜）になる。
35	一六八二（天和二）	6・28	八幡宮造営を訴えるため、江戸へ赴く。
36	一六八三（天和三）	閏5・15-	『三論玄私考』を著す。
37	一六八四（貞享一）	5・27	幕府に大仏殿再興・諸国勧進の許可を乞う。
		6・9	幕府より大仏殿再興・諸国勧進の許可が下りる。
		11・29	「蓮実の杓」などを用いて勧進を始める。
38	一六八五（貞享二）	2・1-14	二月堂修二会の練行衆（呪師）をつとめる。
		4・15	法楽寺において大仏修復を祈る。
		5・	勧進帳を作り、大仏修復の結縁を求める。
39	一六八六（貞享三）	2・3	龍松院を建て、大喜院から移る。
		2・5	大仏の鋳掛けを始める。
		4・5	法楽寺で大願成就と息災延命を祈る。
		7・19	父死去（85歳）。
40	一六八七（貞享四）	3・11	重源上人所用の鉦鼓を借用する。
41	一六八八（元禄一）	2・2	済深法親王（18歳）、東大寺別当になる。
		閏4・2	大仏殿造営の釿始め。千人の僧侶と五百人の工匠を招く。
		8・5	上人号を賜わる。
42	一六八九（元禄二）	1・15	『三論偈頌』を開版する。
		2・25	聖武天皇像を開眼する（導師は済深法親王）。
43	一六九〇（元禄三）	2・27	霊亀出現。
		8・15	大仏頭部完成。この年、大仏体内の旧材を取り替えて仏像を造る。
44	一六九一（元禄四）	1・18	鎮守八幡宮造営の釿始め。
		閏8・11	八幡宮完成。
		閏8・26	遷宮。
		2・30	大仏の修復、完成。
		3・4-6	旧大仏殿の焦土を除去する。
45	一六九二（元禄五）	3・8-4・8	大仏開眼供養。
		4・18-6・7	病む。
		5・	勧進帳を作り、大仏殿造営の結縁を求める。
		8・20	母死去（77歳）。
		12・20	江戸の高野山大徳院の持地に勧進所を建てる。
46	一六九三（元禄六）	2・9	隆光の取持ちにより、江戸の知足院で徳川綱吉に会う。
		2・29	江戸城で桂昌院に会う。桂昌院、金子を寄進する。
		6・5	江戸の勧進所で不断念仏を修する。
47	一六九四（元禄七）	4・19	東大寺勧進所で不断念仏を修する。
		5・6	大仏殿普請始め。奈良中の大工を集める。
		5・9-11・4	西国へ。
		11・16	幕府、公慶の要請により、人別奉加大仏殿勧進を許可。
48	一六九五（元禄八）	9・18	綱吉、公慶の『三論玄義』の講義を聴く。
			隆光、大僧正になる。
		10・8	桂昌院、五百両寄進。
49	一六九六（元禄九）	3・18	綱吉の『大学』の講義を済深法親王らと聴く。
		5・21	綱吉、勧進杓を見て、白銀千枚（一万両）を寄進。
		7・25	大仏殿大工始め。
50	一六九七（元禄十）	4・25	大仏殿立柱。
		11・21	幕府、勘定奉行と奈良奉行に大仏殿造営の取り持ちを命ずる。

51 一六九八（元禄十一）4・5 大仏殿の百分の一の雛形を幕府に持参する。
5・6 大仏殿諸用材等の入札を諸方に通達する。
11・13 念仏堂と本尊の地蔵菩薩像の修理が完成する。

52 一六九九（元禄十二）5・ 大仏殿の規模を七間×七間とする（従来の十一間×七間を縮小）。
6・21 大仏殿用材の入札決定。用材数二六、七二三本。

53 一七〇〇（元禄十三）3・9 この日より、奈良奉行所に大仏殿造営勧化金が集まり始める。
8・11−閏9 陸奥・出羽を勧進する。

54 一七〇一（元禄十四）3・11 一万石以上の大名領に勧化金が賦課され、諸国勧進は無用となる。
4・20−12・3 陸奥・出羽・越後を勧進する。
5・12 大仏殿普請始め。
9・15 東照宮造営の釿始め。
11・3 徳川家康（東照権現）像が完成。
12・1 済深法親王死去（31歳）。

55 一七〇二（元禄十五）5・23 東照宮上棟、遷宮。
10・27 公盛（14歳 10・28得度）を法嗣とする。
11・ 倶舎三十講を公盛と聴聞する。

56 一七〇三（元禄十六）1・11−15 東南院権現堂で伝法灌頂（開闢大阿闍梨は公慶）。
6・ 剣塚の上に祠を建てる。
7・ 旱魃につき、龍池において祈雨。豪雨となる。
9・22−25 大仏殿の虹梁用木二本（各十八丈）を白鳥山（日向国）で伐採する。
11・29 江戸の勧進所、焼失。（翌年、小堂を建立する。）

57 一七〇四（宝永一）1・5 俊乗堂上棟。
1・ 桂昌院に対し、大仏殿の再建が半ば成ると語る。
3・10 大湯屋の修理完成。
3・29−4・5 重源上人の五百年忌をおこなう。
8・10 大虹梁用木、木津川岸に到る。
8・19−9・5 大虹梁用木を木津から東大寺まで曳く。
9・29 興福寺維摩会の竪義（第四夜）を勤める。
11・12−16 東大寺法華会の探題を勤める。

58 一七〇五（宝永二）3・13／3・16 大虹梁2本を引き上げる。
閏4・10 大仏殿上棟。
6・1 江戸へ向かう。伊勢の神宮を拝し、6・14に江戸に到る。
6・22 桂昌院死去（82歳）。
6・27 病む。
7・12 江戸において死去（58歳）。
7・20 遺骸、江戸を発つ。
7・30 遺骸、奈良に到着する。
8・11 五劫院に葬られる。
9・15 墓所に五輪塔を建てる。

一七〇六（宝永三）5・5 公慶御影完成。
7・5 公慶堂落慶。
7・12 一周忌法要をおこなう。

一七〇八（宝永五）6・26 大仏殿完成。公盛に引き渡される。

一七〇九（宝永六）1・10 綱吉死去（64歳）。
3・5 公盛、中門と廻廊の再建のために勧進を始める。
3・17 公盛、上人号の勅許を得る。
3・21−4・8 大仏殿落慶供養。
3・26 中門釿始。

一七一四（正徳四）4・25 中門落慶。

一七二四（享保九）5・29 公盛死去（36歳）。公俊、あとを嗣ぐ。
6・7 隆光死去（76歳）。
11・ 大仏殿西軒廊完成。

一七二六（享保十一）4・ 大仏光背の造顕のために勧進を始める。

一七二八（享保十三）5・20 公俊死去。庸訓、あとを嗣ぐ。

一七三七（元文二） 大仏殿廻廊東軒廊完成。
4・6−12 公慶三十三回忌をおこなう。

（作成 西山 厚）

東大寺国際シンポジウム・全体討論会　二〇〇五年十二月十日
「世界遺産奈良とそのルーツ」

基調講演　森本　公誠（東大寺別当）
記念講演　西山　厚（奈良国立博物館資料室長）
　　　　　岡本　彰夫（春日大社権宮司）
進行・総括　木村　清孝（東京大学名誉教授・国際仏教学大学院大学学長）

木村　長時間にわたります御参加、御聴講ありがとうございます。

　西山先生の公慶上人に対します敬慕の思いあふれるお話がございまして、時間、少しおしております。ちょっと時間変更させていただきまして、これから五時までということで、討論会を進めさせていただきたいと思います。どうぞよろしくお願いいたします。御用のかたは、途中で静かに出ていただければけっこうでございます。御了承ください。

　それでは、これから討論会に入ります。

　この討論会では、さきほどお話しいただきました別当の森本先生、博物館資料室長の西山先生、そしてもうお一人、春日大社権宮司の岡本先生にお入りいただきます。

　進め方でございますけれども、岡本先生には、今回まとまって御講演をお願いする時間がございませんでしたので、この討論のはじめに、二十分から三十分ほど、このテーマにつきまして、お話を頂戴したいと存じます。そのあと、森本先生、西山先生のお二人に、さきほどお話しいただきましたことで、特に補足したい、あるいはもう一度強調しておきたいということがありましたら、五分か十分でお話をいただこうと思います。そのあと、お二人の先生の、そしてまた、これからお話ししていただく岡本先生のお話をお聞きして、特に強く印象に残った点、大事ではないかと思った点などにつきまして、私のほうから少しコメントをさしあげまして、それについての御見解があれば、それをお聞きしたいと思います。

　そして、一時間という時間でございますので、時間が取れるかどうかわかりませんが、そのあと、もし、会場のほうからこの際ぜひ、このことをどなたかの先生にお聞きしたいということがございましたら一、二、受けたいと思っております。確実なお約束はできませんけれども、その予定でおりますので、よろしくお願いいたします。

　それでは、最初に、「世界遺産奈良とそのルーツ」という、たいへん大きなタイトルを掲げておりますけれども、岡本彰夫先生から、さきほど西山先生のお話がございました大仏開眼の前後にかかわるお話が中心になろうかと存じますが、御用意いただきました資料にのっとって、お話を頂戴いたします。

では、岡本先生、よろしくお願いいたします。

岡本　岡本でございます。私だけ、しゃべっておりませんので、二十分ほど話をするようにという、木村先生からの強いお申し出がございまして、ちょっとお時間を頂戴したいと思います。

きら星のごとく、お偉い先生方がお越しになっているので、私はどうも場違いと違うかと思ったのでございますけれども、隣組のよしみで出てまいりました。そのようなことでお許しを願いたいと思います。

毎度、お水取りにお参りをさせていただきまして、いちばん心に残りますのが、「本願聖王ノ昔ノ如ク甍ヲ並ブル善願圓満ナラシメ給ヘ」ということを、毎日御祈願になっていることです。実は、これが南都の悲願でございます。これは、東大寺さんに限らず、興福寺さんも春日大社も、同じく、共通した悲願を持っております。

いろいろと考えますと、あまり批判をするといけませんが、いま遷都千三百年といいまして、千三百年前のことばかり言っておりますが、実は、平城京から平安京に遷都されたあとの千二百年という歴史が厳然とございます。神地や霊地の引っ越しというのはできないわけで、都が移りましても、当然、神仏はこの大和の地に遺っておられるわけで、そこで、独特の文化というのができてまいったのでございます。

この南都の悲願と申しますのは、私は「神仏の栄光の時代」ということではないかと思うのです。人間の栄光ではなくて、神や仏の栄光の時代を再現させる、これが南都の悲願だと思っております。

よくよく考えてみますと、いろいろなことがここで起こってくるわけでございます。たくさん例があるのですが、もう間近に春日若宮の「御祭《おんまつり》」がございますので、その例で、二、三、おもしろい話を御紹介したいと思うのです。

たとえば、かつて春日大社が大和一国に諸領地を持っておりました。よく歴史で習われたと思いますが、春日興福寺には、いわゆる衆徒と国民がおりまして、国民というのは、いわゆる荘園守、荘園領主です。「散在の刀禰」と申しまして、大和国内にいっぱいおります。御祭の「祭礼事始」は、旧暦の六月一日から始まりますが、そのときに、今年の御祭を奉仕するとき、「願主人」といいまして、願主になる役を、それぞれ相談して決めよという廻状を回すしきたりがございます。

ところが、室町時代以降、領地は分断され、大和国内に散在の刀禰なんていないわけです。ましてや、豊臣秀吉以降になりますと、これはまったくいない。ところが、神や仏にしたことは、形を変えてはならないのです。

それで、どういうふうにしたかと申しますと、江戸時代になりますと、散在の刀禰に出す手紙、廻状を六月一日にちゃんと書き、大和国内に回したと記録にはあるのですが、実体は、奈良奉行所へ持っていくわけです。ところが、奈良奉行所は受け取ってはいけないのです。正式に受け取ると、奈良奉行所に渡したことになりますから。奈良奉行所は出てこないのです。玄関だけ開けておきまして、こちらもあいさつしないで、中へ廻状をぽんと放りこんで帰ってくるのです。これで、大和国内に廻状が回ったとするのです。いわゆる神仏に対する古格を保つということに留意しているのです。

それから、もう一つ、これは意外な話なのです。

いまのお能というのは、猿楽から出てまいりました猿楽能で、それに対して、田楽の系統の田楽能というのがあるのです。これは、春日の田楽座に記録がのこっておりまして、江戸時代くらいになりますと、どこにも田楽能というのはのこっていないのですが、ただ、この大和にだけのこっていたのです。

祭礼が十一月二十七日にございましたから、その前日の二十六日にかならず、興福寺の田楽頭坊で「装束賜《しょうぞくたば》り」という、田楽座衆に新しい装束を渡す儀式がございまして、そこで田楽能をやらないといけないのです。御存じのように、式能というのは、神、男、女、狂、鬼、と五番ありますから、しきたりに従って、お能を五番、真中に狂言が入りますから、狂言を三番やらないといけない。一番目が神さま物、二番目が修羅物（男物）です。

実は、この時代には、田楽能はおそらく一曲か二曲しかのこってなかったらしいのです。ところが五番やらないといけない。明治四年くらいまで、かならずやったと書いてあるのです。ところが、実際には、そうではなくて、一番か二番しかのこってないので、五番できないわけです。

それで、どうしたかといいますと、一番目のお能が済みまして、次の狂言が始まったときに、田楽座衆の一人が、興福寺の役人の前につかつかと歩み寄るのです。そうして、「太夫腹痛につき修羅の儀お断り申す」と、こう言うのです。「太夫が腹痛を起こしましたので、二番目の修羅物はできません。お許しいただけませんか」と申しますと、興福寺の役人が、「故実をもってさし許す」と、それで解散になるのです。「故実をもってさし許す」ということは、さかのぼる百年も二百年も前からそれをやっているということでありますから、こういう形を取った。

これは、いまでいいますと、笑い話でございますが、やっている人は真剣なので、この中には、何がちりばめられているかと申しますと、神や仏に対しては手を抜かない、なんとかしてこの形を後世に遺す、いつかは復興するという意志が見えるわけでございまして、こういうことを明治の初年までやり続けているのが、この大和、特に南都なのです。

これを考えますと、私は、公慶上人のやられたことというのは、南都千二百年の非願を達成されたということに尽きるのではないかなと、そのお気持ちがよくわかるのです。私どもでも、いまの御祭といいますと、約十分の一の規模に落ちておりますから、毎年ちょっとずつでも、元の姿に戻しておりますが、それはなかなか、百年やそこらで元に戻るような問題ではございませんけれども、そういう気持ちというのは、等しく南都の人は持っていたのだなということを、まず申しあげておきたいと思うのです。

それから、もう一つは、江戸時代というのは、近くて遠い。木村先生も冒頭でおっしゃいましたし、森本別当のお話にもございましたように、大和は近世をばかにしているのです。後ほど御紹介いたしますが、『庁中漫録』という、これは、奈良奉行所与力の玉井定時という人が書いた記録ですが、大和の近世を考えるうえには、基本の文献になるものです。いまだに翻刻されて出版されていないのです。ですから、これは、原文から読み下したものなのです。

しかも、江戸といいましたら、手の届くところ、約百四、五十年前は、もう幕末ですから、何でもわかっているかなと思ったら、大まちがいでございまして、例に取りますと、春日興福寺の年貢なんて、計算しても合わないのです。あす、お話しなさいます幡鎌さんも、一生懸命計算しておられますけれども、どうもつじつまが合わない。私も夜中の二時まで計算したけれども、二千石ぐらい合わないのです。大きいです。二石か三石合わないのならわかりますけれども、当時としては、だれでもわかってあたりまえのことが、わずか百四十年の間にまったくわからなくなっているというのが、現状でございます。

それと、さきほどから何べんも申しておりますけれども、平安京に遷ってからの千二百年の大和独特の文化、このごろはやっと、室町ぐらいまでは勉強していただくようになりましたけれども、近世をやっているかたというと、ほとんどおられません。このままでいきますと、大和千三百年の歴史の中に欠落が起きてくるわけですから、いまのうちに、ぜひこの近世ということに光を当ててまいりませんと、ずっと神仏の都であり続けたという、大和の証明ができないわけでございます。

もう一つ申しあげておきたいのは、さきほど西山先生のお話がございましたけれども、大仏開眼のときに、宗派を問わず、あらゆるかたが悦んでお越しになっている。この史料の冒頭に、私どもの神社の記録を一つ付けているのですが、これは、その当時の正預《しょうのあずかり》といいまして、春日の神官でいちばん偉い人で、中臣延相という人の書いた日記のちょうど元禄五年の分です。見ていましたら、いつ、神さまのことをしていたのかと思うほど、毎日東大寺に来ているのです。それで、芝居を二つ見たとか、大女がいておもしろかったとか、その大女の名まえまで、ここに書いてあるのです。ヨメという名まえだったというのがわかるのです。そういう記録がございます。

こういうもの（私どもでは社務日記と申します）を見ておりますと、厄年になりましたら、西大寺の石落《しゃくらく》さんへお参りしよう、子どもを身ごもりましたら、神功皇后陵へ安産の祈願に参ろうと、こういうふうに神仏の垣根がないのです。だから、「きょうは東大寺さんの行事したはるから、東大寺さんだけやらはったらええ」というのがないのです。皆が参加しているのです。これが、また非常にすばらしいところだと思うのです。

それから、次々と申しますが、京都であまりこれを言ったら怒れるのですが、京都は、百年間、文化が断絶します。雅楽にしても百年やっていない。京都が応仁の乱で焼け野が原になった間、どこに来ているかというと、奈良に逃げてきているわけです。ですから、ここは、永遠の都ではなくて、田舎でありまして、逃げ場でございます。ここで力を蓄えて、ここへのこさないで、また、みな持って外へ出ていくという、不幸な土地柄でもございます。ですから、大和というのは、有形の文化財だけではなくて、法会とか、神事とかの無形のものが断絶していないという、日本でもまれな場所でございます。

神社でいいましても、伊勢神宮も御遷宮が戦国時代に百五十年ほど断絶いたしております。「春日さんはおしあわせですな」と言われたことがあるのです。「伊勢神宮は二回断絶している。戦国時代に一回と、明治維新で一回。奈良は一回ですな、明治維新だけですな」と言われて、「ああ、なるほどな」ということを感じたのですが、本当に奈良という場所は断絶していない。無形のものがそのままのこっている。しかも神仏の信仰というものに裏打ちされたものがのこっているということでございます。

それから、もう一つ、どうも、私、唯物史観というのが非常に嫌いでございまして、やはり歴史というのは、人間がつくってきたものだから、人の心というものをそこに読み取っていかないと、おもしろいこともなんともないと思うのです。

これは、一例でございますが、また、自分のところのことばかり言って恐縮なのですが、御祭をいたしますとき「稚児流鏑馬」というのをいたします。ある先生に「流鏑馬」のことを書いていただいたのですが、その先生は、子どもがやったら、けんかしないのだと。大人がやったら、おまえが先やとか、おれが先やとかいう争論が起きると。実際起きているのです。子どもが出てきましたので、相手が、これはけんかにならないと言って、引き下がった記録があるということだけ書いておられるのです。

ところがそうではなくて、神仏のことというのは、信仰ということを頭に入れて考えませんと、桂昌院にしたって、綱吉にしたって、わからないわけです。これをただ、幕府の面子だということだけで片づけられない、信仰という問題がございます。

さきほどの稚児流鏑馬でございますけれども、稚児がやるというところに意味があるのです。それは何かと申しますと、私どものような壮年の男子というのは、いちばんたちが悪いのです。私も西山先生も、年齢的にいちばんたちが悪い。青年壮年時というのは、いちばん邪念が多いのです。いちばんよろしいのは、小さい子どもか御老人なのです。ですから、昔から、神祭りは翁か嫗、もしくは稚児がやると決まっているわけで、そういう、信仰心を追究していくうえにおいて、より純粋な稚児というものが出てくると、そういうことを考えて読み解きませんと、ただ、政略的問題だけでは片づけられない問題があるということを、ちょっと申しあげておきたいと思うわけでございます。

それから、そう、もう時間は取りません。レジュメの御説明だけ申しあげておきたいと思います。

一枚目は、また補助的に見ていただいたら、春日の神官が見物に来ているなという記録です。いちばん最後に、「出仕次第記」、東大寺さんで借りて写しているのです。だから、友だち同士なのです。お寺で借りて、自分とところの記録にこれを写しております。

私が御披露申しあげたいのは、さきほどの西山先生のお話にもございましたけれども、この『庁中漫録』の中におもしろい記事がございますので、お気楽に読んでいただきたいなと思いまして、これを書き下してまいりました。

玉井定時が「大仏開眼会の内に諸事耳に触れし事書き記す」と書きまして、一つ目は、猿沢の池に菓子を投げたら、フナやコイが浮かんでくると。麩を投げるとはしてないのです。いまは麩ばかり投げていますが、昔は菓子を投げていたのだなと。それから、カメが出てこない。お菓子を放りこんだらコイやフナが浮かんでくるけれど、あんまり多く放りこむので、魚が浮いてこなくなって、「魚が浮かざることは古今これなきことなり」と、かえって鹿が飛び込んで食べた、という事件です。近所で菓子をひさいでおります者が「金子百両余」も儲けたぞと。

二つ目。南都惣墓所西方寺の墓前で火葬をいたしますが、だいたい日に三人か五人は絶えず火葬をするのだけれども、三月の七日まででは、それが毎日ありましたが、大仏開眼の供養が始まった三月八日から四月八日の三十一日の間にはたった三人しかありませんでした。そのうち二人は、もう老衰の年寄りで、一人は小さい子どもでありました。ところが、四月の九日からまた三人、五人、毎日火葬が起こりました。これは、三昧聖の物語なのでまちがいはありませんと。

それから、大坂の道頓堀の芝居が、三十日間空っぽになった。道頓堀の「代済戸」と書いてありますが、これはくぐり戸です。ここに人が絶えたことは、「古今希有」のことであると。

次は、大仏開眼で大坂から参る人が、高麗橋から暗闇峠(「闇晴峠」と書いていますが、暗闇峠のことだと思います)を越えて、奈良まで続いたと。一尺も前後が空いていない。急ぐので、かごに乗せてもらっても、かごが前に行けなくて、二日がけで奈良へやってきたと。

西大寺さんには、有名な「豊心丹」という解毒剤がございますが、これが売り切れた。

奈良町はずれのかご、だいたい「員数二百丁には過ぎず」、まあ二百丁内でございますが、これが、近村の者が申し合わせて、にわかかご屋ができ、一千丁のかごができて、みな大儲けをしたと。

「奈良町百八十町処々」、旅籠を営むところでありますが、これが数千軒に及びまして、利得が「銀二百貫目余」。

それから、これが、おもしろいのです。内侍原町で宿をしている者、河内から四人の人が来て泊まって、朝晩に飯を一斗食べたと。「こんなもん、大損やがな」と。奈良の勝南院というところに、また河内から七人の者が来て泊まった。朝晩に食った飯が、三斗。大損やと。この二軒では客を泊める前に、「おたくさんは河内の人とは違いますか」と聞くようになったと。

「三月二十七日過ぎ、奈良町中の旅籠屋、諸国から参詣人、四万九千五十四人」ということでございます。

次に、さきほどもお話し申しましたが、見世物小屋が出てまいります。大きなコイに面を着せて人魚と名づけた。何年か前にあった人面魚と同じことを、三百年前もやっているわけです。

十四、五の男の子の腰から下を土に埋めて、イノシシの皮をむりやり着せて、四方から鉄の大鎌をつけたというのです。「これがほんまの鬼や」といって見世物にしていると。

四十余りの憔悴した女の人、憔悴したというのは、しょげ返ったというか貧乏したというか、これを捕らえてきて、むりやりに「銭儲けさせてやるから辛抱せえ」といって、首にヘビをまとわせて、「こんな業の深い者が生まれてきたのだ」といって人に見せたと。むりやりそうさせたというのがおもしろいところです。

次に、「梅首鶏」というのは何かなと思いまして辞典で調べましたら、バンとかオオバンという鳥だというふうに書いてありました。これを大坂で二十五匁で買ってまいりまして、いろいろ囲いを作って、「これは唐から渡ってきた不思議な鳥だ」と言ったけれども、だれも入らなかったと。一銭も金が入らず、三日目になってようやく三銭入った。それで腹が立って、囲いをうち破ってやめてしまったと。周りの人たちに聞いたら、五貫も三貫も儲けたという人ばかりなのに、こんな気の毒な二人はいないな、ということが書いてあります。

「奈良町中に常に商いをする饅頭屋二十五軒」、これが、ほうぼうから饅頭屋が出てまいりまして、四十五軒になった。奈良饅頭というのは非常に有名なものですから、これがまたたくまに売り切れて、たいへんな稼ぎがあった。

次に、「洛陽東山辺に一人の乞食あり」、乞食さんがいたのです。久しい思いで腰が抜けて、足が立たなくなって、それで、雑司《ぞうし》（東大寺辺の地名）へまいりまして、ある家の軒下を借りて、大仏さんの周りをいざり歩いて、お金をもらったと。そうすると、「鳥目十五貫」というお金が入ったと。この人はまた、たいへん心のいい人で、軒を貸してくれた亭主に一貫文渡したというのです。ところが、この亭主は、「まことに申しわけない。家の中にも入れないで、軒ばかり貸したのに、どうぞ堪忍してください」と言ったのですが、むりやりにそれを押しつけて帰っていったと。「亭主うれし迷惑」と、こう書いてあります。あとで後悔して、もっとごちそうを食べさせておいたらよかったなということであります。

「木津川の渡守十三人、銀三十七貫目」儲けた。儲けた人が、大仏さんの「恩徳を謝せんがために三十貫寄進」したと。偉いですね。なかなか、いまはそうはいきません。奈良のお商売人というのは、この神社仏閣のおかげで栄えているのですが、御寄進をいただくことは、あまりございません。この話だけは、ひとつ、奈良市街に配りたいと思うぐらいでございます。

それから、奈良町に売り切れたもの、布のきれ一尺ばかりの長さのもの、うちわ、これは奈良うちわです。春日の下級神職の内職です。さきほど申しました豊心丹、そういうものが売り切れた。

暗闇峠のことがまた出てまいります。かごが七、八丁から十丁に及ばないところだけれども、七百丁のかごができた。

「加茂の渡」というのは、おそらく笠置のほうの渡しではないかと思うのですが、一、二艘のところが、五十艘余りの舟が毎日往還をしたというようなことが出ております。

それから、もう次は見ていただいたらわかりますように、旅籠屋の人数です。

次の史料、漢字ばかりで書いておりますが、かいつまんで申しますと、ほうぼうの、大仏さんにあやかって開帳したところの一覧表がここに出ております。北小路にある慈眼寺さん。これは、春日さんが造ったという観音さんが本尊だといいます。元興寺。紀寺の璉城寺。秋篠寺。それから野田村の薬師堂。これは、いまはもうございません。野田村というのは、新公会堂のあるところが、旧の野田村でございますが、野田焼けと申しまして、大火があってからはもう住む人はおりません。唐招提寺。薬師寺、当麻寺。こういうところが全部開帳いたしておりまして、仏像の破損のために大仏さんにあやかって、勧進をして、それぞれ修復をしたと。

それから一枚をめくりますと、なんと驚くなかれ、伊勢の山田、これはお伊勢さんの宇治山田です。宇治山田の如意輪寺がわざわざ頼みにきて、奈良坂の西福寺というお寺を借りて、出開帳をしております。

中院の極楽院。極楽坊も開帳しております。

春日の本社若宮も、一千五十貫文目というようなたいへんなお金が入っております。別の記録によりますと、「よそは開帳しているのに、春日は何もしていないのに賽銭が入った」という、非常に批判がましい記述がございました。

興福寺の金堂。それから、もちろんさきほどから出ております、西大寺の豊心丹でございます。

次は、芝居の一覧でございます。アヤツリですとか、テヅマですとか、カラクリ屋とかいうことです。四つ目に、「水右衛門の猫、それからネズミ、犬の芸づくし」というのがあるでしょう。春日の神官、これがよほど気にかかったのですね。詳しく書いているのです。これを見ますと、こんなことできるのかなと思うのですが、「江戸水右衛門というもの犬に式三番」、三番叟を踊らせたと。犬の三番叟って、どんなことをしたのかと思いますが。猫とネズミの芸と、こういうものをやっていたのです。

これは、何度も申しますが、もう本当に南都千二百年の復興の快挙を公慶上人がやり遂げられたことであって、南都がこぞって、おそらく悦んだことであろうと思うわけでございます。

だいたいお約束の時間話させていただきました。ありがとうございます。

木村　岡本先生、どうもありがとうございました。たいへん生き生きとした大仏開眼会のときの状況というものを中心にお話をいただきました。先生のお話、話し方そのものにも、何か大和の文化がそのまま現われているようにも私には聞こえておりました。

それでは、さきほどお話しいただきましたお二人の先生に、もし、付け加えてお話しいただくこと、あるいは特に強調したいことがありましたら、五分か十分、お話を頂戴したいと思います。森本先生どうぞ。

森本　はい。私は、宝物録と、それから正倉院の開封に伴って、どういう人々が開封にかかわったか、それを一つの切り口にしてということで申しあげたわけであります。

さきほども江戸期は二百六十年間あったと言いましたけれども、当時は、やはり、まだまだ身分制の時代であります。それはまた、平和ということを保つうえでは、非常に必要な時代だったのではないかと。それぞれの持分、持分がきちんと決まっておりまして、あまり干渉はしないということがあるのかなと思ったり、しかし、そうは言っても、それぞれ、ばらばらでやっているのではなくて、きちんと連絡がいくわけであります。たとえば、このプリントの三枚目にありますように、正倉院の開封に関しまして、ごくはじめにどういう文書のやり取りをしていたかということです。

よく文書行政ということを言いますね。お役所から、これこれ、かくかく、しかじかだから、このようにしなさいと、終始何か回ってきます。その文書にはいろいろの様式があったりして、「それでは」と、こちらから出しますと、「様式がまちがっています」と、非常に細かいことを言われる。少々なら訂正してはんこでも押せばいいのに、「いや、それは困ります」とか言われる。

これは一つの文書行政なのです。当時もやはり、「さあ開封いたします」ということで、「では、こうこう」というわけにはいかないです。きちんと手紙がいきまして、そして、その手紙を受け取ったという返事も書いたりして、また、地位のあるかたについては、花押も書くとか、それから、相手が目上のかた、あるいは役職を持っておられる、あるいは位を持っておられるという場合には、それ相当の書き方があるとか、これは、非常にそういう意味での、一つの文化といってもいいような形式というものがあるように思います。

いまの時代の感覚で言うと、非常に邪魔くさい、「そんな形式ばって」というようになるのではないのかと思うのですけれど、そこが、やはり武士の社会で、かみしもを着てという時代なのです。ですから、僧侶のほうは僧侶のほうで、やはりそれなりのきちんとした、かみしもを着て、ちゃんと滞りなくおこなうというのが本筋であろうと思うのです。

ところが、さきほどは触れませんでしたけれども、私もまだ、ちょっと資料として教えてもらっただけの段階ですので、はっきりとしたことは言えないのですが、楽人さんが残した日記によりますと、弘化四年の行基菩薩の千百年の御遠忌の大法要は、最初の予定では、僧侶が五十口出る法要にしたいということだったのです。そこで、とてもではないけれども、東大寺では足りませんので、お隣の興福寺に「どうぞ出仕してください」とお願いしました。大仏開眼のときは、真敬法親王が出ておられて導師を勤めておられます。このかたは一乗院の御門跡です。そういうわけでお願いいたしましたが、どういう理由かよくわからないのですけれども、どうも断られたのです。

それが、単によそのお寺に断られただけではないのです。東大寺には学侶方と、それから両堂というのがありまして、これは法華堂衆と中門堂衆というのが起源になるのですけれども、そういう堂衆方との、両者の間で意見が合わなくなって、この両堂の方は出ないというようになってしまったらしいのです。学侶の方は、公慶さんがおやりになったような気持ちというか精神というのが生きているのでしょうが、東大寺全体としてもそれが生きていれば、そういう仲間割れのようなことはなかったのではないかと思うのですけれども、しかし、そういうふうになってしまった。

そこで、五十口を三十口にして、規模を縮小して法要をしたというのです。それでも、さきほど絵図でごらんいただきましたように、それぞれの付き人がありますから、四百人、これが勧進所を集会所にいたしまして、東のほうへ出て、そして回廊をずっと通りまして、大仏殿の中で行基菩薩の御遠忌法要をやったそうです。楽人さんもちゃんとついていくわけです。その楽人さんが残した日記なんかを見ていますと、法要のあと、いろいろの食事、お斎が出ておりまして、それが、ことのほかごちそうであったとか、そういうことが書かれております。

やはり近世というのは、記録が非常に多いということです。その記録をたどりますと、当時のかたがたがどのような生き方をし、どのように感じて、その日を過ごしていたかという、そういう人間としての息吹が感じられます。

さきほどの岡本先生のお話にありましたように、日本人というのは、わりと日記をつけるというのが好きな民族だそうであります。戦争中は、将校がみな、軍人手帳に日記をつけていた。それが玉砕のあと全部アメリカ軍に拾われて、日本人はここで、こういうようにして、御飯が食べられない、こういう窮乏になっていると、全部調べられてしまって、次の作戦では、それがあだになったと。そういう手帳、文書、日記類がアメリカの文書館に残っているそうであります。そういうところにまで続くのは、やはり古くからの伝統でしょう。特にこういう祭礼を通じての日記は、そういう意味では、その当時の人間の息吹を知ることのできる貴重な資料ではないかと。まだまだ東大寺には、未整理の近世資料等もございます。自分もこれからひとつ調べてみようという思いを抱かれる方がございましたら、整理がついた後になりますが、そういうものを読んでいただいて、自分たちの先祖がどういう生き方をしていたのかを知っていただければと、私は思います。

木村 どうもありがとうございました。それでは、西山先生どうぞ、何かございましたら。

西山 邪念仲間の岡本先生から楽しい資料がたくさん紹介されましたように、公慶さんによる大仏修復、そして大仏開眼のときに、奈良はもうたいへんなにぎわいになったわけです。東大寺さんばかりではなく、周辺にある春日大社も興福寺も西大寺も唐招提寺も薬師寺も、そして寺や神社ばかりではなく、お店屋さんも業者もみんな儲かって、またそれを東大寺さんに献納したりして、奈良全体がたいへんよい関係になっていることが感じられます。

先月、奈良国立博物館で正倉院展が終わりました。ことしは、五十七回目でしたが、二十三万四千三百九十一人という、本当に大勢の方が来られました。そういう方々は、正倉院展を見るだけではなくて、いろいろなお寺や神社に行き、またいろいろなお店にも行き、奈良全体がたいへんうるおったという話を聞いたりもしました。

そんなふうに、狭さ、小ささというのが、奈良のいいところだと、私は思っております。私は京都に十七年住んでいて、奈良に来て十七年目になるのですけれども、京都と奈良は本当にずいぶん違うなと思っています。奈良は、この狭いところに、たくさんいろいろのものがあって、その一つの何かがみんなに波及していくところがある。そこが奈良のいいところで、もっともっと奈良は連帯すべきであるというのが、私の持論です。

公慶さんのがんばりによって、日本中から大勢の人が奈良に来るようになりました。奈良は「観光都市奈良」ということで、国内ばかりではなく、海外にも広く知られています。きょうも、奈良国立博物館からこの金鐘会館まで来る間、外国の方々ばかりで、本当にいろいろなところから、東大寺にやってきておられるわけですけれども、こういう状況は、公慶さんのがんばりなくしては、実現しなかったと私は考えています。

また、さきほど何度も申しましたように、公慶さんという人は、どのようにすれば人が集まるか、どうすれば人が喜ぶかということを、とてもよくわかっていて、学僧でもあり、優れた勧進僧でもあり、またプロデューサーでもあり、プランナーでもありという、多方面の優れた才能を持っていた人だと思います。そして、いまの奈良にもそういう優れた人物が必要であると私は思っています。ただ、大盛況にはプラス、マイナス両面があるようにも思われます。

さきほど岡本先生が御紹介された資料の中にも、ちょっといかがわしいというのか、いいかげんなというのか、人をだますような、そういう見せ物もなくはなかった。とにかく、どんどんいろいろなものが売り切れてしまう。それでもまだまだ人が来る。そういう中で、何でもいいから売ってしまおうというようなところがなくはなかったのです。

「大仏商法」という言葉があります。現在では悪い意味に使われます。大仏さんがおられるから、何もしないでも大勢人が来る。大仏さんが坐っておられるから、自分たちも坐っているだけで、放っておいてもみんな来ると。やってくる人の大半は一見さんみたいな感じですから、とにかく適当なものを販売しておけばそれで済むみたいな、それで儲かるみたいな、それでやっていけるような、そういう意味で「大仏商法」という言葉が使われています。私はたいへん残念に思っています。

来月、なら百年会館で、「奈良を活性化させた真の大仏商法」という題で話をします。公慶さんのやられたことをよくよく見ますと、まさに大仏さんの力で大勢の人が奈良に集まった。大勢の人が集まると、もちろんその結果として、たくさんのお金が奈良に落ちる。それは大仏商法といってもいいと思うのですけれども、その真の意味、さきほどの話で申しあげましたけれども、大仏さんっていったい何なのか、聖武天皇がなぜ大仏を造ったのか、そして、焼かれまた焼かれた時に、どのようにして復興されたのか、どのような思想が、精神がそこにこもっているのか、そういうことを、奈良の地元の方々は正しく知るべきだと思います。大仏さんに人を呼ぶ力があることはまちがいない。宗派を問わず、人種を問わず、人を集める力があることはまちがいない。その真の大仏の価値、真の大仏の存在意義をよくよく知って、それを大事にして、そして、やってきた人に本当に喜んでもらえるようなもてなし、対応をしていくならば、奈良の未来は明るいのではないかと、私は思っています。

私は、いろいろなところに住んで、いろいろな文化なり歴史なりを体験したり、勉強したりしてきて、奈良にやってきたのですが、奈良は大仏さんがおられるだけで本当にすばらしいところだと思っています。その真の意味をもっと知り、それをある意味では活用していく姿勢が必要なのではないかと思っています。

小さな話ですけれども、さきほどの資料などで、何貫文儲かったという記述がいろいろあって、多いのだろうなとは思うけれども、なかなかピンと来ない。貫とか両とかが、いったい今のいくらに当たるのか、私もよく知らないのでさっき、こそこそと東大寺の坂東さんに聞いていたのですが、だいたい一両は今の十万円ぐらいらしいです。

だから、猿沢の池の横で、えさを売って、一か月で百両儲けた人は、一千万円儲けたということです。一か月でえさだけ売って、一千万円儲けた。なかなかよい商売ですね。

岡本先生の資料の最後のところに、春日本社若宮、両方で三月八日から四月二日までに、賽銭が「一千五十貫六百八十六文」と書いてあります。それも計算してみると、正しいかどうか確たる自信はないのですが、二千六百二十五万、だいたい二千六百万円ぐらいのお賽銭が三月八日から四月二日の間にあったようです。

そんなふうで、信じがたい程ですが、わずかな賽銭の蓄積で、そういう大きな額になるわけです。わずかなお金、わずかなもの、わずかな力、わずかな思いを結集して、大きなものをつくっていく、そのシンボルが大仏であって、そういう大仏のある奈良は、そういうことを大事にして、今後もやっていくべきではないかと、あまり学術的な話ではありませんが、そんなことを日々思っている次第です。以上です。

木村 ありがとうございました。今のお話、奈良に対する西山先生の愛情といったものをひしひしと感じました。

それでは私のほうから、きょうの三人の先生のお話をお聞きして、特に感じたことをごく簡単に申しあげ、さらに一つずつ質問めいたことをさせていただきたいと思います。

最初の森本先生のお話は、きょうは、弘化四年の宝物録と天保四年の開封図を中心に、資料にしてお話しくださったわけですが、特に前者のほうからは、ある意味ではずいぶん閉鎖的といいましょうか、余計な人にかかわらせないで、宝物を守っていく、そうした厳しさというか、そういう伝統というものがあって、それをまた何かの折には、しっかりと記録していく、さきほど記録のお話がございましたけれども、そのことが、この時代にはきちんとやられているということがよくわかりました。

しかし同時に、こうした形で五十日間にもわたって公開されるというのは、やはりたいへんなことだと思うのです。一方では厳しく守って、いわば閉鎖的に伝えながら、しかし、ある時期には、みなさんに開放して見てもらう。そういう民衆性といいますか、大衆性というものを同時に持っている。それはおそらく東大寺さんそのもののあり方と重なってくるのではないかと、そのように私には思えました。

それから、後者の資料から感じ取られたことは、やはり、儀式というものがいかに重要かということです。宗教的な儀礼というものは、一種の文化の結晶なのですね。それ自体が動く文化。この点では演劇にしても、歌舞伎にしても同じでしょう。無形的なものと有形的なものが、両方一体になる。宗教儀礼、宗教儀式というのは、まさにそういうものだということがよくわかりました。こういう儀式を通してこそ、思想的な面も含めて、よき伝統というのが伝わっていくのではないかということです。

しかも、そのあり様というのが、いわば美術的にもたいへん美しい形にできあがっていく、洗練されていっているということです。そんなことで、私どもは、私自身も含めまして、仏教研究、宗教研究というと、文献だけに頼る傾向がどうしてもあるのですけれども、やはり、儀式というものを、もう少ししっかり見つめ直して、その意味とか、それが持つ文化としての総合性のようなものを見ていく必要があるのではないか。そんなことを、特にきょうは感じさせていただきました。

それから、西山先生のお話では、これまで十分には存じあげなかった公慶上人の御生涯とその人間像といいましょうか、それを非常にリアルに受け止めさせていただくことができました。その中で特に、これは先生御自身もたいへん熱っぽくお話しになっていらっしゃいましたが、十三歳でしたでしょうか、このとき、発願といいましょうか、大仏再興の志を立てられたということ。

考えてみれば、仏さまはすべて、菩薩として願を立てて仏さまになられます。私たちも、人生を生きていく中で、何かを実現しようというときには、かならず願いを持つ。そこに芽が生じるわけです。公慶上人の場合には、その願いが一生の生き方、方向を決めたということになりましょうし、同時に、後には幕府を動かしていく力にもなるわけです。つまり、人を動かす力、それこそ一木一草を布施しよう、力を貸そうという願いが、人びとの心を動かすとともに、いわば権力構造そのものを揺り動かすような力にもなり得るのだということを、なにか公慶上人が示してくださっているのではないか、そんなことを強く感じました。

先生はお触れになりませんでしたけれども、二十八歳で倶舎の三十講の講師になるという記述がございます。この倶舎というのは、『倶舎論』という、仏教学の基礎の文献なのです。「唯識三年倶舎八年」といいまして、私ども仏教学を勉強する場合には、八年間かけて、まずこの文献を学べと言われてきました。仏教ではそういう伝統がございました。公慶上人は、二十八歳という年で、これを講じる立場に立つほどの秀才であったわけです。

しかし、非常に温かい心といいましょうか、それを同時にお持ちになっていて、しかも具体的に、どうしたら人を動かすことができるのか、どうしたらみんなが喜んでくれるのかということが、ちゃんとわかっていらっしゃる。それが、勧進も含めた具体的な実践、公慶上人の行動へとつながっていったのだろうと、そのように思います。

また、大仏信仰と阿弥陀信仰が一致しているというお話がございましたけれども、実はこれのキーワードは、「光明遍照」です。この光明遍照は、ここだけではなく、多くの経論に見える言葉です。『観経』にも出てきます。しかし、大仏さまは毘盧遮那仏といいますが、それはヴァイローチャナというインドの言葉、サンスクリット語の音写語で、意訳いたしますと、光明遍照と訳してもいい言葉なのです。だから、光明遍照という、その言葉自体が、毘盧遮那仏、大仏さまをも意味していることになります。

同時に阿弥陀さまはまた阿弥陀さまで、『無量寿経』にもありますように、無量光仏ともいいます。意訳しますと、限りない光を持った仏さまということですから、光ということで重なってくるのです。だから、仏格といいましょうか、仏の性格として両者はしっかり重なり合うところを持っているということがあるわけです。そのことが背景にあるのだろうと思います。

もちろん、公慶上人の阿弥陀信仰というのは、やはり民衆教化とのかかわりもありましょう。どうしたら、すべての人びとを本当の世界に導いていけるかという、そういうところで、より身近な阿弥陀如来に近づいていかれたということですね。これは重源上人の流れを受けておられるわけですけれども、しかしその阿弥陀信仰が、理論的にも大仏信仰とけっして矛盾しないということ、二つの信仰は重なり合うのだということが公慶上人には確信されていたのだろうと、私には思われます。

それで、さきほどは、感想、コメントだけ申し上げましたけれども、森本先生には、この儀式というものが持つ意義といいましょうか、それについて、いま別当というお立場におられまして、どういうふうにお考えになっていらっしゃるか。これが、奈良の文化を継承していくうえでどういう意味を持つか、そのへんのことについて、お話しいただければと思います。

それから、西山先生には、あとのほうのお話でもうすでに、このようにしていきたい、みんなでこういうふうに持っていったらどうでしょうかというお話がございましたけれども、まさしく奈良の貴重な遺産を受け継いでいく具体的な方途について、何か、お考えをお聞きできればと思っております。またこれについては、あとで岡本先生にも同じことをお聞きしたいと思っております。

それから、短い時間でたいへん申しわけなかったのでございますが、岡本先生からは、たいへん大事な問題、文化の継承の問題とか、それから心、さきほど邪念のお話が出ましたけれども、なぜお稚児さんが神事にかかわりあうのかというお話がございました。仏教でも、大切な法要の折には稚児行列というのをやります。やはりお稚児さんでなければだめな役割があるのです。もう一定以上の年齢になれば、どんなきれいな方でもだめなのです。それはやはり、子どもさんが持っている純真さといいますか、純粋さといいますか、それを大切にしてきた伝統なのだろうと思います。

ちょっといまの子どもさんにそれはあるかと、あらためて聞かれますと、答えに窮するようなところもないではありませんけれども、しかし、この点はむしろ大人の責任のほうが大きいのだろうと私は思います。

また子どもさん自身も、こういった形での儀式を通して、稚児をすることによって、心の純粋さというものを保ち続けられるのではないでしょうか。形が心をつくるといいましょうか、そういう側面があるのだと思いますので、岡本先生にはそのあたりのことを、神道のお立場で、少しお話を頂戴できればと思います。

それでは、恐縮ですが、先生がた、いまの私の質問につきまして、よろしくお願いいたします。まず森本先生、よろしくお願いいたします。

森本　儀式ということでございますが、儀式一般といたしましては、特に宗教儀礼、仏教儀礼、神道儀礼もあるわけであります。この儀式が非常に大きな力を持っているということを感じさせる、非常に重要な儀式があるように思います。それは、東大寺の場合は、やはり修二会、お水取りだと思います。

さきほど私が申しあげた弘化四年の目録でいきますと、それから二十年後、明治維新が起こってしまうのです。世の中が本当にひっくり返ってしまう。明治政府からは、神仏分離ということが言われ、また寺社領はすべて没収ということになります。

お隣さんのことを言うとなんでございますけれども、二万七千石か、あるいは九千石、さきほど二千石ぐらいちょっと合わないというお話がございましたけれども、一万石というのが大名ですから、二万数千石という興福寺さんが、まったく僧侶もいなくなる、そういう廃寺にいったんはなってしまう、ということであります。

片や、東大寺のほうは、石高でいうと三千二百十石。しかし、そのうちの千石は、毛利藩が押さえていますので、実質はそれだけはいただいていないわけで、特に幕末になると、なにやかやで、減っていたようであります。その所帯が小さい東大寺のほうは、細々と崩壊せずに残った。

それは、私は、団体でつないでいかなくてはならない修二会という行事があったからだと思います。かつて平安の末、平重衡に焼かれたときも、それから戦国時代、松永弾正によって焼かれたときも、東大寺の中の当局としては、続けていくのは無理ではないかということがあっても、いや、自分たちが手弁当であってもいいから、これはぜひ続けていくべきだということで、続けていくわけなのです。修二会というのはそれだけの行事なのです。

東大寺も本当にたいへんな事態になったに違いないのですけれども、一つの大きな力があって、それに支えられたのです。

実は、たとえば、八幡さんのところでこれこれの法要をやるからと、請定といいまして、一種の触状みたいなものが回ってくるわけです。そういう記録があるのです。ところが、明治二年からあとは、もうすっかり、それが廃止になりました。そして、東大寺のようなお寺もどこかの一つの宗に属さないといけないという、法律が出ました。東大寺なんかは、八宗兼学といいまして、むしろお寺の中にいろいろな宗があるのです。それが逆転するわけですから、当時の人は、どのように対応したらいいか、たいへん困ったと思うのですけれども、さきほど来の話のように、浄土宗と非常に緊密な関係にあったわけで、一応浄土宗に入るのです。

ところが、なんとか独立したほうがいいというのか、独立しないことには、東大寺が聖武天皇以来長年守ってきた華厳の教えというものが、かすんでしまうということで、独立するわけです。その間二十年近いこの年代をどうしたかということなのですけれども、それはともかくとして、とにかく絶えさせてはだめだという心のいちばんの支えになったのが修二会であろうと、私自身は思っています。

宗教儀礼もいろいろなものがございます。確かに形式化したものもあります。しかし、その儀礼が始まった当初は、本当に自分たちの心を支えるものとしての思想内容を形にするという意味があるように思います。

木村先生のほうから、儀礼の重要性ということをあらためて指摘していただいて、私はそういうように感じた次第でございます。

木村　はい、どうもありがとうございます。それでは、西山先生、どうぞ。

西山　はい。歴史や文化をどのようにして伝えていくか。まず、みなさんは、あした、奈良国立博物館の「公慶上人展」を見るべきです。そこからすべてが始まる。

さきほど狭川普文さんも言っておられましたが、私、三月ころにインターネットのグーグルで、「公慶」を検索してみましたら、四十件ぐらいヒットしました。四十件ということはすごく少ないということです。きのう、やりましたら、一万一千六百件ヒットしました。私は、去年までは、一般の方々には、公慶さんの知名度はゼロだったと思っています。もちろん、現在もなお、あまり高くはありません。ですから、展覧会にもさほどお客さんは来られていません。しかし、少しずつ知られてきたようには思います。

いろいろなところで、いろいろな方に公慶上人のお話をさせていただいたのですが、多くの人から「そんな偉い人なのに、なぜ知られていないのですか」と、質問されました。その理由はここでは割愛しますが、公慶上人のことを知らなければ、何も伝えることはできません。

きのうは、タクシーの運転手さん五十人に展覧会を案内いたしました。私は、終わりに「これは展覧会の案内をしたのではありません。公慶上人のことを知っていただきたいと思ってお話をさせていただいたのです。だから、展覧会が終わってからも公慶上人のことを一人でも多くの人に伝えてください。語ってください」と言って、運転手さんたちと別れたのですけれども、みんな、「そんな人が奈良におったんか」みたいな感じだったのです。かならずや語ってくれるだろうと思っています。

知らなければ伝えられない。知らなければ語れない。当然のことです。知れば、本当に知れば、伝えたくなる。語りたくなる。

私は、奈良には本当にすばらしいものがたくさんあると確信しています。岡本先生が言われたように、大仏開眼のときに大坂から奈良までとぎれなく人が続いていたように、奈良時代から現代まで、とぎれなく歴史はあるわけで、そのすべてをできれば知るべきである。すべてを知ると、本当のことがわかるのであって、もっと勉強しなければいけないと思っています。

さいわいに奈良には、岡本先生が言われたように、有形無形のものがたくさん遺っている。たとえば有形で言えば、大仏殿は二回焼けましたけれども、大仏殿の前に建っている八角燈籠は、聖武天皇のときに造られたまま、そこにあるわけです。つまり、千二百五十年前には、あそこに聖武天皇が立っていたのです。光明皇后も立っていたのです。八角燈籠のところに行けば、自分も同じ場所に立つことができるのです。奈良はそういうところです。

いつの時代にも、春日の参道を有名無名の人が通りました。その道をいま私も通ることができるわけです。いろいろなことを知ってくると、道を歩くと、ものの前に立つと、あるいは儀式を見学させていただくと、そこから立ち上がってくるものがあります。立ち上がってくるものがないならば、それは、まだ知らないからです。特に子どもたちに、奈良のことをしっかりと伝えていく必要があります。

来年は、重源上人の八百年の御遠忌です。重源上人には最後にやりたかったことがあります。東塔を建設している最中に亡くなるのですが、東塔が完成したら、たくさんの子どもたちを集めて、『法華経』を唱えさせたかった。なぜ子どもなのか。子どもは清浄だからです。その清らかな子どもたちに、塔ができたらお経を読んでもらいたい。重源上人は勧進状にそういうことを書いています。でもそれを果たせずに亡くなりました。

来年の重源さんの御遠忌のときには、重源さんのために、なんらかの形で子どもさんを集めた法要をやっていただきたいと思っています。子どもたちに奈良のさまざまなことをきちんと伝えていくために、大人がもっと勉強していくことが大切です。

私は奈良国立博物館というところにおりまして、本当にさいわいにも、たいへんすばらしいものばかりを拝借して展示させていただいているので、とても多くのことをそこから学ぶことができます。それをできるかぎり多くの人に伝えたいと思って、微力ながらやってはいるのですけれども、今後もさらに勉強していきたいと思っています。

木村　ありがとうございました。とてもすばらしいお話をうかがいました。では、岡本先生、最後になりますが、よろしくお願いいたします。

岡本　二点承りましたことは、一つは、西山先生のお話や森本先生のお話とかぶりますけれども、奈良の人は、とにかく知らなさすぎるのです。誇りを持っておりません。ですから、郷土愛もわいてこないという、それは、小さいころから、ものが目の前にあってあたりまえという感じで、非常にありすぎるからでございます。ですから、ことさら知ろうともいたしません。これからは、知るべし、知らしむるべしということを、まず地元からどんどんやっていかないといけないと思います。

さきほど申しました、春日大社の御祭でも、夜の行事は、お参りの方々がほとんど関東弁でございまして、関西弁は聞こえません。全部、遠方から来られた方が夜遅くまでお参りになっていまして、奈良の人は、お渡りが済んだら、「みな済んだ」と言って帰ってしまう。そういうことで、われわれもとにかく地元にこれだけのものがあるということをわかっていただきたいというふうに考えております。

それから、もう一つ、稚児のことでございますが、これもさきほど申しました御祭は稚児の祭りでございまして、松の下には「頭屋《とうや》の児《ちご》」というのが座ります。これは興福寺方から出た稚児でございます。それから、流鏑馬をいたしますのは、「射手児《いてのちご》」と「揚児《あげのちご》」という稚児が出てまいります。それから、興福寺の学侶の中から「馬《ば》長児《ちょうのちご》」というのが出てまいります。それから、かつては、関白の名代として奉仕する「日使《ひのつかい》」、これも子どもがやっていたという記録が出てまいりますが、そんな子どもが大きい御幣を上げたりできませんので、おそらく、だれか横で手代わりをしているはずでございますが、稚児はとにかく清浄な、心が清らかなものでございます。日本人というのは、非常にこだわる民族ですから、どうしたら、神さんや仏さんのお気に召していただける法会やお祭りができるかということを追究してまいります。それが何年もかけて追究してまいりました結果、稚児というものが出てまいります。

稚児のことは、さきほど申しあげておりますので重ねて申しませんが、ただ一つ御披露いたしておきたいのは、女性の問題なのです。あまりしゃべることは憚られるのですけれど、何年か前に週刊誌で「宮内庁職員も知らない、なぞの女官」というような記事が出たことがございます。

実は、宮中には、雅子様の結婚式をなさったり、紀宮様がお別れのあいさつに行かれた「賢所《けんしょ》」というところがございますが、この奥に、五人の女官がおられます。これは古くは「内侍《ないし》」と申しまして、明治以降は「内掌典《ないしょうてん》」と申しております。私も、学校で神主の勉強をするときには習っておりましたけれども、初めてお目にかかったときには、非常に感動いたしました。いまだに簡略な「おすべらかし」（おさえという髪型）です。これをいつも結っておられまして、だいたい「おぐし上げ」に何時間もかかるというのです。いまでも、かならず箱まくらで休んでおられます。

宮廷千年以上の歴史のなかで、清らかなものということを追究してこられまして、ものがすべて「大清《おおぎよ》」、「中清《ちゅうぎよ》」、「次《つぎ》」というふうに分かれるのです。それは、いろいろのものに当てはまるのですが、たとえば、乳房から上が大清です。乳房から腰が中清、腰から下が次になるのです。そうしますと、お風呂へ入れないということになるのです。お風呂に頭から飛び込む人はおりませんでしょう。足から入るでしょう。お湯が次になるのです。そうしますと、中清から上は、つけられないことになります。ですから、出てきて、中清のたらいに中清のお湯を張って、中清の布でぬぐわれる。次に横のたらいにまいりまして、大清のたらいで大清の布で、大清のところをぬぐうと、こういうことをなさっています。御殿へお入りになるときでも、障子を小指で開けられるのです。そうすると、この指は使えないのです。あとの四本の指で御用をなさるのです。

それから、われわれは、清らかなものを触るときにはかならず手を洗います。手を洗いまして、清らかなものを触る。ところが、内侍は、それだけでなくて、清らかなものを触ったあともう一回手を洗われるのです。それで、普通のものを触ります。これ、「解斎《げさい》」といいまして、忌みを解く。

そういう仕え方をしておられる女官がおられまして、昔は一生奉公でございました。その制度がいまでもございます。

ですから、女性は汚れているなどというようなことは、まったくございません。本来の姿は女性がお仕えをなさる姿が古い。ですから、平安時代の儀式書を見ますと、春日大社でも御殿の中の御用は全部内侍がまいりまして、男は入っておりません。

そういうようなことがございますので、稚児のことはみなさんお耳に触れておられますでしょうけれど、そういう女性の方がおられるということは、あまりお耳になさる機会がないと思いますので、ちょっと御披露申しあげたわけでございます。

木村　はい。どうもありがとうございました。最後には秘話まで頂戴いたしました。

みなさまからも御質問等頂戴したかったのでございますが、予定の時間もだいぶ過ぎております。本日は、企画した段階では、どういうことになるか、いろいろ心配をしたのでございますけれども、討論会も全体として、やはり「世界遺産奈良とそのルーツ」ということにつながってくる、いわば文化と心の継承といいますか、そういうお話にだんだん収斂したような気がいたします。たいへんいいシンポジウムになりました。

本日講演をいただきましたお二人の先生、そして討論会に御参加いただきました岡本先生に、拍手をもってお礼を申しあげたいと思います。ありがとうございました。

それでは、これをもちまして本日の予定は終了でございます。

また明日、今度はそれぞれの部会に分かれた研究発表等がございます。どうぞ御参加くださいますように、よろしくお願いいたします。

ありがとうございました。

Tōdaiji and Nara in the Early Modem Period:
Papers from the Great Buddha Symposium No.4

Early Modern Buddhist Thought

Fumihiko SUEKI

For many years, studies on early modern Buddhism did not deal with the degradation of Buddhism. In Japan, this has not been limited only to Buddhism but to the general study of history, which has not clearly defined the early modern period. In this paper, I first consider various theories regarding problems on how to situate the early modern period and clarify the many aspects of this period. Next, I show that Buddhism in the early modern period did not necessarily stagnate but rather took an active role in leading the new era. Above all, the transmission of the Ōbaku sect, founded by Yinyuan (1592-1673), as the new vehicle for Chinese culture, provided a great influence that went beyond Buddhism. Third, as concrete examples of critical literary studies on early modern Buddhism, I examine the Kegon interpretation of Hōtan Sōshun (1657-1738) and Tokumon Fujaku (1707-1781). Based on liberal literary studies, these scholars attempted to return to the origin of Kegon thought, an attempt that corresponded with the Confucian ideas of Itō Jinsai (1627-1705) and Ogyū Sōrai (1666-1728). However, because their research was bound to the framework of Buddhism, it appears that they ultimately did not have a large social impact.

The History of Sōshun Hōtan's kegon Thought and Various Views on Huayan Studies: Redefining Tōdaiji's Kegon Tradition within the Context of East Asian Buddhist Scholarship

Taizan KOJIMA

The concept, "one is all" (J., *issoku issai*), has been traditionally considered to be the basis of Huayan (J., Kegon) thought. However, a close reading of the *Huayan jing* (J., *Kegon kyō*) itself shows that "one is all is nothing" (J., *issoku issai sokumu*) represents the fundamental construction of thought in this sutra. The exact passage reads: "one is all, one is nothing, all is nothing, one is all is nothing" (J., *issoku issai, issokumu, issai sokumu, issoku issai sokumu*). In essence, this passage means "one is all is nothing."

The question, then, is why was "nothing" (*mu*, "emptiness" or "nothingness") abstracted from Huayan thought? The first reason can be traced to the interpretations of Zhiyan (J., Chigon, 602-668) and Fazang (J., Hōzō, 643-712). In order to establish an independent Huayan school, these Buddhist thinkers predetermined the idea of "one is all" as the complete teaching of Huayan and designated "nothingness" as the immediate teaching of Chan (J., Zen). The second reason can be found in the teachings of the Tientai master Zhiyi (J., Chigi (538-597) who interpreted "one" as the origin of all existence. Zhiyi held to the idea that the *Huayan jing* was based in the concept of "one is all." However, the Sanlun master Jizan (J., Kichizō, 549-623) understood the *Huayan jing* from the perspective of "nothingness" and has shown, though indirectly, that the idea of "one is all is nothing" is the basic philosophical construction of the sutra.

The rediscovery of this last interpretation can have profound consequences in the scholarship of Huayan thought. Until now, Tientai thought interpreted the *Huayan jing* as "one is all" and based its Huayan ideas on this concept. In Japan, this idea has been similarly classified and used to understand the history of Japanese Buddhist thought and the idea of *hongaku* (original enlightenment). However, based on the ortho-

dox Wutai shan (J., Gotai san) lineage of Huayan thought "one is all is nothing," hence, the Zhongnan shan (J., Shūnan san) lineage of Huayan thinkers, such as Zhiyan and Fazang, which was considered orthodox until now, was in fact divergent. In other words, the various thoughts (history) of Buddhism in Japan, China, and Korea require reexamination. Tōdaiji's tradition can reinterpret the idea of "one is all is nothing" as the dominant Huayan doctrine within East Asian Buddhism to welcome a new Kegon era in Buddhist scholarship.

After the Eye Opening Ceremony of the Great Buddha: Early Modern Buddhist Sculpture at Tōdaiji

Yōichi HASE

The opening ceremony of the Great Buddha Hall in 1709 marked the revival of Tōdaiji in the early modern period. From this time on, the successive priests who held the post of solicitor for Tōdaiji, starting with Kōjō (in office from 1706 to 1724), worked ceaselessly to manage the temple without *bakufu* (government) support. During Kōjō's office, the production of the two heavenly beings sculpture for the middle gate by the Kyoto sculptor Yamamoto Junkei (act. c. 1700-1730) and the material preparation for the nimbus of the Great Buddha were carried out. The production of the two attending images of the Great Buddha was initiated and their heads were completed during the office of the following solicitor Kōjun (in office from 1724 to 1728). Thereafter, during the term of the succeeding solicitor Yōkun (in office from 1728 to 1741), Yamamoto Junkei's assistant Hatta Shuzen (act. c. 1700-1730) and Tsubai Kenkei (act. c. 1700-1740), who descended from a line of Nara Buddhist sculptors, carved the body of the Nyoirin Kannon, though it was not until the term of Kōshō (in office from 1741 to ?) that the nimbus for this image was completed. Thereafter, Tsubai Inkei (act. c. 1750-1780) and Hatta Ryōkei (act. c. 1730-1760) completed the image of Kokūzō Bosatsu, and after approximately fifty years, the present attending images and their nimbuses in the Great Buddha Hall were realized.

When examining Tōdaiji's revival in the early modern period, the sculptors consistently came from Yamamoto Junkei's school and included Tsubai Shōkei (act. c. 1680-1700) and his successors. This tendency, compared to other production studios for Buddhist sculpture at the time, preserved the medieval characteristic of occupying a "post" (J., *shiki*). This can also be seen in the form of the reconstructed Buddhist images and their nimbuses. Thus, although the early modern revival of Tōdaiji produced monumental works in terms of early modern sculpture, it was modeled after traditional Kamakura-period methods of organization.

Classifying of Architectural Diagrams for Great Buddha Halls: An Assessment of the Board Drawing in Tōdaiji's Great Buddha Hall

Ryūji KURODA

1. The contents of the wooden board drawing (J., *itazu*) in Tōdaiji's Great Buddha Hall until now have not been known. However, through infrared photography and point-blank range observation, the board drawing was reproduced, revealing the elevation and section details of the Great Buddha Hall, which measured in scale twenty to one that of the original layout for the Great Buddha Hall. This diagram is the

largest architectural drawing for a single building currently known in Japan.

2. In order to confirm the characteristics of this board drawing, a comparison and examination of other similar architectural drawings were conducted. The findings showed that the reconstruction of Tōdaiji's Great Buddha Hall in the Edo period appears to have been based on the Great Buddha Hall of Hōkōji Temple in Kyoto; hence, the current study also examined the architectural drawings for Hōkōji's Great Buddha Hall. The result revealed that the Tōdaiji board drawing is the only definite diagram for the original layout of the temple's Great Buddha Hall. Moreover, this study found discrepancies in the architectural drawings for Hōkōji's Great Buddha Hall, which in turn made it possible to formulate a concrete hypothesis for the original structure, which burnt down in 1798.
3. From the above points, we can conclude that the Tōdaiji board drawing is invaluable as a historical source. It is also significant as an Edo-period architectural drawing that incorporated the highest drawing techniques of the time.

The Judiciary Office for the Western Region at Tōdaiji: Examining the Temple's Revival in the Early Modern Period

Toshihiko BANDO

The Saigoku Satasho, the judiciary office for the western regions of Japan, an administrative organization of Tōdaiji during the early modern period, managed and administered the public lands (*kokugaryō*), which were recognized by the Mōri clan as Tōdaiji fiefs in Suō Province (now eastern Yamaguchi Prefecture). These lands served in securing the funds and wood supplies for the reconstruction of the temple buildings during the medieval period. From the middle of the early modern period on, the finances of the Mōri clan's domains fell into decline and as a result, each year, Tōdaiji received rice and silver from Osaka. The financial situation of Tōdaiji in the early modern period depended on a small income of about 2,200 *koku* (approximately 11,249 bushels) of rice from the fiefs within their precincts that the government allotted them, and most of its expenditures went to its subtemples and the administering of ceremonies held at the Great Buddha Hall, leaving very little left.

However, the temple received a fixed annual income from their public lands, which had no specified expenditure and which was allocated under the discretion of the Saigoku Satasho. For this reason, this judiciary office played an important role in the organization of Tōdaiji in the early modern period and had a close connection to the Nen'yosho, the temple's executive office. More importantly, during middle of the early modern period, the heads of these offices often overlapped and supported Tōdaiji in its revival.

Kōfukuji's Six Territorial Boundaries and Nara in the Warring States Period: Focusing on the Relationship of the Subtemples, the Territorial Boundaries, and Towns

Kazuhiro HATAKAMA

In this paper, I examine the relationship of Kōfukuji Temple's subtemples, six territorial boundaries, and townspeople during the latter half of the fifteenth century to the latter half of the sixteenth century from the

standpoint of the organization and control of feudal lords over medieval towns. First, I show that the subtemples internally evolved as organizations, began receiving patronage from the samurai in Yamato Province, became actively involved in economic pursuits, and deepened their ties to the towns in Nara. Next, I consider the following points: past research interpreted the historical relationship between Kōfukuji and the townspeople of Nara as antagonistic during this time. However, a closer look at Kōfukuji as an institution reveals that the activities of the subtemples and the territorial boundaries were closely connected to authorities such as the *monzeki* subtemples and key administrative temple organizations. And while being part of this constituent, the subtemples and territorial boundaries owned land in Nara, and at the same time, attracted merchants and promoted the rise of the townspeople. These activities can be distinguished between temple and town, in other words, between the marginal positions of sacred and secular. By inviting merchants to the temple precincts, which had fallen into declined, these two groups created an opportunity to break down traditional barriers between sacred and secular, thus changing the nature of the religious capital Nara.

Tōdaiji in the Edo Period

Kōsei MORIMOTO

This paper examines how events and ceremonies at Tōdaiji were planned and conducted during the Edo period through early records such as *Tōdaiji hōmotsu roku* (Record of Tōdaiji Treasures), a catalogue of the temple treasures exhibited in Kōka 4 (1847) in commemoration of the 1100th memorial of the priest Gyōki Bosatsu, and *Tenpō yonen Shōsō-in kaifū zu*, a painting of the key opening ceremony for the Shōsō-in Repository in Tenpō 4 (1833), which was produced during this event. This study sheds light on aspects of the organization of Tōdaiji in the Edo period, such as the relationship between the chief abbot (*bettō*), who did not reside at the temple, and his representative (*shusse kōken*) who lived within the temple precincts, and their function.

The Life of Priest Kōkei

Atsushi NISHIYAMA

Tōdaiji's Great Buddha and Buddha Hall, which were originally built by Emperor Shōmu during the Nara period, burned down twice in fires of war. They were reconstructed in the Kamakura period, only to be destroyed in 1567. Although the arms and shoulders of the Buddha were reconstructed, restoration of the head was not possible; instead a temporary head constructed of a wood frame with copper plates was attached to the image, which was left without a Buddha Hall for over a hundred years. In 1684, the priest Kōkei (1648-1705) started gathering funds for the reconstruction of the Great Buddha and the Buddha Hall. In 1692, the eye opening ceremony was held for the Great Buddha, for which an unprecedented number of people, approximately seven to eight times Nara's population at the time, gathered. Thereafter, Kōkei worked towards the reconstruction of the Great Buddha Hall by traveling throughout the country gathering donations and receiving support from the government. Although he initiated this enterprise, Kōkei passed away in 1705, at the age of fifty-eight, without seeing the completion of the Great Buddha Hall. The revival of the Buddha and the reconstruction of the Great Buddha Hall have brought many visitors from all over Japan to Nara. It can be said that Kōkei laid the present foundation of Nara as a sightseeing city.

第4回 ザ・グレイトブッダ・シンポジウム

平成17年12月10日（土）

１．《東大寺国際シンポジウム》

総　　括：木村清孝（東京大学名誉教授・国際仏教大学院大学学長）
基調講演：森本公誠（東大寺別当）「江戸期の東大寺」
記念講演：西山　厚（奈良国立博物館資料室長）「公慶上人の生涯」
全体討論会
パネラー：岡本彰夫（春日大社権宮司）

平成17年12月11日（日）

２．美術史学・建築史学セクション

司　会：山岸公基（奈良教育大学助教授）
松山鐵夫（三重大学名誉教授）「大仏再興」
長谷洋一（関西大学教授）「東大寺の近世仏教彫刻」
黒田龍二（神戸大学助教授）「東大寺内板図『元禄元年計畫図』について」

３．華厳思想セクション

司　会：ミシェル・モール（同志社大学講師）
末木文美士（東京大学教授）「近世の仏教思想」
小島岱山（華厳学研究所長）「僧濬鳳潭に於ける中国華厳思想史理解と華厳教学上の諸見解」

４．歴史学・考古学セクション

司　会：永村　眞（日本女子大学教授）
坂東俊彦（東大寺史研究所研究員）「近世東大寺の復興活動」
幡鎌一弘（天理大学附属おやさと研究所研究員）「中近世移行期における奈良町と寺院」

全体総括：小林圓照（花園大学名誉教授）

ザ・グレイトブッダ・シンポジウム論集第四号
論集 近世の奈良・東大寺
二〇〇六年十二月九日　初版第一刷発行
編　集　GBS実行委員会
発　行　東大寺
〒六三〇―八五八七
奈良市雑司町四〇六―一
電　話　〇七四二―二二―五五一一
FAX　〇七四二―二二―〇八〇八
制作・発売　株式会社　法藏館
〒六〇〇―八一五三
京都市下京区正面通烏丸東入
電　話　〇七五―三四三―五六五六
FAX　〇七五―三七一―〇四五八
振　替　〇一〇七〇―三―二七四三

論集 東大寺の歴史と教学 ザ・グレイトブッダ・シンポジウム論集第一号 品切

論集 東大寺創建前後 ザ・グレイトブッダ・シンポジウム論集第二号 二〇〇〇円

論集 カミとほとけ―宗教文化とその歴史的基盤 ザ・グレイトブッダ・シンポジウム論集第三号 二〇〇〇円

南都仏教史の研究 上 東大寺篇 堀池春峰著 一三〇〇〇円

南都仏教史の研究 下 諸寺篇 堀池春峰著 一五〇〇〇円

南都仏教史の研究 遺芳篇 堀池春峰著 九八〇〇円

東大寺修二会の構成と所作 全四冊 東京文化財研究所芸能部編 上中下各一四〇〇〇円 別巻一六〇〇〇円

悔過会と芸能 佐藤道子著 一四〇〇〇円

中世初期 南都戒律復興の研究 蓑輪顕量著 一六〇〇〇円

価格税別

法藏館